임진왜란
중국 사료 연구

순천향인문진흥총서 2

임진왜란 중국 사료 연구

박현규 朴現圭

壬辰倭亂

보고사
BOGOSA

서문

　임진왜란(1592~1598), 동아시아 삼국이 조선에서 펼친 국제 전쟁이었다. 일본이 동아시아를 무력으로 차지할 목적으로 대규모 군사를 조선으로 보내어 전쟁이 발발되었고, 곧이어 명나라가 자국 영토 바깥에서 일본군의 침공을 막아내고자 대규모 군사를 보내면서 동아시아 삼국이 격돌하는 국제 전쟁으로 발전했다. 전란이 끝난 지 4백여 년이 지났지만, 아직까지도 국내외에서 임진왜란에 대한 관심은 무척 뜨겁다. 전란의 당사자인 한국과 일본은 말할 것도 없고, 참전국인 중국에서도 자국의 역사로 받아들이며 임진왜란을 거론하고 있다. 그래서인지 동아시아 삼국은 모두 임진왜란에 관해 많은 기록을 남겼다.

　최근 들어와 중국에서는 임진왜란에 대한 열풍이 일어나고 있다. 국가 차원에서 임진왜란을 사회과학기금(社科基金) 중대항목 연구 프로젝트로 선정 지원하고 있고, 출판계와 학술지에서 임진왜란과 관련된 많은 논저물이 나오고 있다. 이러한 열풍이 생기게 된 배경에는 여러 요소가 있지만, 그 중에서도 자국의 군사가 참전했음에도 불구하고 다소 적게 다루었던 연구사적 반성과 함께 조선에서 펼쳐진 전쟁을 자국의 역사 속으로 편입시켜 제대로 규명하겠다는 학술적 요구에서 나왔다. 장차 임진왜란과 동아시아 역사 전반을 논할 때 자신들이 연구해온 결과를 가지고 중국 측의 입장을 강하게 내세울 것으로 보인다.

　21세기에 살아가야 하는 한·중·일 삼국은 그동안 서로 간에 역사

인식의 차이로 불거진 마찰에서 벗어나 학술적으로 인식 차이의 간극을 좁혀나가는 방향을 제시하여 새로운 미래 관계로 나아갈 필요가 있다. 임진왜란 연구를 제대로 하기 위해서는 한·중·일 삼국의 사료를 함께 놓고 분석할 필요가 있다. 이러한 작업은 임진왜란 연구에 있어 한 단계 도약하는 전기가 되고, 또한 한·중·일 삼국 간에 학술적으로 공동 발전할 수 있는 새로운 전기가 될 것이다. 이에 따라 그 작업의 일환으로 우리가 중국 측의 입장을 어떻게 이해해야 하는지에 대해 중국 관련 사료를 중심으로 살펴본다.

논제: 『임진왜란 중국 관련 사료 연구』

1장. 임진왜란 시기 명나라로 건너간 조선 유민 고찰
2장. 임진왜란 시기 명군(明軍) 인사의 문헌 수집과 편찬
3장. 명 형개(邢玠) 『경략어왜주의(經略御倭奏議)』의 정유재란 사료 고찰
4장. 임진왜란 명 장수 오유충(吳惟忠)의 한반도 소재 문물 고찰
5장. 명 장수 오유충(吳惟忠)의 충주 「오총병청숙비(吳總兵淸肅碑)」 고찰
6장. 임진왜란 명 의오군(義烏軍) 출신 장해빈(張海濱)과 한국 절강장씨 고찰
7장. 중국 간행 박은식(朴殷植) 『이순신전(李舜臣傳)』의 전문 발견과 분석
8장. 중국 편찬 『조선민족영웅 이순신(朝鮮民族英雄李舜臣)』의 출판 배경과 특징

아래에 각 장의 주요 내용을 적어본다.

1) 임진왜란 시기 명나라로 건너간 조선 유민 고찰

본 문장은 한민족의 중국 이주사에 있어 작은 분수령이 된 임진왜란 조선 유민에 대해 분석한 글이다.

임진왜란 시기에 전쟁과 기근으로 조선 난민들이 대량으로 발생했다. 이들 가운데 스스로 생존의 길을 찾아 국경을 넘어가거나 조선을 지원해온 명군 진영에 투탁하여 살아가다가 나중에 명군이 철수할 때 동행 형식을 띠며 중원으로 들어갔다. 명군은 구휼, 활동 편의, 사병 충당, 군사력 증강 등 여러 차원에서 많은 조선인들을 진영으로 받아들였고, 훗날 이들을 데리고 중국 대륙으로 들어갔다. 이 과정에서 일부 조선인들이 명군의 강압과 꼬임에 빠져 들어가기도 했다. 조선 조정은 투탁자를 명군 진영에서 나오게 하고 국경을 넘는 것을 방지하기 위해 많은 노력을 기울였으나, 투탁자의 개인 사정과 명군의 미온적인 협조로 별다른 효과를 누리지 못했다.

임진왜란 시기 중국 대륙으로 건너간 조선 유민의 숫자는 최소한 1만 명은 넘었던 것으로 보인다. 이들은 요양, 천산, 진강, 광녕, 고평, 행산, 산해관, 통주, 남경, 양주, 등주, 항주, 강서, 사천 등지에 살았고, 그중에서도 요양과 광녕 지역에 많이 몰려있었다. 광녕에는 전쟁 포로로 추정되는 항왜들도 살고 있었다. 유민들이 살고 있는 양상을 보면 주로 유랑 걸식하거나 명 집안의 가정 노릇, 변방 지역의 군인이 되었고, 간혹 장기를 살려 개인 업종에 종사하고 있었다. 그중에서도 군인 직업은 단기간에 신분상승을 꾀할 수 있는 첩경으로 활용되고 있었다. 감주참장 최용회, 요동천총 한복, 사천파총 조귀상 등은 명군 장수로 활동했다. 유민들은 고국에 대한 향수를 가지고 있긴 했지만, 고국으로 돌아갈 의사에 있어서는 중국 대륙으로 들어온 자발적과 피동적 과정, 본국에서의 혈족 유무, 중국에서의 직업 만족도, 혼인과 처자식 유무 등 개인 사정에 따라 많은 차이를 보였다.

2) 임진왜란 시기 명군 인사의 문헌 수집과 편찬

본 문장은 임진왜란 시기 명군이 조선에서 한국 문헌을 수집하거나 수집한 자료를 가지고 한국 관련 책자를 편찬한 사례들을 정리하여 분석한 것이다. 명군은 임진왜란 시기에 조선으로 대거 들어와서 전쟁 수행에 나섰는데, 이때 부수적으로 문화 교류 활동을 전개하였다. 임진왜란은 참전국 모두에게 엄청난 폐해를 가져다주었지만, 문화 교류의 측면에서 상호 교류의 기회를 가져다주기도 했다.

명군 인사들에 의해 수집된 한국 문헌은 고려 보제선사(普濟禪師)의 「고려보제선사답이상국서(高麗普濟禪師答李相國書)」가 들어간 어록(『나옹집(懶翁集)』으로 추정됨), 조선 허난설헌의 「백옥루상량문(白玉樓上樑文)」, 여산 관공문서 「조선국신여산태수정설여여참모영명서(朝鮮國臣礪山太守鄭渫與呂參謀永明書)」, 과거 답안지 「의황명태학사황회사사신한환경표(擬皇明大學士黃淮謝賜宸翰還卿表)」, 박상의 『동국사략(東國史略: 朝鮮史略)』 등이 있다. 또 명군 인사들이 편찬한 한국 관련 문헌은 『조선시선전집(朝鮮詩選全集)』, 『조선시선(朝鮮詩選)』, 『고금시(古今詩)』, 『조선세기(朝鮮世紀)』 등이 있다.

명군 인사들은 한국 문헌을 접할 때 동문(同文) 의식, 경외심, 이질감을 느꼈다. 이들이 한국 문헌을 구득하는 경로는 주로 조선 접반사를 통해 이루어졌고, 일부는 구입 대금을 지불하거나 직접 조선 문사를 찾아가 문헌 수집에 나서는 등 적극성을 보이기도 했다. 조선 조정은 명군 인사들로부터 한국 문헌을 수집해달라는 요청을 받았을 때 자료 유출과 수준 문제로 소극적인 자세를 보였다. 조선 문사의 경우는 조선 조정과 비슷한 반응을 보이는 부류와 이것을 좋은 교류 기회로 삼아 적극적으로 협조하는 부류로 나뉜다.

3) 명 형개 『경략어왜주의』의 정유재란 사료 고찰

본 문장은 정유재란기 조선에서 명군을 총괄한 군문 邢玠의 주문집 『經略御倭奏議』를 중심으로 군량과 운송, 방어와 평가에 대해 분석하였다.

『경략어왜주의』는 현재 절강 寧波 天一閣에 유일 명각본으로 소장되어 있다. 원래 전 10권본인데, 현재 잔책 5권 분량(권2, 4, 6, 9, 10)만 남아 있다. 이 책자는 군문 형개가 1597년(만력 25)부터 1600년(만력 28)까지 전란과 관련된 중대한 군무를 적은 주본을 올려 보내고, 또 명 조정이 주본을 검토하고 신종제가 재가한 내용을 담아놓았다. 이것들은 명 군부의 최고위층과 명 조정 사이에 오갔던 제1차 자료인지라 사료 가치가 매우 높다.

명군이 전쟁 수행에 필요한 군량의 수량과 부족한 양, 중국대륙에서 육로와 해로를 통해 조선으로 옮기는 수단과 노정, 전쟁에 투입할 전선 종류와 건조 비용, 전란 과정에서 손실된 말의 숫자와 보급, 명 楊元이 총괄한 남원성에서 패전한 원인, 명 군부가 수군을 파견한 이유와 중국 대륙에서 해상 방어하고자 한 지역, 노량해전 때 선봉대로 참가한 일본수군의 척수, 전란 때 명군이 생포한 일본군 장수급 명단 등 현존 다른 문헌에서 찾아볼 수 없는 자료이다.

4) 임진왜란 명 장수 오유충의 한반도 소재 문물 고찰

본 문장은 임진왜란 때 조선 원병에 나선 명 장수 오유충(吳惟忠)이 한반도에 남겨진 문물에 대해 집중 분석한 것이다.

오유충은 높은 인품과 청렴한 행실로 조선 조정과 민초들로부터 널리 칭송받았다. 오유충의 군사가 지나간 죽산, 충주, 단양, 풍기, 영천(榮川; 영주), 안동, 신녕 등 7곳에 조선 민초들이 오유충의 청덕을 기리는 비석을 세워주었다. 이들 가운데 죽산 죽주산성에 세워진 「천조부총병오유충덕청인용비(天朝副摠兵吳惟忠德淸仁勇碑)」만 남아있다. 충주에 세워진 비석은 「청숙비(淸肅碑)」이다. 영천(榮川; 영주)에 세워진 비석은 오유충의 군사를 뒤이어서 들어온 북병 소속의 마군(馬軍)에 의해 깨뜨려졌다. 배용길의 「천장오후송덕비명(天將吳侯頌德碑銘)」과 손기양의 「오총병유충비명(吳總兵惟忠碑銘)」은 각각 안동과 신녕에 세워진 오유충 청덕비의 비명이다.

1598년(선조 31)에 명군이 관우의 음덕으로 일본군을 물리칠 목적으로 세웠다가 1666년(현종 7)에 안동 서악사의 동쪽 언덕으로 옮긴 관왕묘가 있다. 관왕묘 본전에 세워진 「무안왕비(武安王碑)」의 비음기에는 '어왜부총병관오유충(禦倭副總兵官吳惟忠)'이라고 새긴 명문이 보인다. 1599년(선조 32)에 부산 자성대에 정유재란 때 참전한 명군이 일본군을 물리쳤다는 전승기념비인 「부산평왜비명(釜山平倭碑銘)」이 세워졌다. 이 비석의 비음기에 오유충의 이름이 들어가 있다.

1593년(선조 26)에 상주처사 이경남이 오유충으로부터 붓, 벼루, 술잔, 향로 등을 받았다. 명나라가 망한 후에 이경남 자손들이 대대로 상주 동해사 뒤편 식산 정상부에 만든 대명단(大明壇)에서 오유충으로부터 받았던 술잔과 향로로 명 황실을 추념하는 제사를 지냈다. 한국국학진흥원에는 유성룡이 명 장수로부터 받았던 간찰과 그림을 모아 엮은 『당장서화첩(唐將書畵帖)』이 있다. 이 책자 가운데 오유충이 유성룡에게 조선 요충지의 형세와 지도를 알려주기를 바라는 간찰 1통이 들어가 있다. 또 조선의 명필가 한호(석봉)가 명 장수들이 보내준 필적을 모아 엮은『만력동정제공서독(萬曆東征諸公書牘)』이 있다. 이 책자 가운데 오유충이 자신의 청덕을 보여주는 간찰 1통이 들어가 있다.

5) 명 장수 오유충의 충주 「오총병청숙비」 고찰

본 문장은 임진왜란 때 충주에 세웠던 명나라 장수 오유충의 「오총병청숙비(吳總兵淸肅碑)」(「淸肅碑」이라고 약칭함)를 고찰한 문장이다.

임진왜란 때 명군 가운데 참된 군인의 표상이 될 장수가 몇몇 있었는데, 그 중의 한 명이 오유충이다. 오유충은 전장에서 군인의 본분을 다한 용맹성을 보여주었고, 또 주둔지에서 조선 민초들을 보살펴주는 청덕심을 보여주었다. 조선 민초들이 오유충이 베풀어준 청덕을 기리는 비석을 무려 7곳이나 세워놓았다.

충주 오유충의 「청숙비」는 그 중의 하나이다. 오유충이 충주에 들어와서 민초들이 전란 속에서 겨우 연명하고 있다며 부하들에게 민폐를 끼치는 일을 하지 말라는 엄명을 내렸고, 그 자신도 청간한 마음으로 모든 것을 민의에 따라 행하였다. 충주 민초들은 오유충의 청덕에 감복하여 「청숙비」를 세웠다. 「청숙비(淸肅碑)」의 '청숙(淸肅)' 두 글자는 오유충이 맑은 덕행과 엄숙한 영으로 충주 민초들을 보살펴주었다는 의미를 담아놓았다.

오유충의 「청숙비」는 1597년(선조 30) 11월에 충주 무학당 남쪽에 세워졌다. 무학당은 조선시대 군사들이 무예를 연무하는 연병장 건물이었다. 현 행정구획으로 충추시 무학 3길 일대이다. 「청숙비」는 일제강점기에 통치 당국에 의해 없어졌던 것으로 추측된다. 다행히도 일본 경도대학 중앙도서관에 정조 연간에 조인영 등이 성책한 『금석집첩(金石集帖)』에 오유충의 「청숙비」 탁본이 수록되어 있다.

6) 임진왜란 명 의오군 출신 장해빈과 한국 절강장씨 고찰

본 문장은 임진왜란 때 명 의오군(義烏軍) 출신 장수로 한국 절강장씨(浙江張氏)의 시조가 된 장해빈(張海濱)의 사적을 고찰한 것이다.

1597년(선조 30)에 장해빈은 명 장수 오유충의 좌부이사파총(左部二司把摠)이 되어 압록강을 건너 조선으로 들어왔다. 죽산, 충주 등지에서 활약하다가 울산으로 내려가 도산성 전투에 참전했다. 이때 선봉에서 용맹하게 싸우다가 심한 부상을 당하여 더 이상 본진과 함께 하지 못하고 군위 북산에 들어와 정착했다. 그 후 조선 조정으로부터 혜민서참봉(惠民署參奉), 율봉찰방(栗峰察訪)의 직첩을 받았으나, 모두 부임하지 않았다. 1657년(효종 8)에 별세하여 마을 남쪽에 묻혔다.

집안은 장해빈을 해동 시조, 고향인 절강을 관향으로 삼았다. 현 경북 군위군 군위읍 대북 1리가 절강장씨의 세거지이다. 이곳에 장해빈을 기리는 북산서원이 세워져 있다.『절강장씨족보』에서 장해빈의 고향으로 적고 있는 절강 금화부 오강현(烏江縣)은 당시 금화부 소속의 의오(義烏)와 포강(浦江)으로 추정된다. 장해빈이 모셨던 오유충은 금화부 의오현 오감두촌(吳坎頭村) 사람이고, 오유충이 거느린 남병의 주력은 의오군이다. 오유충은 임진왜란 때 두 차례 조선으로 들어와 뛰어난 전공을 세웠던 명 장수이며, 오늘날 의오에서는 항왜애국장수로 널리 칭송되고 있다.

7) 중국 간행 박은식 『이순신전』의 전문 발견과 분석

본 문장은 일제강점기에 중국에서 출간된 조선 애국지사 박은식(朴殷植)의 『이순신전(李舜臣傳)』의 제반 모습을 고찰한 것이다.

박은식은 임시정부 제2대 대통령을 지낸 민족 애국지사이다. 우리 민족이 민족혼을 간직하고 계속 살려나가면 민족의 광복이 반드시 있을 것이라며 정신 교육을 부르짖었다. 그 자신도 국내외 사람들에게 조선에 민족혼이 살아있다는 점을 보여주기 위해 역사 속의 인물을 찾아 책자로 편찬하여 널리 출간하였다. 이 가운데 가장 심혈을 기울려 편찬한 책자가 『이순신전』이다.

1915년에 상해 객사에서 한문본(漢文本) 『이순신전』 초고본을 지었다. 1921년에 신문 『사민보』에 연재했고, 1923년에 수정 보완한 원고를 단독본으로 출간하였다. 발행자는 김승학이고, 인쇄지는 상해 삼일인서관이다. 1941~42년에 잡지 『광복』에 다시 연재되었다. 지금까지 국내에서는 『사민보』나 『광복』에 남아있던 『이순신전』의 일부분만 파악하고 있었는데, 이번에 절강성도서관에서 단독본 『이순신전』을 찾아 전문을 제대로 파악할 수 있게 되었다.

박은식의 『이순신전』은 이순신의 일대기를 사실적으로 그대로 기술해놓았다. 본문 곳곳에 이순신이라는 인물을 통해 민족혼을 살려 자주 독립의 길을 쟁취하고자 한 노력이 깃들어 있다. 이 책자는 이순신의 삶과 사상, 그리고 일제강점기에 해외에서 나온 이순신학을 밝히는데 좋은 자료로 꼽힌다.

8) 중국 편찬 『조선민족영웅 이순신』의 출판 배경과 특징

본 문장은 근자에 중국에서 출판된 이순신 전기 책자, 즉 조선족 출신 엄성흠(嚴聖欽)의 『조선민족영웅 이순신(朝鮮民族英雄李舜臣)』을 분석한 글이다.

『조선민족영웅 이순신』은 중국 당 부처의 관계자로 하여금 외국 역사에 대한 지식을 증진하기 위한 『외국역사소총서(外國歷史小叢書)』의 일종으로 만들어졌다. 1987년에 상무인서관(商務印書館)에서 출판된 단독본과 1992년, 1996년에 『조선역사풍운록(朝鮮歷史風雲錄)』 속의 들어간 합본이 있다. 집필자 엄성흠은 재중 조선족 학자이다.

집필자가 『조선민족영웅 이순신』을 서술함에 있어 전반적으로 이순신 일대기를 담담하게 적어나갔다. 내용면에서는 『외국역사소총서』가 요구하는 사실성, 간결성, 통속성, 정확성을 지켜나갔다. 다만 저자 출신과 출판 지역의 특수성이 고려된 흔적이 보인다. 책자 첫머리부터 한국전쟁 때 북한이 제정한 이순신훈장을 언급하고 있고, 또 본문과 결론 곳곳에 한국전쟁을 임진왜란의 연장선으로 보고 외세침략전쟁으로 몰고나갔다. 우리는 이 책자를 통해 근자에 중국대륙에서 이순신, 좀 더 확대하면 임진왜란을 어떻게 보고 있는가를 엿볼 수 있다.

차례

임진왜란 시기 명군의 한국 문헌 수집과 편찬

명 형개『경략어왜주의』의 정유재란 사료 고찰

임진왜란 명 장수 오유충의 한반도 소재 문물 고찰

명 장수 오유충의 충주「오총병청숙비」고찰

임진왜란 명 의오군 출신 장해빈과 한국 절강장씨 고찰

임진왜란 시기 명나라로 건너간
조선 유민 고찰

1. 서론

한민족의 중국 이주사를 돌이켜보면 예로부터 국경이 접해 있는 지리적 요소와 인적 왕래가 잦았던 교류 관계를 반영이라도 하듯이 매우 다양한 사례가 존재하는데, 그중에서도 커다란 분수령이 된 경우가 몇 차례 있었다. 고당(高唐) 전쟁과 삼국 통일 과정에서 다수의 고구려와 백제 유민들이 당나라로 나포되어 갔고, 정묘·병자호란으로 수많은 조선인들이 청나라로 나포되어 갔다. 20세기 초반에 수많은 한민족이 일제의 강압 통치를 피해 동북 지역으로 이주해갔는데, 오늘날 동북 지역의 연변조선족자치주가 이러한 사실을 대변해준다.

여기에서는 작은 분수령 역할을 한 시기, 즉 임진왜란 시기를 들어본다. 7년 동안 한반도에서 치러진 임진왜란은 조선 민초들에게 크나큰 고통을 안겨주었다. 수많은 사상자는 말할 것도 없고, 겨우 살아남은 난민들은 곳곳을 떠돌아다니며 연명해야만 했다. 명군(明軍)은 조선에 주둔하면서 많은 난민들을 진중에 수용하였고, 그 후 중국 대륙으로 철수할 때마다 이들 일부를 동행해 데리고 들어갔다. 이들이 바로 임진왜란 시기에 중국 대륙으로 건너간 조선 유민이다.

임진왜란에 관한 선행 연구는 국내외 많은 학자들이 매우 활발하게 진행하였다. 대명관계만 국한해 보더라도 명나라의 참전 배경,[1] 군사 활동,[2] 문화 교류,[3] 재조지은,[4] 조선의 인식[5] 등 다양한 분야에서 심도 있는 논문이 나왔다. 필자의 과문인지 모르겠으나 중국 대륙으로 건너간 조선 유민에 관한 선행 연구는 활발하지 못한 편이다. 임진왜란 때 명군에 투탁한 조선 난민에 대한 설명은 보이지만,[6] 중국 대륙 속의 조선 유민을 대상으로 삼은 문장은 아직까지 찾지 못했다. 조선족 이주역사를 다룬 중국 책자에서도 임진왜란 시기에 발생한 조선 유민에 관한 구체적인 기록은 공백으로 남아 있다.[7]

필자가 조사한 바에 따르면 국내외 고문헌에 임진왜란 시기 중국 대륙으로 건너간 조선 유민에 관한 자료가 꽤나 보이고, 특히 사행록

1　崔孝軾,「明의 壬辰倭亂 參與 動機와 그 實際」,『白山學報』53집, 백산학회, 1999, 245~281쪽.; 劉寶全,「壬辰倭亂時 明 派兵의 實相에 대한 一考: 그 動機와 時機를 中心으로」, 한국사학보, 14집, 고려사학회, 2003, 151~184쪽.

2　李貞一,「壬亂時 明兵에 대한 軍糧 供給」,『(울산대)연구논문집』16집 2호, 울산대학교, 1985, 615~627쪽.; 김경태,「임진왜란 후, 명(明) 주둔군 문제와 조선의 대응」,『동방학지』147호, 연세대학교 국학연구원, 2009, 353~397쪽.; 崔斗煥,「壬辰倭亂 時期 朝明聯合軍 硏究」, 慶尙大學校 史學科 博士論文, 2011, 1~308쪽.

3　趙宰坤,「壬辰倭亂 시기 朝鮮과 明의 문화교류」,『아시아문화연구』6집, 경원대학교 아시아문화연구소, 2002, 15~41쪽.; 朴現圭,「임진란 시기 명군(明軍)의 한국 문헌 수집과 편찬」,『국문학연구』23집, 국문학회, 2011, 63~91쪽.

4　韓明基,「임진왜란 시기 '재조지은'의 형성과 그 의미」,『東洋學』29집, 단국대학교 동양학연구소, 1999, 119~136쪽.; 김삼웅,「선조와 지배층 '재조지은(再造之恩)'의 친명사대」,『인물과 사상』108호, 인물과 사상사, 2007, 206~215쪽.; 王非,「明代援朝禦倭戰爭與朝鮮的"再造之恩"意識」, 延邊大學 碩士論文, 2005.

5　崔韶子,「壬辰亂時 朝鮮支配層의 對明意識」,『美術史學硏究』136·137호, 한국미술사학회, 1998, 32~36쪽.; 劉寶全,「壬辰亂 後 朝鮮 對明 認識의 變化」,『아시아문화연구』6집, 경원대학교 아시아문화연구소, 2006, 141~161쪽.

6　韓明基,『임진왜란과 한중관계』, 역사비평사, 서울, 1999, 145~152쪽.

7　朱成華,『중국 조선인 이주사』, 한국학술정보, 파주, 2007.; 孫春日,『中國朝鮮族移民史』, 中華書局, 北京, 2009.

(일명 연행록)에는 사행자가 중국 대륙에서 직접 조선 유민들을 만나 들었던 내용이 기술되어 있어 당시 상황을 생생하게 전달해주고 있다. 따라서 본 논문에서는 중국 대륙 속의 조선 유민이라는 주제를 가지고 논술 작업에 임하고자 한다. 우선 국내외 고문헌에 산재되어 있는 중국 대륙 속의 조선 유민에 관한 구체적인 사례를 찾아본 뒤 유민들의 거주지, 활동사항, 사고의식 등 제반 사항에 대해 분석한다. 여기에서 말하는 임진왜란 시기는 전쟁 기간(1592~1598)과 명군이 한반도에서 철수한 시기(1599~1600)를 모두 포함한다.

2. 명나라로 건너간 조선 유민 배경

임진왜란은 조선·명 연합군과 일본군 사이에 치렀던 국제 전쟁이었다. 1592년(선조 25)에 일본군이 한반도를 침공하면서 전쟁이 발발했고, 곧이어 명나라가 대군을 보내면서 동아시아 삼국이 격돌하는 대규모 전쟁으로 확산되었다. 7년 전쟁을 겪은 후에 동아시아 삼국은 많은 인명 피해와 물적 손실을 입었고, 그 중에서도 한반도를 격전의 장소로 제공한 조선은 전반적인 국가 기반을 거의 다시 세워야 할 정도로 막대한 피해를 입었다.

임진왜란이 발발한 직후 명 조정은 조선의 원병 요청에 따라 군사를 보내기로 결정했다. 명 조승훈(祖承訓)이 병사 3천여 명을 이끌고 온 것을 기점으로 대규모 명군들이 속속들이 조선으로 들어왔고, 전쟁이 치열할 때 병력 수가 명목상이지만 10만 명이 넘었다. 1598년(선조 31)에 임진왜란이 끝난 뒤 혹시 일본군이 재침할 것을 대비해서 일부 병력을 한반도에 계속 주둔시켰다가, 1600년(선조 33)에 모두 철

임진왜란 조선유민 정착지

수했다. 임진왜란 시기에 조선에 많은 명군이 장기간 주둔하면서 정치, 사회, 문화, 경제 등 조선 전반에 걸쳐 커다란 영향을 끼쳤다.

전장의 범위가 거의 전 국토로 확산되자, 수많은 조선 민초들은 가족과 가산을 잃고 고향을 떠나 도처로 유랑하였다. 난민들의 생활은 한마디로 비참했다. 곳곳을 떠돌아다니며 먹을 것을 구걸하였지만, 전란과 기근이 격심한지라 피차간에 도와줄 처지가 못 되어 굶어죽는 이들이 매우 많았다.[8] 조선 조정에서도 이들을 구휼하고자 진제창

---

8   金宇顒, 『東岡先生文集』 권10, 「奉使復命啓」: "伏以臣於沿途地方, 廉察民事, 黃海道則雖禾穀間有結實, 而陳荒者尙居三之二, 民多艱食, 官未捧糴, 入京畿地則蒿蓬滿野, 道間時見老弱男女, 持筐筥拾草食, 或採稂莠之實, 皆面無人色, 或逢僵屍橫道, 問之則云餓死矣. 及至京城, 逢道殣尤多. 有白頭老叟, 迎臣馬首問曰: 大駕幾時來耶? 我輩待駕未至, 餓死且盡矣. 又見母子相棄, 仳離散去, 號哭振野, 城中屋宇, 什存一二, 而竝皆

(賑濟倉)을 설치하고 심지어는 명군의 군량을 빌리는 방안까지도 마련했지만, 난민수가 워낙 많고 구휼 양식이 적어 별다른 효과를 보지 못했다.[9] 스스로 생존의 길을 찾아나서야 했던 난민들은 최악의 굶주림을 피하기 위해 명군 진영에 몰려들었다. 바로 이러한 배경 속에서 명군에 투탁한 난민들이 대량 출현하게 되었다. 물론 일부이지만 자신의 이득을 챙기기 위해 의도적으로 명군 진영에 들어가 방자 노릇을 한 투탁자도 있었다.

한편 명군 진영은 군량 조달이 비교적 원활했다. 명 조정은 전쟁 수행을 위해 대규모 산동 양식을 조선으로 보냈고,[10] 조선 조정도 명군이 사용할 군량을 우선적으로 운송해주었다. 이에 따라 명군 수장들은 조선 난민들을 구휼 차원, 활동 편의, 사병 충당, 군사력 증강 등 여러 차원에서 대량으로 받아들였다. 각 진영마다 투탁자의 수가 상당히 많았는데, 그 중 유정(劉綎) 진영에 들어온 수가 근 1만 명이나 되었다. 1593년(선조 26)~1594년(선조 27)에 계속 흉년이 들자 경상도·전라도 사람 1만여 명이 유정 진영에 들어가 품팔이를 하며 목숨을 부지하였다.[11] 명군 진영에 투탁한 조선인들이 많아지자 이로 인한 여러 부작용이 나타나기도 했다. 일부가 명군을 사칭하거나 방자

残毁, 唐兵充斥, 而我民絕少, 皆飢困垂死. 問之, 云: 倭賊初去, 民多扶携還集, 充滿城中, 旣而望駕未至, 資生無路, 或相褓負携持而散之四方, 或闔門相枕藉而死, 餘存者皆賴唐人, 乞食爲命, 雖設賑濟場, 而任事者或不盡力, 救活極少云. 在城之日, 多遇士族婦人, 以敝衣遮掩頭面, 提携少兒女, 踵門而乞食者, 氣微欲盡, 語聲僅續, 臣對食哽噎, 不能下咽, 其他滿目悲慘, 不可具陳." 이 계문은 1593년(선조 26) 8월에 작성되었음.

9 『선조실록』 26년(1593) 7월 29일(신사)조 참조(국사편찬위원회 사이트본: 이하 동일).
10 趙慶男, 『亂中雜錄』 권3, 무술년(1598) 3월 12일조: "帝遣給事中徐觀瀾于本國, 詳戡島山功罪[攷事]. 又調送山東道小米[粟米]百萬餘石于本國, 以爲軍餉, 兼貸飢民."
11 李恒福, 『白沙先生集』 권23, 「朝天記聞」: "至癸巳甲午, 連歲大飢. 時劉摠兵綎久住兩南, 兩南流民, 皆就備於軍中, 名曰帮子, 得延餘命, 殆將萬餘."

노릇을 하면서 민폐를 끼치고, 심지어 재물 약탈, 부녀자 겁탈 등 범죄를 일으키곤 했다.

조선에 주둔한 명군의 병력 수는 전쟁 상황에 따라 증감이 잦았다. 전쟁이 격화되면 병력을 대규모로 증강시켰고, 반대로 소강상태에 들어서면 일부 병력을 본국으로 철수시켰다. 1588년(선조 31) 전쟁이 끝난 후에도 혹시 모를 일본군의 재침을 방어하기 위해 일부 병력을 잔류시켰다가, 1600년(선조 33)에 이르러 잔류 병력을 모두 철수했다. 명군이 수시로 본국으로 귀환할 때마다 명군을 따라 압록강을 건너간 조선 투탁자가 상당수에 달했다. 1594년(선조 27) 10월에 유정 군영에서 나온 조선 투탁자는 560여 명이다.[12] 또 1600년(선조 33) 7월에 오종도(吳宗道)가 본국으로 철수하는 선박에 조선 투탁자 1백여 명이 타고 있었다.[13] 이 외에 명군이 주도적으로 조선인들을 데리고 가기도 했다. 1593년(선조 26) 8월에 명군이 철수할 때 서울에 사는 여인들을 남자로 변장시켜 데리고 가려고 했다.[14]

투탁자를 바라보는 조선 조정의 심정은 매우 착잡했다. 자국인에게 통치력이 미치지 못한 점은 둘째 치더라도 날로 격화되고 있는 전쟁에 인력 부족으로 필요한 군사를 보충할 수 없을까봐 크게 우려하였다. 투탁자 가운데에는 전쟁에서 실전 경험이 풍부하고 무기를 잘 다루는 이들도 많았다. 이에 따라 조선 조정은 투탁자를 송환시켜 특전을 베푸는 등 여러 노력을 펼쳤다. 명군 진영에서 스스로 나온 공사천에게는 양인으로 면천, 양인에게는 금군, 방자에게는 둔전을 주도

---

12 『선조실록』 27년(1594) 10월 8일(임자)조.
13 『선조실록』 33년(1600) 7월 18일(기미)조.
14 『선조실록』 26년(1593) 8월 6일(경해)조.

록 했다.[15] 또한 이들을 불러 모아 도감으로 배속시켜 포·살수 등의 기술을 가르쳐 군사로 삼고, 훗날 원 주인이 나타나 자기의 노복을 찾아가려고 하더라도 이를 법으로 막는 조치를 취하였다.[16] 또 부녀자들에게도 온전하게 살아갈 수 있도록 여러 대책을 마련해주었다.[17]

이와 동시에 조선 조정은 투탁자가 명군을 따라 중국 대륙으로 들어가는 것을 방지하기 위해 노력했다. 사전방지 차원에서 투탁자에게 여러 특전을 내걸며 명군을 따라 국경을 넘어가지 않도록 유도했다. 또 명군 수뇌부에다 조선 조정의 입장을 밝히며 투탁자 동행을 금해달라는 자문을 보냈다.[18] 나아가 임진강, 대동강, 청천강, 압록강 등 도강 지역에 전담 관원을 배치하여 투탁자를 색출하는 조치를 취하였다.[19] 만약 색출한 인원수가 30명이 되지 않을 경우에는 각별히 치죄하고, 반대로 가장 많이 색출한 자에게는 논상을 행하도록 하였다.[20]

그렇지만 조선 조정이 펼친 노력은 투탁자의 개인 사정과 명군의 미온적인 협조로 인하여 별다른 효과를 거두지 못했다. 투탁자 절대다수는 국내에서 삶의 기반이 무너진 사람들이었다. 난리 통에 가족을 잃고 고향을 떠나 도처로 유리하다가 굶주림을 피해 명군 진영에 투탁했다. 만약 명군 진영에서 이탈하면 딱히 살아갈 방도가 없기 때문에 명군이 철수할 때 그들을 따라 중국으로 건너간 자들이 많았다.

---

15 『선조실록』 27년(1594) 8월 25일(경오), 28일(계유)조.
16 『선조실록』 27년(1594) 10월 8일(임자)조.
17 『선조실록』 27년(1594) 8월 16일조(신유).
18 『선조실록』 26년(1593) 8월 6일(경해)조.
19 『선조실록』 27년(1594) 8월 16일(신유)조
20 『선조실록』 32년(1599) 2월 8일(무오)조.

명군 수뇌부도 투탁자를 데리고 가면 장차 가정이나 사병으로 활용할 수 있다는 생각을 가지고 있었기에 조선 조정의 요청에 대해 협조적인 태도를 취하지 않았다.

이와 달리 명군과 무관하게 자구적인 차원에서 국경을 넘어 중국 대륙으로 건너간 조선인도 있었을 것이다. 임진왜란 초창기에 전쟁의 범위가 급속도로 북방까지 확산되자 조야 모두 거의 공황상태에 빠졌고, 민초들은 선조의 몽진을 따라 서북지역으로 대거 몰려들었다. 그러나 서북지역의 형편도 열악했다. 연이어 흉년이 들고 난민들이 대거 몰려오는 바라에 생활 사정이 더욱더 악화되었다. 구걸하기도 힘든 일부 민초들은 마지막 선택으로 압록강을 넘어 중국 대륙으로 들어갔을 것이다. 투탁자 상황은 뒤에서 다시 언급한다.

3. 명나라로 건너간 조선 유민 사례

국내외 고문헌을 조사해보면 중국 대륙으로 건너간 조선 유민의 자료들을 꽤 찾을 수 있다. 이 자료들은 여러 문헌에 산재된 바람에 지금까지 여기에 대한 연구가 활성화되지 않았다. 본 절에서는 조선 유민의 실존 형태를 면밀하게 파악하기 위해 해당 자료를 일일이 열거해본다. 나열 방식은 조선 유민이 중국 대륙으로 들어와 거주했던 지역별로 나누고, 각 사안별로 유민 이름이나 지명, 특정 명칭을 붙이도록 한다.

1) 요양, 진강과 주변 지역

(1) 공덕리 사람

1598년(선조 31)에 진주정사 이항복(李恒福)은 북경을 다녀오면서 『조천록(朝天錄)』을 남겼다. 이 책자에는 중원에 건너간 조선 유민에 관한 여러 내용이 담겨있다. 이 해 12월에 이항복이 요동 회원관(懷遠館)에 며칠 머물며 요동 군부와 만나 사행 업무를 처리했다. 한 젊은이가 자주 회원관을 찾아 하인들과 친숙하게 지내면서 자신의 신분에 대해 토로했다. 자신은 공덕리(孔德里) 출신이며, 요양에 들어와서 동가(佟家)의 가정이 되었다. 요양성 내에 사는 조선 유민의 수는 이루 다 헤아릴 수가 없다.[21] 공덕리는 전북 김제 공덕면에 소재한 마을이다. 동가(佟家)는 동양정(佟養正)을 지칭한다.

(2) 교사 무인

이덕형은 요양에서 또 한 명의 조선 유민에 대한 정보를 입수했는데, 그의 이름은 잊어버렸다. 그는 명족 출신으로 말을 타고 활을 잘 쏘았다. 요동 군부에서 교사(教師)로 발탁하여 요양에서 6, 70리쯤 떨어진 곳에 교장(教場)을 설치하고 요동 사람 중 영리한 자들을 뽑아 급료를 후하게 주어 가르치도록 했다. 교습생 가운데 성취한 자들이 매우 많았다.[22]

---

21 이항복,『白沙先生集』권23,「朝天記聞」:"壬辰以後, 我民遭亂避地, 流入中國者頗多. … 余到遼陽, 有一少漢數來余寓, 與下人相熟, 自言是孔德里居人, 入遼爲佟家家丁. 因言遼陽城裏鮮人來居者, 不能悉數."

22 이항복,『白沙先生集』권23,「朝天記聞」:"有一武人, 忘其名, 自言名族, 善騎射, 天朝之人, 號爲敎師, 別開敎場, 於距此六七十里地, 面選遼人之伶俐者, 逐日敎習, 厚給廩料, 因是成就者甚多."

요양 백탑

여기의 교사는 명문 무인 집안의 출신으로 보인다. 당시 누르하치 (努爾哈赤)가 건주여진 부족을 통일하고 요동 변방의 큰 세력으로 성장하였다. 요동 군부는 한편으로 이들을 회유하는 방도를 취하고, 다른 한편으로 이들을 물리칠 군사력 증강에 박차를 가했다. 조선 교사가 요양 군사들에게 가르친 군사 훈련은 향후 요동 전쟁에서 전투 능력을 제고시켰을 것으로 보인다.

(3) 옥춘

1605년(선조 38)에 천추정사 이형욱(李馨郁)은 북경을 다녀오면서 『연행일기(燕行日記)』를 남겼다. 이 해 6월 북경으로 향하는 길에 요양 회원관에 며칠 머물렀다. 하루는 이등운(李登雲)의 가정 옥춘(玉春)이 찾아와 자신의 내력에 대해 말했다. 자신은 조선 사람이고, 부친은 군관 이원

수(李元樹)이며, 한양에서 감사 윤탁연(尹卓然) 집 앞에 살았다. 14살 때 임진왜란이 발발하자 평양으로 피난했고, 일본군이 평양에서 철수할 때 명장 이등운을 만나 수양되었다. 이형욱이 고국으로 돌아갈 의사가 없느냐고 물으니, 옥춘은 난리 통에 부모를 잃어버리고 가정이 된지 13년이며 처자식이 있는지라 돌아갈 의사가 없다고 했다. 요양에는 난리 때 들어온 많은 난민들이 살고 있었다.[23] 이형욱이 통주에서 올린 장계에서도 옥춘에 관한 내력을 담아놓았는데, 이등운의 가정인 옥춘의 집이 명례방(明禮坊)이라고 했다.[24]

임진왜란이 발발한 직후에 명 이등운은 제독 이여송(李如松)의 수하가 되어 조선에 들어와서 평양성 수복 전투에 참여했다. 이듬해 이여송이 귀국할 때 그를 따라 돌아간 것으로 보인다. 옥춘은 한양을 떠나 평양으로 들어왔지만, 부모를 잃고 고아가 되었다. 이때 이등운을 만나 수양되었으며, 나중에 중원으로 따라 들어가 그의 가정이 되었다. 이형욱은 요양성에 많은 조선인이 살고 있다고 했다.

(4) 한은옥

1608년(선조 41)에 정사 신설(申渫)을 필두로 한 동지사절은 북경을 다녀왔다. 서장관 최현(崔晛)은 사행 업무와 견문한 내용을 꼼꼼하게

---

23 李馨郁, 『燕行日記』1605년 6월 5일조: "李登雲家丁一人拜, 曰: 吾的朝鮮人, 壬辰亂離, 爲賊所虜, 來到平壤, 賊敗時, 又爲唐將李登雲率來, 時年十四, 登雲愛之而抱宿養之, 爲家丁, 作妻生子, 來於斯, 今已十三年. 問其何居? 則居京中監司尹卓然家前, 父乃李元樹, 而爲軍官云. 爾無欲還故土之心乎? 答曰: 父母亂離皆死亡, 到此安居, 歲月亦久, 玆不得出還矣. 本國人因亂來居遼陽城內者甚多云."

24 이형욱, 『燕行日記』1605년 9월 5일조 통주 장계: "臣曾在遼東時, 我國人玉春居明禮場, 因亂來平壤, 隨唐將李登雲入來云." 여기의 옥춘이 중국에서 개명한 성명인지 아니면 단지 이름만 적었던 것인지 불분명하다.

기술한 『조천일기(朝天日記)』를 남겼다. 이 사행록은 그의 문집인 『인
재선생속집(認齋先生續集)』에 수록되어 있다. 1609년(광해군 1) 1월에
북경을 떠나 귀국 길에 올랐다. 2월 29일에 요양 회원관을 떠나 냉정
(冷井)에서 점심을 먹고 삼류하(三流河)에 도달했다. 이날 조선인 한은
옥(韓銀玉)이 찾아와 자신의 신분을 밝히며 고국으로 돌아가고 싶다고
했다. 11살 때 임진왜란을 만나 명군을 따라 요동으로 들어와 남의
집에서 품앗이를 하며 살아갔다. 최현은 한은옥을 데리고 함께 귀국
했다.[25]

(5) 한복

1636년(인조 14)에 김육(金堉)을 필두로 한 성절사절은 해로를 통해
산동을 거쳐 명나라로 들어갔다. 이듬해 병자호란으로 국제 정세가
돌변했고, 이와 동시에 조선과 명의 외교 사절이 단절되었다. 김육의
『조천일기(朝天日記)』는 당시 북경에 사신으로 머물고 있을 때의 제반
사정을 엿볼 수 있어 사료 가치가 높다. 7월 21일에 평안도 철령 소
속의 피도(皮島; 椵島)에서 명군 천총 한복(韓福)을 만났다. 한복은 자
신의 이력을 말해주었다. 본래 김씨이고, 영남 庇安(현 의성군 소속) 사
람이다. 무인년(1578)에 태어났고, 16세(1594)에 요동으로 들어와 한씨
(韓氏) 성을 가진 자의 양자가 되었다. 그 후 그의 작위를 이어받아
군관이 되었다.[26] 한복이 요동으로 들어간 시점이 바로 명군이 철수

---

25 崔晛, 『朝天日記』 기유년(1609) 2월 29일조: "發遼東中火于冷井, 抵三流河, 宿王
姓人家. 有我國人韓銀玉者, 年十一歲, 逢壬辰之亂, 隨唐兵入遼東, 傭食人家, 是日隨臣
等偕來."

26 金堉, 『朝京日錄』 1636년 7월 21일조: "千摠韓福者, 本姓金, 年戊寅, 嶺南庇安人
也. 十六, 入遼東, 爲韓姓人養子, 冒姓襲僭, 方爲都督軍官, 來見款語."

한 시점이었다.

당시 성절사 서장관 이만영(李晚榮)도『숭정병자조천록(崇禎丙子朝天錄)』에서 비슷한 내용을 남겼다. 갑오년(1594)에 요동천총 한씨에게 나포되어 양자가 되었다. 훗날 작위를 이어받아 천총이 되었다. 고향 생각이 간절하여 돌아가고 싶으나, 이미 한씨의 집안에 들어가 명나라 사람이 되었기에 돌아갈 수가 없다고 했다.[27]

(6) 천산 승려

1614년(광해군 6)에 정사 허균(許筠)을 필두로 한 천추 겸 사은사가 북경을 다녀왔다. 서장관 김중청(金中淸)은 사행 내내 보고 들었던 사항을 꼼꼼하게 기술한『조천록(朝天錄)』을 남겼다. 이 사행록은 그의 문집인『구전집(苟全集)』에 수록되어 있다. 이 해 6월 17일에 요동 사하포(沙河浦)에서 안산(鞍山)으로 들어가는 길목에서 동편에 소재한 천산을 바라보았다. 여러 개 산굴과 기이한 절벽이 있고, 봉우리가 구름 속에 잠겨있으며, 그 속에는 조월사(祖越寺)라는 절이 있었다. 그 절에 머물고 있는 승려 가운데에는 조선인이 많은데, 임진왜란 때 병란을 피하여 온 자라고 했다.[28]

천산은 요녕 안산에서 동남쪽 17km 정도 떨어져 있으며, 봉우리가 기이하고 경관이 아름다워 조선 사행자들에게 널리 알려진 명산이다. 조월사의 원명은 영암사(靈巖寺)이고, 당나라 때 창건되었다고 전

---

27 李晚榮,『崇禎丙子朝天錄』1636년 7월 22일조: "都督管下韓福來見, 自言本以我國人, 居住庇安, 甲午年間, 爲遼東千摠韓姓人所掠去, 爲其養子, 襲官爲千摠. 其思鄕之語, 極爲悽楚, 且曰: 雖欲還鄕, 旣貫韓氏之籍, 已作上國之人, 無可奈何. 本姓金氏云."
28 金中淸,『朝天錄』갑인년(1614) 6월 17일조: "東望有山名千山, 山中有寺名祖越, 列峀奇峭, 雲岑縹緲, 居僧多我國人, 乃壬辰避兵禍來者云."

해온다. 금나라 때 황실의 원찰이 되었고, 명 가정 연간에 산사태로 거의 훼멸되었다. 융경과 만력 연간에 각각 크게 중건하여 오늘날까지 전해오고 있다. 천산에 머물고 있던 조선 승려가 임진왜란을 피해 들어왔던 것은 분명하지만, 자구적 차원에서 국경을 넘어왔는지 아니면 명군을 따라 들어왔는지는 기록 부재로 불분명하다.

(7) 오종도 가정

1608년(만력 36)에 웅정필(熊廷弼)이 절강도어사(浙江道御使) 순안요동(巡按遼東)에 제수되자, 후금의 침공에 대비하기 위해 요동 각지를 돌아다니며 방어 책략과 변방 사정을 살펴보았다. 이듬해 1월 17일에 올린 상소에는 진강유격(鎭江遊擊) 오종도(吳宗道)의 부패상을 탄핵하는 내용이 들어가 있다. 오종도가 거둔 조선인(麗人) 가정이 조선 복장을 한 다음 요동 선박을 타고 철산(鐵山), 별동(別東), 대장(大張) 등 여러 섬들을 돌아다니며 초피와 인삼들을 매입하는 일에 나섰다. 장사 자금은 산동방해부총병(山東防海副總兵) 오유부(吳有孚)에서 나왔다고 하지만, 실제 주인은 오종도이다.[29]

오종도는 절강 소흥부(紹興府) 산음현(山陰縣; 현 紹興) 사람이다. 모두 3차례 조선으로 들어왔다. 1593년(선조 26)에 처음 들어왔다가 이내 돌아갔다. 1597년(선조 30)에 수군을 이끌고 왔다가 1598년(선조 31)에 돌아갔다. 1599년(선조 32)에 다시 수군을 이끌고 왔다가 1600년(선조 33)에 돌아갔다.[30] 1600년(선조 33)에 오종도가 수군을 이끌고 귀

---

29 熊廷弼, 『熊廷弼集』 권1, 「重海防疏」: "同吳宗道所收麗人爲家丁者, 變麗服, 乘遼船, 潛往鐵山、別東、大張各島, 換買貂參等物. 問誰資本, 則出自吳有孚, 而吳宗道則其窩頓地主也."

30 申欽, 『象村先生集』 권57, 「天朝詔使將臣先後去來姓名記」.

국할 때 투탁인 1백여 명이 타고 있었다. 오종도가 거제에 있을 때 관기 난생(蘭生) 사이에 아들 한 명을 낳았다.[31] 웅정필 소장에 오종도 가정에 대해 자세한 언급이 없지만, 여러 정황으로 보아 오종도를 따라 중원으로 건너간 조선 유민으로 추정된다. 그 후 오종도는 웅정필의 탄핵을 받아 산동방해부총병 오유부와 함께 파면 당했다.

2) 광녕과 주변 지역

(1) 김계남, 이창립

1602년(선조 35)에 조선 조정은 정사 김신원(金信元)을 필두로 한 세자책봉 주청사절을 북경으로 보냈다. 이때 서장관 이민성(李民宬)은 사행 기록을 날짜별로 적어놓은『조천록(朝天錄)』을 남겼다. 이 사행록은『경정선생별집(敬亭先生別集)』에 수록되어 있다. 12월 28일 아침, 광녕(廣寧)에서 여양역(閭陽驛)을 향해 출발 준비를 하고 있을 때 조선 유민 2명이 찾아왔다. 김계남(金季男)은 풍덕(豐德) 사람이고, 이창립(李昌立)은 영천(永川) 사람이다. 이들은 일본군이 약탈할 때 유총병(劉總兵) 진영으로 들어갔고, 지금은 무원중군(撫院中軍)에 속해 있다고 했다.[32]

여기의 유총병(劉總兵)은 유정(劉綎)을 지칭한다. 유정은 임진왜란 기간에 두 차례 군사를 이끌고 한반도에 들어왔다. 한번은 1593년(선조 26)에 사천·귀주 군사를 이끌고 왔고, 명군의 주력부대가 철수할 때에도 계속 경상도에 남았다가 1594년(선조 27)에 본국으로 돌아갔

---

31 『宣祖實錄』40년(1607) 4월 28일조.

32 李民宬,『朝天錄』임인년(1602) 12월 28일조: "二十八日, 到閭陽驛. 朝, 我國人豐德人金季男, 永川人李昌立來謁, 說稱被掠于倭, 因投劉摠兵陣, 今屬撫院中軍."

다. 또 한 번은 1598년(선조 31)에 다시 군사를 이끌고 와서 명 사로군 중 서로군(西路軍)을 총괄했고, 전쟁이 끝난 후인 1599년(선조 32)에 본국으로 돌아갔다.[33] 김계남과 이창립은 중원에 들어온 뒤에 군인이 되어 무원중군에 편입되었다. 당시 광녕에는 요동 군무를 총괄하는 무원을 두었다.

(2) 장만생, 황석련, 김언용

1610년(광해군 2)에 정사 俞大禎을 필두로 한 주청사절이 북경을 향해 떠났다. 부사 정사신(鄭士信)은 사행 기록인 『매창선생조천록(梅窓先生朝天錄)』을 남겼다. 이 해 9월 21일 사행 거점 도시인 광녕에 머물고 있을 때 조선 유민 3명이 찾아왔다. 장만생(張晚生)은 안악(安岳) 출신이고, 나이는 28세이다. 황석련(黃石連)은 성주(星州) 출신이고, 나이는 30세이다. 김언용(金彦容)은 서흥(瑞興) 출신이고, 나이는 36세이다. 계갑(癸甲) 연간에 장만생은 마제독(麻提督), 황석련과 김언용은 유총병(劉總兵)을 따라 중원으로 들어와 광녕에서 군인이 되었고, 모두 처자식을 두었다. 장만생은 올봄에 전공을 세워 은 50냥과 군마 1필을 받고, 병사 50명을 거느리는 기장(旗長)이 되었다. 광녕에 군인이 된 조선인이 1백여 명이나 되었다.[34] 또 주청사절이 북경에서 사행 업무를 마치고 귀국할 때 광녕을 다시 지나갔다. 12월 29일에

---

33 신흠, 『象村先生集』 권57, 「天朝詔使將臣先後去來姓名記」.

34 鄭士信, 『梅窓先生朝天錄』 1610년 9월 21일조: "有本國人安岳張晚生及星州黃石連, 瑞興金彦容等數三人, 連日來見余等, 自言癸甲年間, 張則爲麻提督所率來, 今爲麻公手下親兵, 在此鎭內; 黃與金則爲劉總兵所搶來, 今爲此鎭精兵. 張年廿八, 黃年三十, 金年三十六, 皆有妻子於此土. 渠輩自朝鮮人之來此爲單兵者, 殆百餘人云, 良可嘆也. 鎭中月給俸料銀一兩半, 八九月秋高, 則加給寒衣, 次銀子八錢, 使買老羊裘, 官給戰馬, 又得功論賞, 不在此限. 張則已於春前立戰功受銀五十兩, 加戰馬一匹, 令軍五十名爲旗長云."

정사신은 김언용을 다시 만났으나, 장만생과 황석련은 군졸들을 이끌고 매복 작전에 나서는 바람에 만나지 못했다.[35]

마제독은 마귀(麻貴)를, 유총병은 유정을 각각 지칭한다. 장만생 등이 중국 대륙으로 들어왔다고 한 계갑 연간은 어딘가 착오가 있는 듯하다. 계갑 연간은 1593년(선조 26)~1594년(선조 27) 또는 1603년(선조 36)~1604년(선조 37)에 해당된다. 전자 시기는 마귀가 조선에 들어오지 않았고, 후자 시기는 마귀와 유정이 중국대륙으로 귀국한 이후였다. 마귀는 회족 출신이다. 1597년(선조 30)에 어왜총병관(禦倭總兵官)으로 조선에 들어왔다가 제독(提督)으로 승진하여 직산(稷山), 울산 도산(島山) 전투를 이끌어갔고, 이듬해에 명 사로군 중 동로군(東路軍)을 총괄했다. 1599년(선조 32)에 귀국했다.[36] 앞서 언급했듯이 유정이 첫번째 귀국한 시기는 1504년(선조 27)이다. 어쨌든 장만생 등은 명군을 따라 중원으로 들어왔고, 훗날 군관이 되어 각종 전투에 나섰다.

(3) 정언방, 박계장

1617년(광해 9)에 조선 조정은 정사 이상길(李尙吉)을 필두로 한 동지사절을 북경으로 보냈다. 이때 서장관인 김감(金鑑)은 사행 여정을 날짜별로 꼼꼼히 기록한 『조천일기(朝天日記)』를 남겼다. 이 사행록은 그의 문집인 『입택집(笠澤集)』에 수록되어 있다. 10월 18일에 광녕에서 장총병(張總兵) 수하인 정언방(鄭彦方)과 박계장(朴季章)을 만났다. 이들은 아이 때 만경리(萬經理)를 따라 중원으로 들어왔고, 이제는 장

---

35 정사신, 『梅窓先生朝天錄』 1610년 12월 29일조: "去時所見張晩生等以領卒設伏出去云, 唯金彦容者來見而去."
36 신흠, 『象村先生集』 권57, 「天朝詔使將臣先後去來姓名記」.

편관 만세덕석상

총병의 아래에서 총애를 받고 있다. 고향에 대한 그리움이 가득하지만, 처자식 때문에 돌아갈 수 없다고 하소연했다.[37]

만경리(萬經理)는 경리 만세덕(萬世德)을 지칭한다. 정유재란 때 경리 양호(楊鎬)가 울산 도산성 전투 건으로 탄핵을 받아 물러났고, 그 자리에 천진순무(天津巡撫) 만세덕이 나섰다. 1597년(선조 30) 11월에 만세덕은 한양에 들어왔고, 전후 처리를 위해 계속 잔류했다. 조선 조정은 생사당을 세우고 군문 형개(邢玠)와 함께 향사했다. 1600년(선조 33) 9월에 본국으로 돌아갔다.[38] 장총병은 광녕총병(廣寧總兵) 장승윤(張承胤)을 지칭한다. 1618년(만력 46)에 명 양호가 이끄는 요동 정벌

---

37 金鑑, 『朝天日記』 1617년(광해 9) 10월 18일: "有鄭彦方·朴季章者, 皆張總兵管下也. 自言兒時, 自本國從萬經理來, 今爲總兵所愛, 又有妻子, 雖懷土欲東, 爲妻兒不得去云."
38 『선조실록』 31년(1598) 11월 25일(병오), 33년(1600) 9월 10일(경술), 37년(1604) 10월 17일(계해)조 등 참조.

군의 일원으로 편입되었다가, 이듬해 누르하치의 후금 군사와 맞붙은 사르후(薩爾滸) 전투에서 전사했다.

(4) 보자사 승려

1604년(선조 37)에 주청정사 이정귀(李廷龜)는 세자책봉 문제로 북경에 다녀오면서 『갑진조천록(甲辰朝天錄)』을 남겼다. 광녕에 머물고 있을 때 이목이 뚜렷한 젊은 승려를 만나 시 한 수를 지어주었다. 이 승려는 안악(安岳)에 거주하며 글을 배웠고 난리를 만나 사찰에 출가했다. 장로들이 돌아가는 바람에 홀로 압록강 주변에서 빌어먹고 있을 때 명군이 자신을 강제로 끌고 갔다. 중원에 들어온 지 7년이 되었다. 예전에 동녕(東寧) 약산사(藥山寺)에 있다가 이제 보자사(普慈寺)로 옮겨 선을 닦고 있다. 고국으로 돌아가고 싶지만 돌아갈 수가 없다며 눈물을 흘렸다. 이정귀는 승려에게 조선과 명나라가 같은 천하에 있으니 이곳을 타향이라고 말하지 말라며 위로해주었다.[39]

보자사 승려가 국경을 넘은 시점은 1598년(선조 33)경이다. 약산사가 소재한 동녕위(현 철령)는 조선족 이성량 집안의 세거지이다. 아마도 동녕위 소속의 군사가 보자사 승려를 끌고 들어갔던 것으로 보인다. 보자사는 광녕에 소재한 커다란 사찰 두 곳 중의 하나이며, 성

---

39 李廷龜,『月沙先生集』권4,「甲辰朝天錄」중「寓廣寧, 有僧來謁, 自言安岳居僧, 因亂隨天兵過江, 今住普慈寺, 欲歸未歸云, 連日來款, 臨行, 持一牋求詩, 漫書慰之」: "余投廣寧館市塵, 眼中俗物何紛然, 有僧來謁年最少, 眉目炯炯清而娟, 冠裳拜跪盡中朝, 言語獨不憑譯傳, 怪而問之前致辭, 云我生長于朝鮮, 世居安岳學文字, 遭亂出家行隨緣, 經卷飄零長老亡, 隻影乞米鴨水邊, 天兵拉我過江來, 淪落異地今七年, 舊住東寧藥山寺, 今寓普慈聊安禪, 思歸欲歸歸未得, 夢魂迢迢隔山川, 言之未了淚盈眶, 辭意款懇誠堪憐, 我言僧蹤本無定, 疆土彼此何擇焉, 況我皇朝仁一視, 蕩蕩王道眞無偏, 率土之濱盡王土, 人皆願受廛爲民, 僧乎莫歎客他鄉, 八千世界同一天."

동남쪽 모퉁이에 자리하였다.[40]

(5) 이천부

김중청의 『조천록』에 조선 유민의 활동 사항에 관한 기록이 많이 보인다. 1614년(광해군 6) 6월 28일에 김중청은 행산역(杏山驛)에서 비어(備禦) 마승종(麻承宗)이 보낸 가정 이천부(李天付)를 만났다. 마승종이 조선 사절이 가져온 쌀과 종이를 요구하자, 김중청은 통에다 쌀두 말과 종이 두 속을 담아 보냈다. 마승종은 즉시 통에다 반찬을 담아 사례하였다. 이때 심부름을 한 마승종의 가정 이천부는 자신의 출신에 대해 토로했다. 본래 성씨는 청주(淸州) 정씨(鄭氏)이다. 부친은 별시위(別侍衛)였고, 형은 말질년(末叱年)이며, 한양 동대문 안에 살았다. 10살 때 만경리(萬經理: 만세덕)를 따라와 이여송의 가정이 되어 성명을 이천부로 바꾸었다. 이제 마승종을 섬긴 지 2년이 되었다.[41]

이천부가 이여송의 가정으로 있었다고 말했는데, 표현에 약간 문제가 있다. 조선에 파견된 만세덕이 본국으로 귀국한 연도는 1600년(선조 33)이다. 이때는 이여송이 죽고 난 이후였다. 1592년(선조 25)에 임진왜란이 발발하자, 이여송은 제독으로 임명되어 군사 4만을 이끌고 들어와 평양성을 탈환하는 공을 세웠다. 이듬해 전쟁이 소강상태로 빠지자 유정 등 일부 군대만 남기고 본국으로 귀국했다. 1598년

---

40 張文治, 「雙塔廣寧崇興寺修造粧塑碑記」: "嘗考遼舊志, 廣寧有大寺二, 其一爲普慈寺在城東南隅, 一則在城東北隅, 卽雙塔崇興寺是也."

41 김중청, 『朝天錄』 갑인년(1614) 6월 28일조: "留杏山. 備禦麻承宗前摠兵貴之子, 送家丁索米紙. 以二斗二束應之, 卽具饌榼來謝. 其家丁我國淸州鄭姓漢也. 其父爲別侍衛, 其兄末叱年居京城東大門內, 渠十歲隨萬經理來, 爲李如松舍人, 冒李姓名天付, 今事麻二年云."

(만력 26)에 달단(韃靼)의 토만(土蠻)을 물리치기 위해 나갔다가 전사했
다. 아래에서 다시 언급하겠지만 이천부는 광녕에 살고 있던 조선인
의 사정에 대해 자세히 말하고 있다. 당시 광녕에는 철령(鐵嶺) 이씨
(李氏) 집안이 막강한 힘을 발휘하고 있었다. 이여송 사후에도 부친
영원백(寧遠伯) 이성량(李成梁)이 광녕에서 활동하고 있고, 동생 이여
매(李如梅)가 이여송의 요동총병 직위를 승계 받았다. 따라서 이천부
가 처음 가정으로 활동한 집안은 철령 이씨 집안이 아닐까 추측된다.
　이때 이천부는 주인의 성씨에 따라 정씨에서 이씨로 바꾸었다.
1612년(만력 42)에 철령에서 행산에 머물고 있는 마승종의 가정으로
자리를 옮겼다. 행산은 현 요녕 금주시(錦州市) 남쪽 행산가도(杏山街
道)를 지칭한다. 몇 년 뒤에 이곳에서 명나라와 후금의 대군이 부딪
쳐 치열한 전투를 벌였다. 마승종은 마귀의 3자이고, 요동부총병(遼
東副總兵)을 지냈다. 당시 마씨 집안에 뛰어난 장수가 많아 철령 이씨

우옥 마귀 분묘(보수중)

와 더불어 동리서마(東李西麻)라고 불렀다.[42] 두 집안사람들은 오랫동안 북방변경의 군무를 처리하면서 상호 교류가 잦았다.

(6) 최용회

이천부는 김중청과 대화하는 과정에서 자신의 출신 외에 유민 출신 군인과 최용회(崔用晦)에 관한 정보를 얘기해주었다. 조선인 가운데 활과 포, 말을 다루는 법을 배워 군인이 된 자가 많으며, 그중 광녕에 거주하는 자가 가장 많다. 전쟁에서 공을 세워 파총이나 천총이 된 자도 적지 않다. 경주 향리 최씨(崔氏)는 현재 42세인데, 3천 명을 이끄는 감주참장(甘州參將)이 되었다. 최씨 참장이 늘 말하기를 고국에 난리가 발생하면 마땅히 구원에 나서겠다고 했다.[43]

그 후 김중청이 북경에 들어가 옥하관에 머물고 있을 때 이천부가 말한 최씨 참장의 신분을 확인했다. 우연히 『진신편람(縉紳便覽)』을 펼쳐보니, 그 책자 속에는 감주참장 최용회(崔用晦)라는 이름이 들어가 있었다. 자호는 동구(東丘)이고, 적관은 동녕위(東寧衛)이다. 김중청은 최용회가 동구라는 자호를 가진 것을 보고 그가 고국의 정을 잊지 않고 있다고 했다.[44] 동녕위(東寧衛)는 1386년(명 홍무 19)에 요동에

---

42 『명사』 권238, 「麻貴傳」: "承宗, 遼東副總兵. 天啓初, 戰死沙嶺. 麻氏多將才, 人以方鐵嶺李氏, 曰東李西麻."

43 김중청, 『朝天錄』 갑인년(1614) 6월 28일조: "余問我國人如汝者幾何? 曰: 不知其數, 各鎭各家無不有之, 而有功得官者半之. 慶州鄕吏崔姓人子, 今四十二歲, 新除甘州參將, 率三千. 每言本國有事, 我當出去救援云. 且曰: 我國人學弓砲習馬, 居廣寧爲兵者最多, 或把摠・千摠爲將官者不少, 諸摠兵大爺常曰: 外國唯朝鮮多可用之才, 非猺奴等所及, 每試才, 朝鮮人常第一."

44 김중청, 『朝天錄』 갑인년(1614) 7월 24일조: "留玉河, … 見『縉紳便覽』, 有甘州參將崔用晦者, 自號東丘, 籍東寧衛. 此果麻承宗家丁李天付所謂我國慶州鄕吏子也. 以東丘爲號, 其不忘故國之情可想."

설치된 변방 위소이고, 치소는 현 요양(遼陽)의 구시가지에 자리하고
있다. 중국 대륙에 들어온 최용휘가 처음 정착한 곳이 동녕위로 추정
된다. 감주(현 甘肅 張掖)는 명대 변방을 지키는 주요 구진(九鎭) 중의
하나이며, 북호(北胡; 몽골)로부터 잦은 외침과 변란이 있어 많은 군사
들이 주둔했다.

또 이천부는 조선 유민과 왜노(倭奴)에 관한 정보를 얘기해주었다.
즉, 각 진과 각 집마다 조선 유민이 없는 곳이 없었는데, 광녕만 하더
라도 많은 조선인들이 살고 있었다. 광녕성 왼편(서쪽)에는 조선인들
이 집단으로 살고 있고, 오른편(동쪽)에는 왜노들이 집단으로 살고 있
었다. 왜노의 수는 조선인보다 적었다. 간혹 조선인과 왜노 사이에
충돌이 있었는데, 그때마다 항상 조선인들이 이겼다. 다친 왜노들이
관청에다 고발을 해도, 명 어사는 늘 조선인들이 너희들만 아니었다
면 우리가 이국땅에서 살지 않았다는 호소를 받아들여 그저 양편을
무마하는 선에서 처리하곤 했다.[45] 여기의 왜노는 임진왜란 때 잡힌
일본군 포로를 지칭한다. 1608년(만력 38)에 광녕 정병영(正兵營)에 속
해 있는 항왜(降倭), 즉 일본병이 102명이다.[46]

(7) 전춘

1605년(선조 38) 6월 15일에 천추사절 이형욱 일행이 고평(高平)을

---

45 김중청, 『朝天錄』 갑인년(1614) 6월 28일조: "余問我國人如汝者幾何? 曰: 不知其
數, 各鎭各家無不有之, … 問: 倭奴來居者有之? 有之, 但不如我國人之多. 廣寧城內以
我國人居左, 倭奴居右, 成東西村. 或時私鬪, 各自分黨, 朝鮮人常勝. 倭奴因搆打致傷,
訴于御史, 御史招訊, 朝鮮人同然一辭曰: 非此奴輩, 我等何爲流托於異土. 御史無如何,
各賜銀兩和解之云."

46 웅정필, 『熊廷弼集』 권1, 「重海防疏」: "正兵營分撥見在家丁二千四百九十一名, …
降倭一百二名, 共四千七百七十二名, 俱屬標下中軍統攝."

지나갔다. 여기에서 또 한 명의 조선 유민 전춘(田春)을 만났다. 전춘
은 경상도 의녕(宜寧) 사람이다. 정유재란 때 동도독(董都督)을 따라
중원으로 들어왔고, 지금은 고평 동유격(董遊擊)의 밑에서 살고 있다.
이형욱이 전춘의 얼굴빛을 보고 말투를 들어보니 고향으로 돌아갈
마음이 없다고 판단했다.[47] 훗날 이형욱이 올린 통주 장계에서도 요
양 옥춘과 고평 전춘은 고향에 부모가 없고, 중원에 처자식이 있어
돌아갈 마음이 없다고 했다.[48]

　　동제독은 동일원(董一元)을 지칭한다. 1597년(선조 30)에 조선에 들
어와서 명 사로군 중 중로군(中路軍)을 맡아 사천(泗川) 전투를 이끌어
갔다. 1599년(선조 32)에 귀국했다.[49] 동유격은 동정의(董正誼)를 지칭
한다. 1604년(선조 37)에 요동유격으로 순안어사의 명을 받아 조선으
로 건너와 남부 지역에 소재한 군사시설을 돌아보았다.[50] 고평은 당
시 광녕성에서 동쪽으로 60리 떨어진 진무보성(鎭武堡城)에 자리한 광
녕위 소속의 역참이다. 현 반산현(盤山縣) 고승진(高升鎭) 시내에 역참
유적이 남아 있다.

(8) 동관보 여인

　　1599년(선조 32) 1월에 진주정사 이덕형 일행은 동관보(東關堡)의 유

---

47 이형욱, 『燕行日記』 1605년 6월 15일조: "宜寧人田春, 丁酉之亂, 隨董都督來到中
原, 今則寓於高平董遊擊管下云. 觀其辭色, 頓無首丘之心."

48 이형욱, 『燕行日記』 1605년 9월 5일조 통주 장계: "臣曾在遼東時, 我國人玉春居明
禮場, 因亂來平壤, 隨唐將李登雲入來云. 到高平, 則慶尙道宜寧縣人田春, 丁酉之亂, 隨
董都督入來於居董遊擊管下云. 問至二人, 曰: 爾無不還故鄕之心乎? 豈無戀土之心乎?
但故鄕無父母, 此處有妻子, 不得已居於斯云, 而少無欲歸之意."

49 신흠, 『象村先生集』 권57 「天朝詔使將臣先後去來姓名記」.

50 『선조실록』 37년(1604) 윤9월 1일(무인) 등 참조.

가(劉家)에서 숙박했다. 동관보의 길에서 한족 복장을 입고 조선관을 쓴 한 여인이 일행을 보고 울며 자신의 신분을 토로했다. 자신은 사직동(社稷洞)에 살았고, 천민도 귀인도 아니며, 여기에 부쳐 살아온 지가 벌써 6년이 되었다고 했다.[51] 사직동은 당시 한양에 속해 있다. 여인은 양인 출신으로 보이며, 1593년(선조 26)경에 중원으로 들어갔다. 이 해 8월에 명군들이 철수할 때 서울에 사는 여인들을 남자로 변장시켜 데리고 갔다고 했는데,[52] 동관보 여인도 여기에 속한 경우로 보인다. 동관보는 수중진(綏中鎭)에 자리한 명대 보루이다.

3) 산해관과 통주 지역

(1) 의주 여인

1599년(선조 32)에 정사 한수민(韓壽民)을 필두로 한 동지사절이 북경을 다녀왔다. 이때 서장관 조익(趙翊)은 연행일지인『황화일기(皇華日記)』를 남겼다. 이 해 12월 귀국하는 길에 산해관에서 며칠 머물면서 관문 통과에 따르는 절차를 밟고 있었다. 하루는 의주 여인이 찾아와 사절과 함께 귀국하기를 원한다고 했다. 조익은 이 사실을 통사를 통해 산해관주사(山海關主事)에게 통보하고 동행해도 좋다는 사전 동의를 받았다. 다음날 정식 절차를 밟을 때 주사가 전날과 달리 불가하다고 했다. 의주 여인을 이역에 남겨두는 것은 매우 불쌍한 일이고, 주사가 변심해서 허락하지 않아 대동할 수가 없어 아주 분하다고 했다.[53]

---

51 이항복, 『白沙先生集』권23,「朝天記聞」: "又東關堡路傍, 有女人服漢服, 戴朝鮮冠, 見吾等一行, 泣且言, 舊居社稷洞, 非賤非貴人, 寓此已六年."
52 『선조실록』26년(1593) 8월 6일(정해)조 참조.

산해관

조익의 기록에서 의주 여인이 어떻게 중원으로 들어왔는지 명기하
지 않았으나, 당시 산해관 주변에 많은 조선 유민들이 살고 있던 정
황으로 보아 의주 여인도 그중의 한 사람인 것으로 추측된다. 조익보
다 한 해 전에 동지정사로 북경에 다녀온 정엽(鄭曄)은 산해관 안팎에
황해도와 경상도 사람들이 많이 살고 있다고 했다.[54] 앞서 동관보 여
인의 경우도 임진왜란 때 중원으로 들어왔다.

(2) 산해관 바깥 조선인

1599년(선조 32) 4월에 진주정사 이덕형은 귀로에서 산해관 바깥의
객사에서 숙박했다. 밤중에 한 조선 유민이 남몰래 찾아와서 탈출 계
획을 전달했다. 자신은 조선 사람으로 고향이 그리워 항상 돌아가고

53 趙翊, 『皇華日記』1599년 12월 10일조: "有義州女人入來, 時要與同還, 故昨令通事
告于主事, 許之. 今日借通事并爲入辭, 則主事還有退託之意, 不肯許送. 寄身異域, 情事
可矜, 始許終反, 竟止歸計, 令人可憎."
54 『선조실록』 32년(1599) 2월 26일(병자)조.

싶으나 주인댁에서 감시하는 바람에 도망칠 수가 없었다. 같은 마을에 사는 조선인 30여 명이 모두 같은 마음을 가지고 있어 함께 도망칠 수 있다. 다만 한 사람만 장사에 나서 많은 재물을 모아 큰 집을 사고 미인을 두고 있어 고국으로 돌아갈 마음을 접었다.[55] 이덕형이 이들을 데리고 왔는지는 기록 부재로 불분명하다. 아마도 집단 탈출을 돕는 것은 당시 조선·명나라 관계상 매우 힘들었을 것이다. 이밖에 이덕형은 사행 도중에 만난 조선 유민의 수를 헤아릴 수 없다고 했다.

(3) 우복

1605년(선조 38)에 천추사절 이형욱 일행은 북경에서 사행 업무를 마치고 귀국 길에 올랐다. 9월 23일에 산해관 바깥에서 또 한 명 조선 유민 우복(禹福)을 만났다. 우복은 보성군(寶城郡) 사람이다. 1600년(선조 33)에 명 수군이 호남에서 돌아갈 때 격군으로 배를 탔으나 도중에 하선하는 것을 불허하는 바람에 중원으로 끌려오게 되었다. 절강에 이르러 자신을 놓아주자, 도처를 떠돌다가 산해관 바깥까지 올라왔다. 부모는 모두 돌아가셨고, 형제는 살아 있다. 원컨대 사절을 따라 고향으로 돌아가고 싶다고 했다.[56]

---

55 이항복, 『白沙先生集』 권23, 「朝天記聞」: "又山海關外旅舍, 有一漢乘夜潛叩門, 亦言係是我國人, 思戀鄕土, 常欲脫歸, 主家伺之甚勤, 無隙可乘. 同里有鮮人之流寓者, 不下三十餘人, 若一人先唱, 皆當脫歸, 但其中一人來此, 卽行商販, 資産甚殷, 買大屋擁美娥, 已享富家之樂, 絶意東歸, 唯此難動矣. 自此往往逢鮮人, 不記其數, 此外所不能知者何限."

56 이형욱, 『燕行日記』 1605년 9월 23일조: "有一人來拜, 曰: 我本朝鮮人, 居寶城郡, 而各司官子也. 庚子年水兵唐將往湖南時, 以格軍上船, 不許下船, 仍爲牽來, 至浙江放之, 不得固依流丐處處, 願陪行次, 生還故土, 父母皆亡, 同生則有之云, 名禹福云"

우복을 데리고 간 명 수군은 장양상(張良相) 또는 오종도(吳宗道) 소
속이 아닐까 추측해본다. 정유재란에 참전한 명 수군의 구성원을 보
면 진린(陳璘) 등의 광병(廣兵), 등자룡(鄧子龍), 계금(季金) 등의 절병(浙
兵), 양천윤(梁天胤)의 강북병(江北兵), 복일승(福日昇)의 낭산병(狼山兵)
등 여러 지역의 수병이 있다. 이들 가운데 등자룡은 1598년(선조 31)
노량해전 때 이순신과 함께 전사했고, 진린, 계금, 양천윤, 복일승 등
은 모두 전란이 끝난 다음 해인 1599년(선조 32)에 본국으로 귀환했다.

우복이 명 수군을 따라 중국으로 건너간 해가 1600년(선조 33)이다.
당시 조선에 남아 있는 명 수군의 진영은 장양상, 오종도 소속밖에
없었다. 장양상은 절강 항주 출신이다. 전란이 끝난 후인 1599년(선조
32)에 광동병을 거느리고 조선 해역으로 들어와서 남해 등지에서 활
동하다가 1600년(선조 33)에 해로를 통해 본국으로 귀국했다. 오종도
는 절강 소흥 출신이다. 임진왜란 때 모두 3차례 조선에 들어왔는데,
1600년(선조 33)에 조선에 남은 수군들을 이끌고 본국으로 귀국했다.
앞서 언급했듯이 오종도가 거제에 있을 때 관기 난생 사이에 아들 한
명을 낳았고, 또 귀국할 때 조선 투탁자 1백여 명이 타고 있었다.

(4) 강련

1605년(선조 38) 7월에 천추사절 이형욱 일행은 북경을 목전에 둔
통주(通州)에 도달했다. 여기에서 또 한 명의 조선 유민 강련(姜連)을
만났다. 강련은 직산(稷山) 사람으로 20여 살이다. 부모는 병들어 죽
고, 어린 누이는 남에게 수양되었다. 자신은 두칙사(杜勅使) 순포관(巡
捕官)인 채자운(蔡子雲)에게 수양되어 중원으로 들어온 지 6, 7년이 되
었다. 나중에 채자운이 변방 방어로 북쪽 만리장성으로 떠났으나, 자
신은 그를 따라가지 않았다. 올 3월에 통주에 들어와 이발업을 하며

살아왔다. 고국의 사신을 따라 고향으로 돌아가고 싶다고 했다.[57]

　이형욱이 귀국 길에 통주에서 보낸 장계에서도 강련에 관한 사정이 적혀 있다. 이형욱은 강련이 앞서 만났던 옥춘·전춘과 달리 고국으로 돌아가고자 하는 의지가 뚜렷하다며 북경의 사신숙소인 옥하관(玉河館)으로 데리고 갔다. 이 사실을 예부에 알려 동행해도 좋다는 동의를 받았다. 이때 예부는 혹시 도중에 도망칠 폐단이 있을 수 있다는 우려를 전했다. 이형욱은 예부의 말을 전해 듣고 이들이 어떤 마음을 가지고 있는지 모르겠다는 말을 덧붙였다.[58] 나중에 예부의 우려가 사실로 나타났다. 사행 일행이 안산(鞍山)에 도달했을 때 강련은 상통사(上通使) 윤경룡(尹慶龍)의 짐을 훔쳐 도망쳤다. 이형욱은 강련의 사건에 대해 몹시 통분했다.[59]

　두칙사는 두장(杜潛)을 지칭한다. 1599년(선조 32)에 협리해방병비(恊理海防兵備)로 한반도에 나왔다가 이듬해 귀국했다.[60] 강련이 임진왜란 때 중국에 들어온 조선 유민임은 분명하지만, 도중에 도망친 행

---

57 이형욱, 『燕行日記』 1605년 7월 26일조: "有一人來拜, 曰: 我本稷山雲僉居人, 亂後, 年僅十餘歲時, 父母病斃, 只有小妹一人, 妹則見養於人, 吾流丐到處之, 年月不記, 杜勅使行次編收蔡哥見吾牽來. 今至六七. 蔡哥以赴防事往在萬里城北隅, 吾不隨去, 不勝懷土之心, 今年三月乘來於通州, 以梳髮爲業資生云. 見吾一行, 願欲回歸去, 甚切甚切. 不知其年, 觀其心貌, 則二十餘來."

58 이형욱, 『燕行日記』 1605년 9월 5일조: "臣留通州時, 有一人來拜, 曰: 吾的朝鮮人也. 問其姓名居住, 則姓姜名連, 居稷山雲僉地, 而亂後十餘歲時, 父母得病皆斃, 只有一小妹, 妹則見養於人, 吾流丐到處之. 年月不記, 唐將杜勅使管下人巡捕官蔡子雲見吾牽來, 而至六七年, 蔡哥以赴防事往在萬里城北隅, 吾不勝往, 不勝懷土之心, 今三月乘來于通州, 今見我國使臣, 願欲同歸云. … 今見姜連則見臣一行, 顏喜且極首丘之情, 亦爲懇切. 臣嘉其懷土之意, 牽來到玉河館, 呈文禮部, 便卽許還一同帶去. 而但仰前者收此人業, 或有中路還逃之弊云, 未知渠心有何計也."

59 이형욱, 『燕行日記』 1605년 10월 24일조: "前日狀啓內稷山人姜連, 自北京無弊帶回爲白如乎, 到鞍山地, 上通使尹慶龍行橐乙, 偸竊逃去, 極爲痛憤爲白良尒之"

60 신흠, 『象村先生集』 권57, 「天朝詔使將臣先後去來姓名記」.

동으로 보아 그가 공술한 내용이 어디까지가 사실인지 다소 불분명한 점이 있다. 당시 조선 사절이 쇄환한 유민 가운데 도중에 도망치는 자가 있었고, 명 예부에서도 이러한 폐단을 인지하고 있었다.

4) 남경, 양주, 등주 지역

(1) 유대춘

임진왜란이 막 끝난 시점에 제주도 남녀들이 어로작업에 나서다가 표류를 당하여 중국 대륙에 도착한 일이 발생했다. 제주 표류인들은 중국 사람들이 구조하여 남경(南京: 應天府)으로 이송되었다. 1599년(선조 32)에 명나라는 호송관 석희잠(石希潛)을 보내어 제주 표류인들을 한양까지 호송시켜주었다. 명나라가 중국 남방에 표착한 조선인들을 본국으로 돌려보낼 때 취한 지난 관행은 조선 표류인들을 북경까지 호송한 다음 북경에 들어온 조선 사절에게 인도시켜 그들로 하여금 본국으로 돌아가게 하는 방식을 취했다. 이번에는 특별히 명 호송관을 보내어 한양까지 직접 호송해주었다. 이에 대해 조선 조정은 호송관 석희잠의 노고를 치하하며 후한 접대와 예물을 주는 조치를 취하였다.[61]

조선 접대도감은 제주 표류인에게 표류 사정을 묻는 과정에서 이들이 휴대해온 유대춘(柳大春)의 언문 서찰을 접하였다. 유대춘의 언문 서찰에는 당시 남경에 체류하고 있는 조선 유민의 사정이 기술되어 있었다. 유대춘은 남원(南原) 사람이며, 임진년 때 명 장수의 꼬임에 빠져 남경으로 들어왔다. 지금 제주 표류인들과 함께 귀국하고자

---

61 『선조실록』 32년(1599) 6월 16일(계사)조.

하나, 주인댁에서 동의하지 않는 바람에 동행할 수가 없다. 남경에 머물고 있는 조선인은 대략 근 3백 명이 된다. 접대도감 낭청의 보고를 통해 들은 승정원은 언문 서찰의 내용이 다소 황잡하지만 자국민과 관련된 사항인지라 비변사로 이관시켜 처리해주기를 아뢰니, 선조가 이를 윤허하였다.[62]

임진왜란을 마친 후 남경에 머물렀던 명 장수는 누구인가? 남경은 명나라가 건국할 때 세운 수도였고, 북경천도 이후에도 양경제에 따라 여전히 수도로 남았다. 임진왜란 참전 장수 중 남경에 머물렀던 자들의 명단을 정확히 알 수 없지만, 최소한 남방위(藍芳威), 진유격(陳遊擊) 등이 있었다. 여기에 대해서는 아래에서 다시 논하겠다.

(2) 허순

1913년에 안왕거(安往居)가 『허부인난설헌집(許夫人蘭雪軒集)』을 국판(菊版) 활자본으로 간행했는데, 책자 부록에는 허경란(許景蘭)이 허난설헌의 시를 차운한 『경란집(景蘭集)』이 포함되어 있다. 안왕거가 허경란의 전기를 담은 「소설헌전략(少雪軒傳畧)」에 따르면, 허순(許純)은 조선 역관 출신이며 선조 때 금릉(金陵; 남경)으로 들어왔다가 명 여인과 결혼하여 딸 경란을 낳았다. 허경란은 부모가 일찍 작고하는 바람에 외가 사씨(史氏) 집에서 양육되었고, 자라서는 동토의 자손으로 고국산천을 보지 못한 것을 유감으로 여겼다. 1606년(만력 34)에 주지번(朱之蕃)이 조선에 사신으로 갔다가 『난설헌집(蘭雪軒集)』을 가

---

62 『선조실록』 32년(1599) 6월 16일(계사)조: "政院啓曰: 接待都監郎廳, 以濟州走回人齎來諺書一道, 呈于本院, 乃南原居柳大春稱名人, 在南京所送也. 其中說話, 大槩壬辰年間, 天將誘率, 來到南京. 今欲偕濟州人出去, 而主家不許. 且朝鮮人來在近處者, 近三百餘人云. 此諺書, 雖涉荒雜, 似當有處置之事, 送于備邊司何如? 傳曰: 依啓."

져왔는데, 중원 사람들이 이를 간행하여 중국에 널리 행해졌다.[63]

금릉(金陵)은 남경의 옛 이름이다. 안왕거의 문장에서 허순이 남경으로 들어온 시기가 선조 때라고 했는데, 구체적으로 적자면 임진왜란일 가능성이 높다. 선조 당시에 사행에 나선 조선 역관의 활동지역 범위는 사행 노선과 북경 도성까지로 국한되며, 임의로 북경을 벗어나 남방 지역을 여행할 수 없었다. 임진왜란은 특수한 시기인지라 일부 역관이 명군을 따라 대륙 남방으로 들어왔다. 아래에서 살펴보겠지만, 통사 이대정(李大楨)은 임진왜란 시기에 명군을 따라 대륙 남방인 항주로 들어와 정착했다.

비록 안왕거가 기술한 시점이 허순의 사적에서 4백 년이 지난 데다 자료 출처의 신뢰성에 대해 검토 작업이 필요하지만, 남경 지역이 임진왜란 조선 유민 근 3백 명이 살고 있었던 데다 허난설헌과 연고가 깊은 지역이라는 점에서 허순의 사적이 나름대로 일리가 있다고 하겠다. 당시 남경에 거주하고 있던 남방위, 주지번은 허난설헌 시문을 중국 대륙에 전파하는 데에 매우 중요한 역할을 하였다. 남방위는 정유재란 때 참전한 명 절병유격(浙兵游擊)이며, 귀국한 후에 남경에 들어와 살았다. 그의 수중에는 조선 이반(李盤)이 쓴 허난설헌의「백옥루상량문(白玉樓上梁文)」이 있었고,[64] 또 전쟁 수행 때 한국 한시를 모은 책자인『조선시선전집(朝鮮詩選全集)』에 허난설헌 작품이 가장

---

63 安往居,「少雪軒傳畧」: "夫人姓許氏, 朝鮮譯人純之女也. 宣廟時, 許純流入中國之金陵, 取明女, 生一女, 名曰景蘭. … 因父母俱亡, 就育于其外祖史氏家, 及長不肯適人, 常恨以東土遺種, 不得見故國山川. … 大明萬曆丙午朱之蕃使朝鮮, 得許夫人『蘭雪集』以歸, 華人鋟鏤盛行."

64 『亘史』 외편 권3「朝鮮慧女許景樊詩集序」亘史(반지항) 추록: "黃上珍在金陵藍總戎萬里宅, 曾出高麗繭一卷, 精寫「白玉樓上梁文」. 詫客, 稱景樊少時作." 금릉은 남경의 별칭이다.

많이 들어가 있었다. 주지번은 1606년(선조 39)에 명 황태손의 탄생을 알리기 위해 조선에 들어왔다. 이때 허난설헌의 동생 허균(許筠)으로 부터 받은 『난설헌집』을 가져가 중국에 간행하여 널리 유통시켰다. 오늘날 남경 주장원항(朱狀元巷)은 주지번이 살았던 거리이다.

(3) 고한로

1624년(인조 2)에 주청사 이덕형(李德馨) 일행은 곽산(郭山) 선사포(宣沙浦)에서 선박을 타고 등주(登州; 현 蓬萊)까지 들어갔다가, 다시 산동 내륙과 하북 남부를 가로질러 명 수도 북경으로 들어갔다. 서장관 홍익한(洪翼漢)은 사행 기간 견문한 내용을 담은 『항해조천록(航海朝天錄)』을 남겼다. 1625년(인조 3)에 주청사절이 사행 업무를 마치고 북경을 떠나 선박이 있는 등주에 도달하여 해로 귀환에 나설 채비를 하고 있었다. 3월 16일에 조선 사람 고한로(高漢老)가 서장관 홍익한을 찾아와 출신 내력을 토로했다. 자신은 연안부(延安府) 사람이고, 임진왜란 때 진유격(陳遊擊)을 따라 중원에 들어와 남경에서 10여 년간 살았다. 진유격이 죽은 후에 등주로 옮겨 군적(軍籍)에 예속되었다. 그의 형은 연안부 남신당(南新堂)에 살았는데, 생사를 알지 못한다고 하였다.[65] 이튿날 고한로는 홍익한에게 배와 달걀을 주었다.[66]

고한로가 말한 진유격(陳遊擊)은 누구인가? 국역본 『항해조천록』에는 진유격을 진린(陳璘)으로 풀이하고 있는데, 좀 더 면밀한 검토가

---

[65] 洪翼漢, 『花浦先生朝天航海錄』 권2, 을축년(1625) 3월 16일조: "我國人高漢老者來謁. 自言本是延安府人, 壬辰東征時, 隨陳游擊入中原, 居南京十餘年. 游擊棄世後, 遂流寓于這裏, 因隸軍簿云. 其兄高漢金, 居住于延安府南新堂, 未知死生云."

[66] 홍익한, 『花浦先生朝天航海錄』 권2, 을축년(1625) 3월 17일조: "午後, 高漢老來饋生梨, 鷄子."

필요하다. 임진왜란 때 진린의 지위는 어왜총병관(御倭總兵官) 겸 제독(提督)이며, 유격보다 한 단계 높았다. 진린의 고향은 광동 소주(韶州; 현 韶關) 옹원현(翁源縣)이고, 귀국 후 활동한 지역은 중국 대륙 서남부로 남경과 무관하다.[67] 조선에 들어온 명장 가운데 진(陳)씨 성을 가진 유격(遊擊)으로 진운홍(陳雲鴻), 진우충(陳愚衷), 진잠(陳蠶), 진인(陳寅) 등이 있다.[68] 진우충은 전주성을 지키는 임무를 맡았으나 남원성이 함락될 때 군사 지원에 나서지 않았고, 또한 전주성을 버리고 도망친 죄목으로 체포되어 중원으로 끌려갔다. 따라서 진유격은 진우충을 제외한 나머지 3사람, 즉 진운홍, 진잠, 진인 중의 한 사람일 것으로 보인다.

(4) 문응

1621년(광해군 13)에 조선과 명나라는 지난 2백 년간 이용했던 요동 육로가 후금의 점령으로 막히자, 부득이하게 해로를 통해 오갈 수밖에 없었다. 진향사 유간(柳澗)과 진위사 박이서(朴彝敍) 일행이 한 해 전에 북경에 나갔으나 돌아오는 육로가 막혀 부득이하게 등주에서 선박을 타고 해로 귀환에 나섰다. 그러나 노철산(老鐵山) 해역에서 폭풍으로 선박이 전복되는 사고를 당하여 유간, 박이서를 비롯한 대다수가 익사당하고, 이필영(李必榮) 등 일부만 겨우 구조되었다. 그 후 생환자들은 평안도 미곶진(彌串鎭)에 무사히 도달했다.[69]

---

67 중원으로 귀국한 이후의 진린의 활동을 적어보면, 1600년(만력 28)에 湖廣總兵官에 임명되어 묘족 반란을 진압하기 위해 播州(貴州 遵義) 전쟁에 투입되었다. 한때 탄핵으로 파면된 적이 있으나, 곧 복귀하여 공을 세웠다. 1606년(만력 34)에 광동에 돌아와 總兵官에 올랐다. 1607년(만력 35)에 左都督을 더했다. 이 해 광동에서 졸했다.

68 신흠, 『象村先生集』 권57, 「天朝詔使將臣先後去來姓名記」.

이필영이 올린 장계에는 임진왜란 때 중국 대륙에 갔다가 고국으로 되돌아온 유민 문응(文應)에 관한 내용이 들어가 있다. 문응은 본래 지례현(知禮縣) 사람으로 수군 양유격(梁遊擊)을 따라 양주부(楊州府; 현 揚州)로 들어갔고, 훗날 다시 조선 사절을 태운 선박의 수부로 충원되어 본국으로 돌아왔다. 다시 중국으로 돌아가지 않고 고국에 머물기를 원했다. 비변사는 문응이 원하는 바에 따라 원적으로 되돌려 보내주기를 아뢰니, 광해군이 이를 윤허하였다.[70]

여기의 양유격(梁遊擊)은 양천윤을 지칭한다. 회안부(淮安府) 대하위(大河衛) 사람이다. 1598년(선조 31) 7월에 남직수병유격(南直水兵游擊)으로 수병 2천 명을 이끌고 조선에 들어와 진린 휘하에서 여러 해상 전투에 참전했다. 1599년(선조 32) 4월에 본국으로 귀국했다.[71] 양주부는 양천윤의 고향 회안부와 함께 모두 남직례(南直隷; 현 강소, 안휘 일대)에 속했다.

5) 절강 항주 지역

(1) 이대정

1611년(광해군 3)에 제주도민이 폭풍 때문에 중국 대륙에 표착하는 일이 발생하였다. 이 해 8월 25일에 이대(李大)·이한대(李漢隊) 일가 7명이 탄 배가 어로 작업에 나섰다가 28일에 폭풍을 만나 표류하기

---

69 『광해군일기』 13년(1621) 4월 13일(갑신)조, 5월 29일(경오)조 참조.
70 『광해군일기』 13년(1621) 6월 16일(병술): "備邊司啓曰: 伏見進香使李必榮狀啓, 文應稱名者, 原是知禮縣人, 曾隨水兵梁遊擊, 入居楊州府, 今充水手出來, 願仍留在云. 此人旣是我國之人, 不忘首丘之情, 求還本土, 欲爲仍留, 似當依願. 而設或日後尋問, 不患無辭可答. 題給口糧, 脚力發還, 原籍事, 李必榮, 朴燁處, 急急下諭宜當. 傳曰: 依啓."
71 신흠, 『象村先生集』 권57, 「天朝詔使將臣先後去來姓名記」.; 『선조실록』 32년(1599) 3월 10일(기축)조 참조.

시작했고, 9월 21일에 태주(台州) 앞바다인 정구(靜寇) 해문(海門)에 표
착했다. 초관(哨官)들이 제주 표류인을 구출하여 절강군문(浙江軍門)이
소재한 항주(杭州)로 이송시켰다.

　절강군문 왕재진(王在晉)은 제주 표류인을 탐문하는 과정에서 많은
애로를 겪었다. 이들 사이의 언어가 달라 대화를 나눌 수 없고, 표류
인이 한문 식자층이 아니어서 필담을 할 수가 없었다. 그러다가 표류
인의 남자가 초립을 쓰고 부인이 쪽머리를 한 모양새가 중국 문헌에
적힌 조선 사람의 풍속과 닮았다는 사실을 알아채고, 즉시 항주에 살
고 있는 모자장(帽子匠) 이대정(李大梃)을 불러들였다. 이대정은 예전
에 복건(福建) 허유격(許遊擊)을 따라 항주로 들어온 조선인 통사였다.
이대정이 제주 표류인을 만나 대화를 나누니 응대함이 마치 음향이
울리는 것처럼 서로 통하였다.[72] 왕재진이 제주 표류인을 심문하는
과정에서 통역의 어려움을 겪자, 강남에도 조선 통사가 필요하다며
이대정을 군역에 소속시켰다.[73]

　곧이어 왕재진은 명 조정에 제주 표류인이 절강에 표착하게 된 사
정을 보고했다.[74] 이듬해 2월에 명 조정은 제주 표류인을 북경으로
이송시켜 조선 사절에게 인도하거나 요동 차관을 보내어 본국으로

---

72 왕재진, 『越鐫』 권21, 「雜記・朝鮮漁人」: "濱海之夷, 以海爲田, 以漁爲耕. 今所獲
者, 綱罟于海, 而飄泊于風宴也. 男子四, 婦二, 孺子一. 男子俱同姓, 李大・李漢隊爲同
生兄弟, 而李三其親叔也. 李四與孺子李小一, 爲同生兄弟. 婦計氏年三十有二, 爲李大
之妻. 金氏年二十有九, 爲李漢隊之妻. 各長其夫一歲, 俱未生育. 五男子一族, 爲朝鮮國
全羅道南原府濟州康津縣人. 男子草笠大帽, 婦絣髮加于額. 志所稱人載折風巾, 婦鬓髻
垂肩者, 宛相肖焉. 人貌樸野椎魯, 而言語侏離, 卽譯者不能曉暢. 有帽匠李大梃者, 朝鮮
人, 向隨福建許遊擊爲通事, 僑寓於杭. 呼而庭譯之, 應對如響."
73 왕재진, 『越鐫』 권21, 「雜記・朝鮮漁人」: "朝鮮人李大梃, 久居漢土, 壯年願回報効,
合發營充兵食糧, 以備朝鮮通事."
74 왕재진, 『越鐫』 권21, 「雜記・朝鮮漁人」 및 『海防纂要』 권10, 「朝鮮漁人」.

귀국시키도록 명했다.[75] 이대정을 데리고 온 복건 허유격은 허국위(許國威)를 지칭한다. 자는 원진(元眞)이고, 복건 진강(晉江) 사람이다. 1598년(선조 31) 3월에 복영유격(福營游擊)으로 보병 1,160명을 이끌고 와서 이듬해 4월에 본국으로 귀국했다. 문사에 뛰어나고 의리심이 있었다. 명 경리 양호와 친했는데, 양호가 탄핵을 받자 장관들을 이끌고 변호에 나섰다.[76] 또한 조선 병사들에게 무기를 다루는 기법을 전수해주었다.[77]

(2) 최척

『최척전(崔陟傳)』은 1621년(광해군 13)에 조위한(趙緯韓)이 남원에 있을 때 최척의 기구한 운명을 듣고 기술한 전기이다. 최척과 옥영(玉英)은 부부의 연을 맺고, 아들 몽석(夢釋)을 낳았다. 정유재란 때 남원이 함락되자, 옥영은 일본군에게 잡혀 일본열도로 끌려갔다. 아내를 잃은 최척은 낙심하여 명장 여유문(余有文)을 따라 절강으로 들어갔다. 여유문이 작고한 뒤에 최척은 항주 주우(朱佑)와 함께 상선을 타고 안남(베트남)으로 갔다가 일본의 상선을 따라 안남에 온 옥영과 재회했다. 옥영과 함께 중국으로 돌아와 항주에서 살며 아들 몽선(夢仙)을 낳았다. 몽선이 장성하여 임진왜란 때 출전한 명 진위경(陳偉慶)의 딸 홍도(紅桃)와 혼인했다. 이듬해 최척은 명군을 따라 출정했다가 청군의 포로가 되었고, 여기에서 조선에서 출병했다가 포로가 된 아들 몽석을 만났다. 이들 부자는 함께 탈출하여 장인 진위경을 만났다.

---

75 『神宗實錄』 만력 40년(1612) 2월 16일(신사)조 참조.

76 신흠, 『象村先生集』 권57, 「天朝詔使將臣先後去來姓名記」.

77 『國朝寶鑑』 권73, 「正祖朝」 14년 4월조 참조.

옥영 역시 몽선, 홍도와 함께 고국으로 돌아와 단란한 삶을 누리게
되었다.

저자 조위한이 사실에 바탕을 두고『최척전』을 지었던 것으로 보
이나, 창작 과정에서 문장 흥미를 더하기 위한 과장법을 도입하고,
또 일부 내용을 시의나 비난을 피하기 위해 가탁법을 운용했던 것으
로 보인다. 문장 속에 최척을 데리고 간 명장 여유문은 임진왜란에
참여한 명장 명단이나 실록에 보이지 않아 명군 내에서 지위가 높지
않거나 가탁 인물일 가능성이 있다.

그렇지만 조위한이 겪었던 전쟁 체험과 사행 경험으로 미루어볼
때, 그 자신은 최소한 중원에 살고 있던 조선 유민의 실정을 잘 알고
있었던 것으로 보인다. 임진왜란 때 명군을 따라 중원에 들어갈 계획
을 가졌다. 전쟁이 터지자 산중으로 피난 갔다가 춥고 굶주려 어린
딸을 잃었고, 정유재란 때 모친을 잃어버려 난리의 고통을 직접 체험
했다. 격심한 고통 끝에 먼 곳으로 떠날 생각을 했고, 또한 절강 수군
을 만난 것을 계기로 장차 그들을 따라 동오(東吳)로 들어가려고 했다.
다만 형의 간곡한 만류로 실행에는 옮기지 못했다. 1610년(광해군 2)에
사은사 서장관으로 명나라를 다녀왔다.[78] 앞에서 보았듯이 조위한도
여타 조선 사절처럼 사행 도중에 중원에 살고 있는 본국 유민을 목도
했거나 사정을 들었던 것으로 추정된다.

---

[78] 趙緯韓,『玄谷集』권13,「祭亡子倚文」: "余於己丑之歲, 始生女子, 而遭壬辰之亂,
奔竄山中, 凍餒而死, 瘞於路側. 丁酉, 又喪其母, 獨身飄泊于龍山. 旣無父母, 又無妻
子, 不樂於人世, 將有出塵遠遊之志. 適遇天朝水兵之來泊于江上, 得與浙人相善, 約與
之偕入東吳, 浪迹於蘇·杭之間, 而爲仲氏泣挽, 不得遂願. … 庚戌, 汝母又有身矣. 而八
月余以禮部郎中, 將赴天朝."

(3) 상주 왕씨 선비

1619년(만력 47) 2월에 도원수 강홍립(姜弘立)은 명 조정의 요청에 따라 명 우익남로군(동로군)을 이끄는 유정에 편입되어 사르후전투(심하전투)에 나섰다. 압록강 아래 창성(昌城)에서 조선 유민 출신으로 유정의 차인 유우(劉牛)를 만났다. 유우에 관한 기록은 아래에서 다시 논한다. 유우가 강서에 머물고 있을 때 우연히 절강에 가서 상주 출신 왕(王)씨 선비를 만났다.

왕씨 선비는 상주 출신이다. 7세에 중원으로 들어와 왕(王)씨 집안의 양자가 되었다. 향시에 급제하여 재차 북경으로 가서 과거에 응시했으나 급제하지 못했다. 유해는 왕씨 선비의 문장이 매우 뛰어나 장차 과거에 급제할 것이라고 여겼다. 왕씨 선비 자신도 불행하게 타향에 떠도는 신세를 탓하며 장차 과거에 급제하면 행인사(行人司)가 될 것이고, 만약 본국으로 가게 되면 머리를 깎고 중이 되어 끝내 고향에 묻히겠다는 심정을 토로했다.[79] 왕씨 선비가 7세 때 홀로 중원으로 들어왔다고 했는데, 여러 정황상 임진왜란 때 명군 왕씨에게 수양되었던 것으로 추측된다.

6) 강서·사천 지역

(1) 권학

1598년(선조 31)에 정사 이항복(李恒福)을 필두로 한 진주사절이 북경으로 나갔다가 이듬해 본국으로 귀국했다. 1599년(선조 32) 4월에 귀로 중 요양 회원관에 머물고 있을 때 권학(權鶴)이 찾아왔다. 자신

---

[79] 『광해군일기』 11년 2월 7일(신유)조.

은 상주(尙州) 사람이며, 서애(西厓; 柳成龍) 첩 오라비의 자식이다. 공검지(恭儉池) 옆에서 자랐고, 난리를 만나 유랑하다가 유가군(劉家軍)이 되었다. 유야(劉爺)를 따라 달자, 해적, 왜자 등 많은 전투에 참여했다. 지난해에 유야를 따라 서울에 들어와 서애(유성룡)를 뵙고 군영에서 빠져나오려고 했다가, 일이 누설되어 유야가 나의 행장 속에 두었던 은 2백 냥을 수색하여 공탁에 맡겨두고 도망가지 못하도록 했다. 얼마 전 선래를 통해 고국 사절이 온다는 소식을 듣고 찾아왔다고 했다.[80] 여기의 유가군(劉家軍)은 유정 군대를 지칭한다. 권학이 유정군에 편입되어 처음 중원으로 건너간 시점은 1594년(선조 27)이고, 조선에 파견된 시점은 1598년(선조 31)이다.

(2) 유우, 유길룡, 유길수, 유조용, 유해

1619년(만력 47) 3월에 명청교체기를 알리는 사르후 전투가 일어났다. 요동경략(遼東經略) 양호(楊鎬)는 소속 군사와 조선군, 에허(葉赫)군을 합쳐 사로로 나누어 누르하치(努爾哈赤)가 거느린 후금 수도인 허투알라(赫圖阿拉; 興京)로 진격했다. 당시 강서 고향에 머물고 있던 유정은 다시 조정의 소환을 받아 양호 아래에서 우익남로군을 맡았다.

명 우익남로군의 일원으로 참전한 조선 도원수 강홍립은 전황에 관한 제반 사항을 수시로 조정에 보고했다. 『광해군일기』 중 강홍립이 올린 장계에 유정 소속의 조선 유민에 관한 기록이 들어가 있다.

---

80 이항복, 『白沙先生集』 권23, 「朝天日乘」 기해년(1599) 4월 19일조: "偶步墻後, 有劉提督標下人來自城內, 就與下人做話, 願謁於吾, 許令來見. 其人來卽敍禮, 仍言係是尙州人, 姓權小名鶴, 乃是厓相妾娚子, 生長於恭儉池傍, 遭亂流離, 爲劉家軍. 先年, 隨劉爺入洛, 潛謁於厓相, 將欲仍還本國. 事洩爲劉所覺, 劉盡搜其行李, 得銀二百兩, 置在公橐, 使不得逃, 故今亦先來到此, 聞使臣不日到館, 數來候問, 今幸得見."

유우는 가산(嘉山) 출신으로 유정의 차인이 되어 창성에 들어왔다. 자신은 1594년(선조 27; 갑오)에 유정이 데리고 가서 가정이 되어 오랫동안 그의 안전에 있었다. 1618년(만력 46) 4월에 병부의 문서가 강서에 도달하여 출병에 나섰다. 이번 출병에 나선 유정 소속의 조선 출신으로 유길룡(劉吉龍)이 있는데, 유정의 총애를 받아 군사를 거느리고 있다. 또 조선인 출신 유길수(劉吉壽), 유조용(劉朝用)도 유정 아래에서 권세를 부리고 있다고 했다.[81]

　유정은 본래 강서 남창(南昌) 사람이다. 원래 성씨는 공(龔)씨이다. 부친 유현(劉顯)이 유씨로 바꾸고 사천(四川) 군적에 올렸다. 유길룡은 원래 고령(高靈) 이(李)씨였다. 임진왜란 때 유정이 데리고 가서 양아들로 삼았다. 이번 출정에 수비가 되어 나섰다가 심하 직전에 후금 군사와 전투하다 죽었다. 유정이 크게 충격을 받아 행군을 하루 멈추며 유길룡의 죽음을 슬퍼했다.[82]

　『광해군일기』에 강홍립이 올린 장계 외 유정의 가정으로 활동하던 또 한 명의 조선인 유해(劉海) 기록이 보인다. 유해는 본씨 거창(居昌) 사람 신인(愼認)의 아들이다. 임진왜란 때 유정에게 수양되어 중원으로 들어갔다. 이번 출정 때 유해가 유정에게 부친이 살아있다며 부친을 만나기를 간청하자, 유정이 이를 허락했다. 유해가 한양에 들어와서 조선 조정의 도움을 받아 부친을 만났다. 다만 조선 조정은 유해가 고향으로 내려가거나 부친과의 동숙하는 것을 저지했다.[83] 조선

---

81 『광해군일기』 11년 2월 7일(신유)조.

82 이민환, 『柵中日錄』 기미년 3월 2일조: "守備劉吉龍[提督之最親愛者], 中箭而死." 동서 3월 3일조: "提督(유정)曰: 師期已過, 不可暫留, 而姑住一日云.[蓋昨日劉吉龍戰亡, 提督極悲悼, 覓屍燒葬, 仍留一日."

83 『광해군일기』 11년 2월 7일(신유)조.

조정이 유해의 활동을 제한시킨 이유는 기록 부재로 자세히 알 수 없으나, 당시 복잡하게 돌아가는 외교 군사 정세와 자국민에 대한 정보를 통제하기 위해서 나왔던 것으로 추측된다.

(3) 조귀상, 조마자

1619년(광해군 11)에 사은 겸 천추사 이홍주(李弘冑)가 북경을 다녀오면서 『사행일기(使行日記)』를 남겼다. 6월 요양에 도착한 사행 일행은 당시 긴박하게 돌아가는 군사정세로 인하여 회원관에서 한동안 머물며 출발 일자를 기다리고 있었다. 이달 29일에 사천장관(泗川將官) 2명이 이홍주를 찾아왔다. 조귀상(趙貴祥)은 함안(咸安) 출신이고, 조마자(趙麼子)는 일본 사람이다. 이들은 일찍이 한음(漢陰; 李德馨) 표하에 있다가 훗날 유병(劉兵)을 따라 중원으로 들어와 사천에서 살았다. 조귀상은 사천에서 왕에 오른 자의 집안과 혼인했다. 유병 수하의 사천군 2만 4천 명이 지난 3월에 요동에 왔다가 전투에 패하는 바람에 지금 요양성에 주둔하며 방어에 나섰다.[84] 7월 1일에 사천파총(泗川把摠) 조귀상, 조마자, 남원 출신 조선인과 함께 술과 안주를 가지고 와서 후하게 대접해주었다.[85]

여기의 유병(劉兵)은 유정을 지칭한다. 1618년(광해군 10: 만력 46)에 유정은 사천군을 이끌고 요동에 와서 양호 휘하에 들어가 대후금 공

---

84 이홍주, 『梨川相公使行日記』 기해년(1619) 6월 29일조: "夕有泗川將官兩人來見, 一則我國咸安人趙貴祥, 一則乃日本人趙麼子, 曾在漢陰票下, 俱隨劉兵轉入中原者也. 居在泗川. 咸安人則與泗川封王者結爲婚婣云. 泗川軍二萬四千乃劉手下兵也. 三月初到遼, 而劉兵已敗亂, 故固駐遼城把截云."

85 이홍주, 『梨川相公使行日記』 기해년(1619) 7월 1일조: "泗川把總咸安人趙貴祥與趙麻子及南原人之入唐者, 持酒饌來饋, 頗致款厚."(연행록전집본, 책10, 41~42쪽) 앞에서는 趙麼子라고 적고, 뒤에서는 趙麻子라고 적었음.

격작전에 참여했다. 이듬해 3월에 사르후(薩爾滸) 전투에서 대패당하고, 유정을 비롯한 많은 사천군이 전사했다. 이때 살아남은 사천군의 일부가 요양으로 퇴각하여 방어 작전에 나섰다. 조귀상이 올랐던 파총(把摠)은 명 군제상 천총(千摠) 아래에서 병사 약 440명을 거느린 장수이다. 일본 출신 조마자가 한음 이덕형의 표하관으로 있었던 점으로 보아 귀화인으로 추측된다.

4. 명나라로 건너간 조선 유민 분석

임진왜란 때 많은 조선 유민들이 중국 대륙으로 들어갔다. 이들이 중국 대륙에 건너간 과정을 살펴보면 자구적 차원에서 어쩔 수 없이 건너간 경우가 대부분이었다. 임진왜란은 한마디로 극도의 혼란 시기였다. 선조가 파죽지세로 올라오는 일본군의 침공을 피해 한양을 떠나 의주까지 몽진했고, 한때 압록강을 건너 중국 대륙으로 들어가는 최후의 결정을 심각하게 검토하기도 했다. 조선 민초들도 난리를 피해 임금이 있는 서북 지역으로 몰려 들어갔다. 관료와 난민들로 넘쳐난 서북 지역은 먹고사는 환경이 극히 열악했다. 연이어 흉년이 들어 곡물 생산이 좋지 않았고, 곡물 운송 체계도 전란으로 거의 마비되었다. 조정 대신들도 겨우 입에 풀칠할 정도로 살기가 힘들었는데, 하물며 난민들이 받는 고통은 이루 말할 수가 없었다. 이들 가운데 일부는 최악의 아사를 면하기 위해 자구적 차원에서 압록강을 넘어 요동 지역으로 들어갔던 것으로 보인다.

조선 조정은 자국의 난민들을 구휼하려고 노력을 기울였으나, 물력과 인력이 크게 달리는 상황인지라 이들을 제대로 돌봐줄 수가 없었다. 난민들이 자연히 형편이 좋은 명군 진영으로 몰려들었다. 명군 장수들도 구휼, 활동 편의, 사병 충당, 군사력 증강 등으로 많은 조선인들을 받아들여 진중에 두었다. 명군이 귀국할 때 이들을 데리고 국경을 넘어가는 일들이 잦았다. 투탁자 또한 조선에 남아 있어도 별다른 생활 수단이 없던 터라 명군을 따라가는 편이 더 낫다고 판단하여 자구적 차원에서 국경을 넘어갔을 것이다.

조선 유민 가운데 간혹 강압 또는 꼬임에 빠져 피동적으로 끌려간 경우도 있다. 남경에 거주한 유대춘은 명군의 꼬임에 빠져 중국 대륙으로 들어왔다고 했다. 또 보자산 승려는 압록강 주변에 있을 때 명군에게 끌려갔다고 했다. 또 명 선박의 격군으로 활동한 보성 출신 우복은 전쟁이 끝난 뒤에 돌아가려고 하였으나, 명군이 하선을 불허하는 바람에 중국 대륙으로 끌려가 절강 해역에 도달해서야 겨우 내릴 수가 있었다. 조선해역에 들어온 명 선박에는 필히 조선인들이 타고 있었다. 다도해인 남해안에서 선박을 운행하려면 바닷길을 잘 아는 조선 뱃사람이 동선해야만 했고, 또 일본 수군과의 격렬한 전투 끝에 많은 사상자가 나오자 선박을 움직일 조선 격군이 필요했다. 명 수군이 귀국할 때 이들을 강제로 데리고 갈 수밖에 없었다.

명 장수들이 조선 투탁자들을 데리고 중국 대륙으로 들어가는 것에 대해 어떠한 입장을 취했는가? 일부 명장의 경우에는 사전에 동행 계획을 주도적으로 세웠고, 설령 그렇지 않더라도 최소한 동행 자체에 대해 관대한 입장을 취하고 있었다. 당시 요동 지역에 인구수가 적었고, 수군 선박을 움직이는데 수부들이 필요했기 때문에 투탁자를 데리고 가는 것에 대해 적극적으로 나섰을 것으로 보인다. 명장 유정은 자기 휘하에 섬라병(暹羅兵), 면전병(緬甸兵), 소천축병(小天竺兵) 등 외국 병사를 두고 있었는데, 장차 조선병과 일본병을 편성하기 위해 투탁자들을 적극적으로 데리고 갔다. 유정이 재차 조선 지원에 나설 때 자기 휘하에 조선군 3백여 명이 있었다. 훗날 요동 공략에 나설 때 함안 출신 조귀상, 일본 출신 조마자가 군관으로 전투에 참여했다.

조선 조정은 자국인의 중원 유출에 대해 심히 우려하였다. 한편으로 명군 수뇌부에 동행 금지를 요청했고, 다른 한 편으로 전담 관원을 두어 투탁자 수색을 강화했으나 커다란 효과를 거두지 못했다. 효과를 거두지 못한 것은 주로 조선 조정과 명군 장수·투탁자 간의 입장이 서로 달랐기 때문이다. 오종도의 경우를 들어본다. 1599년(선조 32)에 조선 조정이 오종도 진영에 투탁자가 있다는 정보를 입수하고 본국인의 쇄환을 요청하니, 오종도가 태수와 함께 조사하여 이들을 환송시켰다고 했다.[86] 그러나 오종도는 투탁자를 되돌려 보낼 마음이 없었다. 이듬해 오종도 진영에는 중원으로 들어가려고 한 투탁자 1백여 명이 타고 있었다.[87] 훗날 웅정필이 오종도를 탄핵할 때 그의 진영에 조선인 가정을 두고 물자 교역에 나서게 했다는 죄목이 들어가 있다.[88] 이것으로 보아 오종도는 조선 조정의 요청에 따라 일부 투탁자를 쇄환시켰으나, 가정으로 삼기 위해 일부를 중원으로 데리고 갔다.

이와 반대로 일부 명장은 인도적인 차원에서 투탁자를 대하기도 했다. 1593년(선조 26) 9월에 이여송을 따라온 참장 방시휘(方時輝)가 국경 의주에서 10살 된 아이를 데리고 조선 관원 정박(鄭琢)을 찾아갔다. 지난 평양 전투에서 갈 곳이 없는 아이를 불쌍히 여겨 군중에 두

---

86 『선조실록』 32년(1599) 10월 17일(계사)조.
87 『선조실록』 33년(1600) 7월 18일(기미)조.
88 웅정필, 『熊廷弼集』 권1 「重海防疏」: "同吳宗道所收麗人爲家丁者, 變麗服, 乘遼船, 潛往鐵山、別東、大張各島, 換買貂參等物."

고 양육했으나, 이제 자신이 귀국하게 되어 더 이상 아이를 맡을 수
가 없으니 자신을 대신해서 보호해줄 자를 찾아달라고 했다.[89] 방시
휘는 압록강을 건너기 직전에 아마도 자신이 수양한 아이의 장래를
위해 조선에 남겨두었다. 그렇지만 대다수의 명군들은 아이들을 데
리고 중국 대륙으로 들어갔다. 명장 이등운은 14살 옥춘, 만세덕은
10살 이천부를 비롯하여 아이 정언방, 박계장을 데리고 각각 중국으
로 들어갔다.

임진왜란 시기 중국 대륙으로 건너간 조선 유민의 수는 얼마나 될
까? 여기에 관해 정확한 통계를 내기 힘들지만, 최소한 1만 명은 넘
었던 것으로 보인다. 이항복은 1593년(선조 26)~1594년(선조 28)에 명
장 유정이 양남에 주둔할 때 투탁한 조선인이 1만여 명이고, 유정이
귀국할 적에 그대로 따라 도강을 했으며, 이로부터 요양과 광녕 일대
에 사는 자국 남녀와 우마(牛馬)의 수가 거의 절반을 차지하고 있다고
했다.[90] 조선 사신 정엽은 요동 거리에서 걸식하는 조선 유민이 많고,
또 산해관 안팎에 황해도와 경상도 사람들이 많이 살고 있다고 했다.
행산 이천부도 각 진과 각 집마다 조선 유민이 없는 곳이 없으며, 특
히 광녕에 많은 조선인들이 살고 있다고 했다. 광녕 장만생 등은 광
녕 유민 가운데 군인이 된 인원수만 1백여 명이라고 했다. 남경 유대

---

89 정탁, 『藥圃集』 권6, 「龍灣聞見錄」: "密雲營領兵都司都指揮方時輝, 九月二十日辛
未, 來寓龍灣館. … 以所領年纔十歲小兒出見, 曰: 此兒平壤之戰得之, 無所於歸, 哀其
塡壑, 許留行營, 給以衣食, 以至於此. 今臨越江, 請付陪臣, 用紅牋一帖, 記其顚末以
示. 厥明使其家丁, 領兒以來, 并寄白牋書一紙, 送致謝于臣. 臣又呈小帖稱謝. 卽付其兒
于本府, 使之付願育者留養. 其翌朝, 遊擊越江云."

90 이항복, 『白沙先生集』 권23, 「朝天記聞」: "壬辰以後, 我民遭亂避地, 流入中國者頗
多. 至癸巳甲午, 連歲大飢. 時劉摠兵綎久住兩南, 兩南流民, 皆就傭於軍中, 名曰幇子,
得延餘命, 殆將萬餘. 及劉軍撤廻, 仍隨渡江, 自是遼廣一帶, 我國男婦牛馬, 殆將半焉.
識者深爲慨然."

춘은 남경 지역에 사는 조선 유민이 근 3백 명이 있다고 했다. 상주 권학(權鶴)은 유정 사천군에 편입되어 조선으로 들어온 조선병이 3백 명 넘는다고 했다.[91]

필자가 조사한 자료에 따르면, 조선 유민들이 살고 있었던 지역은 요양(遼陽), 천산(千山), 진강(鎭江), 광녕(廣寧), 고평(高平), 행산(杏山), 산해관(山海關), 통주(通州), 남경(南京), 양주(揚州), 등주(登州), 항주(杭州), 강서(江西), 사천(四川) 등이다. 물론 다른 지역에도 조선 유민들이 살고 있었던 것으로 보이나, 현존 자료의 결핍으로 정확히 확인할 길이 없다. 광녕성의 서편에는 조선인들이 집단으로 살고 있었고, 동편에는 그 수는 적지만 항왜들이 집단으로 살고 있었다.

상기 지역을 지도에 찍어보면 산해관 이북 요동 지역에 많이 몰려 있다. 그 배경을 적어보면 요동 지역이 조선 변경과 가까운 거리, 조·명 육상 교통로라는 지리적 요소 외에 조선인 출신들이 많이 살고 있는 역사 근거, 북방 민족의 침공을 대비하기 위한 명 군사의 요충지 구축 등 여러 요소가 복합적으로 가미되었다. 요동 지역에는 영원백 이성량 부자의 경우처럼 명초부터 계속 이주해온 많은 조선 출신 집안이 있었다. 조선 출신 집안은 고국의 유민들을 받아들이는 것에 대해 거부감이 없었을 것이다. 임진왜란 초창기 명 육군의 구성원을 보면 조선 변경과 거리가 가까운 요동 주둔 군사들이 가장 많이 차지했고, 그 가운데 조선 출신 제독 이여송과 그 부하가 이끄는 군사들이 주축을 이루고 있었다. 명군이 철수한 이후에 많은 육군들이 요동 지역으로 자리를 옮겨 주둔하고 있었다. 요동 군부는 누르하치

---

91 이항복, 『白沙先生集』 권23, 「朝天日乘」 기해년(1599) 4월 19일조: "然鮮人隨劉爺 渡江者, 不下三百人, 經年留本國, 百計逃逸, 失亡甚多云."

를 중심으로 불같이 일어난 후금 세력을 제압하기 위해 군사력 강화가 필수적이었다. 따라서 명 육군을 따라간 조선 유민이 자연히 요동 지역에 많이 몰릴 수밖에 없었다.

강소·절강 지역에 거주한 조선 유민은 중국 중남부 명군, 특히 수군과 밀접한 관련이 있다. 이대정은 복건 병사를 이끈 유격 허국위를 따라 들어갔다. 문응은 강북 수군을 이끈 유격 양천윤을 따라 들어갔다. 우복은 호남으로 들어가는 명군 선박의 격군이 되었고, 훗날 중국에서 처음으로 내린 지역이 절강이다. 훗날 강소 지역에 거주한 일부 유민은 산동반도 북단에 소재한 항구인 등주로 옮겨 수부나 군인 활동을 했다. 양주 문등은 등주에서 사행선박을 운행하는 수부가 되었고, 남경 고한로는 등주에서 군인으로 활동하였다.

조선 변경과 먼 거리에 소재한 사천 경우는 유정의 활동 지역과 밀접한 관련이 있다. 유정과 그의 부친 공현(龔顯; 훗날 성씨를 劉씨로 바꿈)이 사천을 근거로 활동한 장수로 성장했다. 임진왜란 때 유정이 사천·귀주 병사를 이끌고 왔고, 귀국할 때 적지 않은 조선 투탁인들을 데리고 중원으로 들어갔다. 유정이 데리고 간 조선 유민 가운데 일부는 요동에 남고, 일부는 사천으로 들어갔다. 조귀상, 조마자는 유정과 함께 사천으로 들어가 활동하며 훗날 장수가 되었다.

중국 대륙에 들어온 조선 유민들은 어떻게 살아갔을까? 통상적으로 타국에 건너간 외국 유민들이 초창기에 가장 많이 나타내는 형태가 걸식과 가정 노릇이다. 조선 유민의 경우도 이와 비슷한 양상을 띠고 있었다. 일부 유민은 유랑 걸식이라는 비참한 생활을 하고 있었다. 요동에 도달한 정엽은 많은 조선 유민이 거리를 떠돌아다니며 음식 따위를 빌어먹고 있다고 했다. 또 일부 유민은 중국인 집안의 품앗이, 특히 명군 장수의 가정으로 살아갔다. 삼류하 한은옥은 중국인 집안에서 품앗이하며 살아갔고, 요양 옥춘은 요동도사 이등운, 행산 이천부는 비어 마승종의 가정으로 각각 살아갔다. 이들 가정 가운데에는 대다수가 명 장수의 집안일을 하고 있었고, 드물지만 오종도 가정처럼 조선과 물자 교역에 나서기도 했다.

조선 유민들은 연고가 없는 중국 대륙에서 살아가기 위해서는 모진 고통과 푸대접을 감내해야만 했다. 이것을 타개하기 위해서는 남다른 변신과 노력이 필요했다. 일부 유민은 기존의 직업을 던지고 새로운 직업을 구하였다. 명장 허국위의 통사를 한 이대정은 항주로 들어온 후에 모자를 만드는 장인으로 변신했다. 항주가 조선 변경과 먼 거리에 위치해 조선과의 교류가 거의 없는 지역이라 이대정은 부득이하게 자신의 본업인 통역 업무를 접어두고 다른 일을 찾아 살아갈 수밖에 없었을 것이다. 산해관 바깥의 한 유민은 장사를 하여 많은 돈을 벌었다.

또 일부 유민은 신분상승을 도모하기 위해 일반인보다 몇 배의 노력과 위험을 감내해야 하는 직업을 택했다. 그중에서도 신분상승을 위해 취할 수 있는 빠른 첩경이 바로 군인이 되는 것이다. 군인 활동은 비록 목숨이 빼앗길 수도 있는 커다란 위험이 도사리고 있지만, 최소한 먹을거리를 해결할 수 있고, 때로는 자신의 능력에 따라 신분상승을 할 수 있는 기회가 주어진다. 만약 전쟁에서 온 몸을 던져 적을 물리치는 공을 세우면 이에 상응한 보상을 받게 되고, 특히 군관으로 승진하여 부하들을 이끌어간다면 그동안 받았던 온갖 멸시와 차별대우를 한꺼번에 씻어낼 수가 있다.

멀리는 고구려 유민 고선지(高仙芝), 가까이는 영원백 이성량 부자가 매우 좋은 사례이다. 고선지는 망국 고구려 유민의 아들로 태어나 신분적 불이익을 받아왔으나 이것을 극복하기 위해 군인이 되어 탁월한 능력을 발휘하고 당 제국의 최고 장군 대열에 올랐다. 조선족 출신 이성량 부자는 오랫동안 전쟁에서 살며 커다란 공을 세워 요동 총병(遼東總兵)에 올라 요녕 군부에 막강한 실력자로 등장했다. 조선 유민 가운데 군인이 된 자로는 김계남, 이창립, 장만생, 황석련, 김언용, 최용회, 고한로, 권학, 유길용, 조귀상 등이 있다.

　명 장수들은 조선 유민을 군인으로 삼는 것에 대해 각별한 관심을 가졌다. 그 이유를 분석해보면 다음과 같다. 첫째, 조선족 출신이나 임진왜란 원병에 나섰던 장수가 꽤나 있었다. 명초부터 요동으로 이주해온 조선인들이 많았고, 그중에 군인이 된 자들이 상당수이다. 그 대표적인 인물이 명 홍무 연간에 이주해온 조선족 출신 이성량 부자이다. 이성량은 아들 이여송이 조선 출병에 나서면서 자신들의 조상이 조선에서 나왔다는 사실을 밝혔다.[92] 요동에 주둔한 명 장수들도 이성량 부자의 부하로 있거나 임진왜란에 참전한 병사들이 많아 조선인 군사를 두는 것에 별다른 거리감이 없었다.

　둘째, 변방 지역에는 많은 군사가 필요했다. 요동 지역은 예로부터 북방 민족과 잦은 전쟁을 치렀고, 특히 후금이 강성해진 이후에 전운이 짙게 감돌고 있었다. 후금이 칠대한(七大恨)을 내걸고 본격적으로 요동으로 진격해오고, 특히 사르후 전투에서 대승을 거두자, 명나라는 후금을 몰아내고 요동을 지키고자 병력 증강을 통한 군사력 강화가 절실했다. 이 시기를 전후로 요동에 정착한 많은 조선 유민들이 군인으로 편입되었다.

　해상 변방인 등주 지역에도 많은 군사가 배치되었다. 명 군부는 후금이 발해만을 건너 해상으로 침공해오는 것을 방비하고, 요동 연해

---

92 『선조수정실록』 26년(1593) 9월 1일(임자)조.

안에 주둔한 자국의 군사들을 지원하기 위해 등주를 해상 전초 기초로 삼았다. 요동 육로가 막힌 이후 등주는 조선·명 양국의 해상 교통을 이어주는 항구 역할을 하였다. 따라서 선박을 움직이고 조선으로 오가는 뱃길을 잘 아는 조선인 수부가 필요했다. 다만 등주 군부에 배속된 조선인의 수는 요동 군부에 비해 많지 않았다.

셋째, 조선 유민 가운데 군인으로 삼기에 적합한 이들이 많았다. 임진왜란 때 명군에 투탁한 조선인 가운데 전쟁에 참전하여 풍부한 실전 경험을 쌓았거나 포수, 살수, 군사 무기를 잘 다루는 이들도 꽤나 있었다. 임진왜란 기간에 조선 조정은 명군 투탁인들을 송환시켜 조선군으로 편입시키려고 부단한 노력을 펼쳤고, 특히 무기를 다루는 자들에게 많은 우대 조치를 취하였다. 요양에 사는 조선 명족 출신 교사는 요동 사람들에게 말을 타고 활을 쏘는 법을 가르쳤다.

명 장수들은 조선병의 우수성을 널리 인지하고 있었다. 매번 군사 시험에서 조선인들이 항상 일등을 했고, 명 총병들도 외국병 가운데 조선인이 쓸 만한 인재가 많고, 북방 민족들이 미칠 바가 아니라고 말했다.[93] 명장 유정이 참여한 지난 순천왜성 전투에서 적의 수급을 가장 많이 얻은 자가 명군으로 귀화한 조선병이었고, 조선병이 사천병보다 형세를 잘 판단하여 대처할 줄 알았다. 유정은 자기 휘하에 소속된 조선병을 중시하였다.[94]

---

93 김중청, 『朝天錄』 갑인년(1614) 6월 28일조: "(이천부)且曰: 我國人學弓砲習馬, 居廣寧爲兵者最多, 或把摠·千摠爲將官者不少. 諸摠兵大爺, 常曰外國唯朝鮮多可用之才, 非猍奴等所及, 每試才, 朝鮮人常第一."

94 이항복, 『白沙先生集』 권23, 「朝天日乘」 기해년(1599) 4월 19일조: : "順天之役, 泗川官軍, 見海鬼先登者, 及見倭子, 莫不失色. 計功之時, 得首級最多, 皆是朝鮮人化爲漢軍者. 泗川兵勇敢, 雖不下於鮮人, 臨戰癡直, 不若鮮人之知形勢, 故首級必下於鮮人. 自是劉爺尤重鮮人."

중국 대륙에 건너온 조선 유민들은 모진 전란 속에서 온갖 고생을 겪어왔는지라 위험을 감수하거나 신분 변신을 해야겠다는 각오가 남달랐다. 그래서인지 군인이 된 자가 상당히 많았는데, 광녕에만 군인이 된 자가 1백여 명이나 되었다.[95] 조선인 군인 가운데 훗날 군관으로 승진한 자가 적지 않았다. 현존 기록에 따르면, 조선 유민 가운데 최용회가 가장 출세한 인물로 보인다. 최용회는 병사 3천 명을 이끄는 감주참장에 올랐다. 참장은 변방의 한 성이나 보를 방비를 책임지는 장수이다. 임진왜란 때 참전한 명 참장 또는 유격이 이끄는 병사의 수가 적게는 1천여 명, 많게는 수천 명이다. 한복은 요동 한씨의 양자가 되어 천총 작위를 이어받았다. 조귀상은 사천 왕족의 딸과 혼인을 했으며 병사 수백 명을 이끄는 사천파총에 올랐다. 장만생은 전투에서 공을 세워 50명을 거느리는 기장(旗長)이 되었다. 요양 명족 출신 무관은 말을 타고 활을 쏘는 교사가 되었다.

중국 대륙에 사는 조선 유민은 고국에 대해 어떠한 생각을 갖고 있었는가? 유민 대다수가 고국에 대해 진한 향수를 가지고 있었다. 장만생, 황석령, 김언용, 정언방, 박계장 등이 조선 사절을 만나 고향으로 돌아가고 싶다는 속마음을 토로했다. 감주참장에 오른 최용회는 자호를 동구(東丘)라고 짓고, 향후 고국에 난리가 발생하면 앞장서서 나서겠다는 의사를 자주 표시하며 고국에 대한 정을 잊지 않았다. 천총 한복은 고향으로 돌아가고 싶은 심정이 간절하나, 이미 한씨 집안의 양자로 명나라 사람이 되어 돌아갈 수 없다고 했다. 군인 출신 조귀상, 고한로 등은 주동적으로 조선 사절을 찾아와 음식을 대접했

---

95 鄭士信,『梅窓先生朝天錄』1610년 9월 21일조: "渠輩言朝鮮人之來此爲單兵者, 殆百餘人云, 良可嘆也."

다. 참선을 닦고 있는 보자산 승려는 고국으로 돌아가고 싶다며 눈물을 흘렸다.

그러나 고향으로 되돌아가고자 하는 의사 표현에서는 개인 사정에 따라 많은 차이를 보이고 있다. 이를 세분해 살펴보면 다음과 같다. 첫째, 입국 과정의 차이이다. 중국 대륙에 피동적으로 들어온 조선 유민은 자의적으로 들어온 조선 유민보다 본국으로 돌아가고자 하는 심정이 절박했다. 명군의 강압에 따라 중국 대륙으로 끌려간 우복은 절강에서 하선한 이후 고국으로 되돌아가고자 하는 일념으로 육로를 통해 산해관 바깥까지 올라왔다. 또 명군의 꼬임에 빠져 남경에 들어온 유대춘은 본국 표류인에게 언문 서찰을 부탁하며 고국으로 돌아가고자 하는 절박한 심정을 강하게 내비쳤다.

둘째, 직업의 유무와 만족도이다. 걸식을 하거나 힘든 품앗이를 하는 자라면 이국에서 고생할 바에는 본국으로 돌아가는 편이 더 낫다는 생각을 가지고 있었다. 중국인 집안의 품앗이를 한 한은옥, 산해관 바깥에서 이덕형을 만난 조선 유민 등이 여기에 속한다. 반면에 군인 등 직업을 가진 자는 본국으로 돌아갈 의지가 많이 약한 편이었다. 이국에서 안정된 생활을 하는 이들의 속마음에는 본국에 돌아가도 이만한 대우를 받지 못한다는 심리가 깔려 있었다. 가정 이천부, 군인 장만생, 황석련, 김언용 등은 이국에서 안정적인 생활을 하고 있었다. 특히 산해관 바깥에서 장사를 한 조선인은 재물을 모아 부유한 생활을 하고 있어 돌아갈 마음을 접었던 것으로 보인다.

셋째, 혈족 생존의 유무이다. 외지에 사는 사람들이 통상적으로 부모가 살아 있으면 고향으로 돌아가고자 하는 심정이 있겠지만, 이와 반대로 부모가 모두 없으면 고향 방문을 주저하게 된다. 조선 유민 가운데 전란 통에 부모를 잃어버린 경우가 상당수이다. 이들이 고향을 되돌아가고 싶은 심정이 들더라도 아무도 반겨줄 이들이 없다는 사실을 깨닫고 돌아가고자 하는 마음을 접고는 했다. 요양 옥춘, 고평 전춘이 고향에 부모가 없는 점이 고국으로 돌아가지 않겠다고 한 이유 중의 하나이다. 다만 부모가 없더라도 형제가 살아 있는 경우라면 돌아가고 싶은 의지 정도가 다소 달랐다. 고국으로 돌아가는 의지를 표방한 우복에게는 부모가 없지만 형제는 남아 있었다.

넷째, 처자식의 유무이다. 예나 지금이나 사람들은 자주 처자식을 위해 살아간다는 말을 한다. 비록 이국에 있더라도 가정이 꾸려진 경우라면, 가정이 있는 국가를 버리고 고국으로 되돌아가기가 매우 힘들었다. 광녕 정언방, 박계장은 중국에 들어와 혼인하여 처자식을 두었다. 이들이 고향에 대한 짙은 향수를 가지고 있지만, 처자식으로 인하여 고국으로 되돌아갈 마음을 접었다. 옥춘과 전춘을 만나본 이형욱도 이들이 처자식이 있기 때문에 고국으로 돌아갈 의사가 조금도 없다고 했다.

중국 대륙에서 조선 유민을 만난 조선 사절은 어떠한 입장을 취했는가? 조선 유민을 만나면 그쪽 사정을 자세히 파악하고, 여기에서 들은 정보를 기록으로 남기거나 조정에 장계를 올렸다. 만약 유민이 귀국할 의사를 표시하면 되도록 본국으로 데리고 오려고 했다. 당시 조선 사절이 유민들을 동행시키려면 해당 부처에 동의를 구해야만 했다. 사행 노선 중 책문, 요양, 광녕, 산해관, 북경 등 거점 지역에는 조선 사행 업무를 처리하는 명 관원들이 있었다. 사신 조익은 산해관에서 귀국 의사를 표방한 의주 여인을 만나고, 즉시 역관을 시켜 산해관주사로부터 의주 여인을 동행해도 좋다는 동의를 받았다. 그러나 떠나는 날 산해관주사가 갑자기 마음을 바꾸는 바람에 동행시키지 못했다며 울분을 토로했다. 사신 이형욱은 통주에서 만난 유민 강련이 고향으로 돌아갈 의사가 분명하다며 북경 옥하관까지 데리고 가서 예부에게 동행 동의를 구하였다.

명 예부는 조선 사절이 유민들을 대동시키는 것에 대해 비교적 관대한 입장을 취하고 있었던 것으로 보인다. 사신 이형욱이 강련을 데리고 가기를 원하자, 예부는 동의를 해주면서 혹시 도중에 도망칠 수도 있다는 염려의 말도 함께 전해주었다. 그 결과, 강련은 안산에서 상통사 윤경룡의 짐을 훔쳐 도망쳤다. 예부는 지난 사례를 통해 동행시킨 일부 조선 유민이 도망친다는 폐단을 파악하고 있었다. 반면에 조선 유민을 가정으로 데리고 있는 주인댁은 가정들이 본국으로 돌아가는 것에 대해 탐탁하지 않게 여기고 있었다. 남경 유대춘이 제주 표류인과 함께 본국으로 돌아가기를 원했으나, 주인댁에서 동의하지 않는 바람에 돌아가지 못했다. 특히 산해관 바깥에서 이덕형을 만난 조선 유민은 주인댁에서 귀환 동의를 해주지 않자 마을의 다른 조선 유민과 함께 탈출 계획을 세워 실행에 옮기기까지 했다.

5. 결론

동아시아 삼국이 한반도에서 격돌한 임진왜란은 조선 민초들에게 이루 말할 수 없는 크나큰 고통을 가져다주었다. 장기간 전란으로 혈육이 도륙당하고 고향을 떠나 도처로 유랑 걸식하며 비참하게 살아갔다. 유민들 가운데 생존의 길을 찾아 스스로 국경을 넘어가거나, 조선주둔 명군에 투탁하여 살아가다가 훗날 동행 형식으로 중국 대륙으로 건너간 경우가 많았다. 바로 이러한 배경 속에서 중국 대륙으로 건너간 조선 유민이 탄생하게 되었다. 임진왜란 시기에 중국 대륙으로 건너간 조선 유민의 수는 비록 고당전쟁, 병자호란, 일제강점시기보다는 적지만, 한민족의 중국 이주사에서 또 하나의 작은 분수령이 되었다. 이 시기의 조선 유민 형태는 침략군에 따른 피로인의 형태와 달리 당시 전쟁의 우방국 사이에 이루어졌던 점에서 사뭇 흥미롭다.

조선에 들어온 명군 진영은 구휼, 활동 편의, 사병 충당, 군사력 증강 등 여러 차원에서 많은 조선인들을 받아들였다. 조선인들이 명군 진영에 투탁한 이유는 대다수가 최악의 굶주림을 벗어나기 위한 고육지책이지만, 일부는 자신의 이득을 채우려는 의도로 명군의 방자가 되기도 했다. 명군이 철수할 때 진영의 일부가 되어 중국 대륙으로 들어갔다. 대다수 사람이 조선에서 별다른 생활 수단이 없던 터라 자발적으로 명군을 따라 국경을 넘어갔고, 일부 사람이지만 강압 내지 꼬임에 빠져 명군에게 피동적으로 끌려간 경우도 있다. 조선 조정은 자국민 관리와 병력 보강 차원에서 유민들을 명군 진영 바깥으로 나오도록 유도했고, 나중에 명군을 따라 중원으로 들어가지 않도록 명군 수뇌부에 요청하고 도강 지역에 전담 관원을 두고 수색했지만, 투탁자의 개인 사정과 명군의 미온적인 협조로 별다른 효과를 누리지 못했다.

필자가 조사한 자료에 따르면 중국 대륙에 건너간 조선 유민의 수는 최소한 1만 명은 넘을 것으로 보인다. 유정 진영에 투탁한 유민이 1만여 명이고, 이들이 그대로 국경을 넘어갔다고 했다. 나중에 유정 휘하의 조선군으로 편성된 유민의 수가 3백 명이나 되었다. 요양과 광녕 지역에 셀 수 없을 정도로 많은 조선 유민들이 살고 있었고, 조선과 멀리 떨어진 남경 지역에도 근 3백 명이 살고 있었다. 조선 유민들이 살았던 지역은 요양(遼陽), 천산(千山), 진강(鎭江), 광녕(廣寧),

고평(高平), 행산(杏山), 산해관(山海關), 통주(通州), 남경(南京), 양주(揚州), 등주(登州), 항주(杭州), 강서(江西), 사천(四川) 등이다. 이들 지역 중에서 요양과 광녕 지역에 가장 많이 몰려 있었고, 광녕성 안에는 조선 유민 외에 전쟁 포로로 추정되는 항왜들도 집단적으로 살고 있었다.

　조선 유민들이 살고 있는 양상을 보면 주로 유랑 걸식하거나 명 집 안의 가정 노릇, 변방 지역의 군인으로 활동하고 있고, 간혹 자신의 장기를 살려 장사, 모자장, 이발업 등 개인 업종에 종사하고 있었다. 이 가운데 자신의 신분상승을 위한 첩경으로 군인 직업을 택하는 이 들이 많았다. 이는 변방 지역에 많은 군인을 보충해야 하는 명 군부 의 이해관계와도 맞아 들어갔다. 명 변방 장수들은 조선인들이 용맹 성과 전투력이 뛰어나다며 군관으로 발탁하는 경우가 많았다. 지위 가 높은 유민으로 병사 3천 명을 이끄는 감주참장 최용회, 요동 한씨 작위를 이어받은 천총 한복, 병사 수백 명을 이끄는 사천파총 조귀상 등이 있다. 유민들은 고국에 대한 향수를 가지고 있었지만, 실제로 고향으로 돌아가고자 하는 의사 표현에서는 중국 대륙으로 들어온 입국 과정의 자발과 피동의 차이, 고국의 혈족 유무, 중국에서의 직 업 유무와 만족도, 혼인과 처자식 유무 등 개인 사정에 따라 많은 차 이를 보이고 있다.　　　　　　　　　　　　　　　　　[弓洞自然]

임진왜란 시기 명군의
한국 문헌 수집과 편찬

1. 서론

1592년(선조 25)부터 1598년(선조 31)까지 7년 동안 조선, 명, 일본 등 동방 삼국이 격돌한 국제 전쟁인 임진왜란은 각각 자국의 역사서에서 한 장을 차지할 정도로 매우 중대한 사건이었다. 조선은 전 국토가 대부분 유린당하고 막대한 인적, 물적 피해를 입어 국가 체제가 거의 무너질 지경까지 이르렀다. 일본은 풍신수길(豊臣秀吉) 사망과 함께 봉건 제후시대가 막을 내리고 덕천가강(德川家康)이 정권을 잡아 에도[江戶]막부시대를 불러일으켰다. 명나라는 대군 파견으로 국력이 급속도로 소모되어 만주족의 후금(훗날 청)에게 세력을 팽창시키는 기회를 주어 망국의 길로 접어 들어갔다.

국가와 국가 간에 무력으로 충돌하는 국제 전쟁은 격심한 파괴를 일삼아 막심한 피해를 초래하는 매우 불행한 사건이었지만, 반면 교류 측면에서는 상호 문화가 소통하는 긍정적인 효과도 가져다주었다. 참전 국가들은 전쟁 수행 과정에서 상대국의 문화를 자국으로 이입시키고, 동시에 자국의 문화를 상대국으로 전파시켰다. 임진왜란 때 동아시아 삼국의 대규모 군사들이 조선에 모여들자 자연스럽게 인적 접촉과 문화 교류가 이루어졌다. 이들의 주목적은 전쟁을 수행

하는 것이지만, 때로는 부수적으로 상대국에 관해 문화를 섭렵하는
행위를 하였다. 이러한 행위는 단순히 상대국 문화를 이해하는 데에
그치지 아니하고, 전쟁이 끝난 후 상대국 문화를 자국의 사람들에게
전파시키고, 또한 자국의 문화로 이입시켜 새롭게 발전하는 데에 많
은 도움을 주었다. 특히 조선에 장기적으로 주둔한 명군(明軍; 명나라
군사)과 일본군에 의해 조선 문화가 해외로 수출하는 데에 좋은 계기
가 되었다.

　당시 조선과 명나라는 연합국이었다. 명군이 조선에서 수행하는
업무에는 일본군을 물리치는 본연의 목적 외에 조선에 관한 제반 정
보를 수집하는 부수적 사항도 포함되어 있었다. 정보 수집 대상은 주
로 조선 정세와 군사 동태에 관한 것이지만, 때로는 조선 문화와 학
문을 대변하는 문헌의 수집도 관심의 대상이었다. 이때 명군이 수집
한 한국 문헌은 자연스럽게 중국 대륙으로 흘러 들어갔다. 이로 인해
명나라 조야에서 조선을 이해하는 폭이 한층 넓어졌으며, 또한 조선
과 관련된 출판물이 대폭적으로 증가하였다.

　지금까지 국내 학자들이 임진왜란 시기 조선과 명의 제반 사항에
대한 많은 성과물을 내었다.[1] 필자는 오랜 기간에 걸쳐 임진왜란 시
기 조선과 명나라 사이에 이루어진 문헌 교류에 대해 조사하였다. 이
번에 그 작업의 일환으로 한국 문헌이 중국으로 들어간 제반 사항에
대해 집중적으로 살펴보았다. 본 논문에서 다룰 논술 내용은 크게 두

1　임진왜란과 명군에 관한 선행 학자들의 논저물은 매우 많지만, 여기에서는 몇몇 문
화 관련 문장만 열거한다.
　　한명기, 『임진왜란과 한중관계』, 歷史批評社, 서울, 2001.; 조재곤, 「壬辰倭亂 시
기 朝鮮과 明의 문화교류」, 亞細亞文化硏究, 6집, 暻園大學校 아시아文化硏究所,
2002, 15~41쪽.; 鄭珉, 「壬亂時期 文人知識人層의 明軍 交遊와 그 의미」, 韓國漢文學
硏究, 18집, 韓國漢文學會, 1996, 151~186쪽.

가지이다. 하나는 명군이 조선에서 수집 내지 편찬한 한국 문헌이 어떤 것이 있는지? 다른 하나는 이들이 조선에서 한국 문헌을 수집 내지 편찬하기 위해 어떤 활동을 전개했는지?

논술 범주는 아래와 같이 정한다. 첫째, 조사 시기는 임진왜란으로 한정한다. 다만 임진왜란 직후에 명군 일부가 한동안 조선에 머물면서 일본군의 재차 침공과 철군을 준비한 시기도 포함시킨다. 둘째, 조사 대상은 조선에 들어온 명군으로 한정한다. 임진왜란 시기에 조선 조정이 명 조정에 보낸 공문서가 매우 많은데, 이것들은 조선에 들어온 명군이 수집한 문헌이 아닌 관계로 조사 대상에서 제외시킨다.

2. 명군이 수집한 한국 문헌 사례

1) 허국위 수집 「고려보제선사답이상국서」(『나옹집』)

명말 운서사(雲棲寺) 비구 주굉(袾宏)이 편찬한 『황명명승집략(皇明名僧輯略)』이 있다. 이 책자에는 명나라 고승들의 행실과 어록이 적혀 있는데, 말미에 「고려보제선사답이상국서(高麗普濟禪師答李相國書)」가 수록되어 있다.[2] 주굉 해제에는 이 자료가 중국으로 건너온 과정에

---

2 『황명명승집략』의 편찬 원칙이 다소 흔들리는 문제점에 대해 언급해본다. 『황명명승집략』은 명나라 고승전이다. 「고려보제선사답이상국서」의 편찬 시기는 고려 공민왕 때인데, 중국 조대로 원나라 때 해당된다. 그럼에도 불구하고 주굉은 「고려보제선사답이상국서」를 『황명명승집략』에 편입시켰다. 그 이유는 두 가지로 생각해볼 수 있다. 하나는 주굉이 한국 조대에 대한 정확한 개념을 잘 모르는 경우이다. 중국 문헌에 고려와 조선을 혼용된 경우가 가끔 보인다. 다른 하나는 주굉이 「고려보제선사답이상국서」가 외국 고승의 어록인 관계로 편찬 원칙에서 벗어나 특별히 기술했던 경우이다.

대해 적혀있다. 만력 정유년에 복건 허원진(許元眞)이 동정(東征)에 나서 조선에서 한 어록을 구해왔는데, 이 어록은 중국에 아직 없던 것이다.[3] 『황명명승집략』에 허원진이 구해온 어록 중 한 편, 즉 「고려보제선사답이상국서」를 옮겨놓았다.

허원진은 허국위(許國威)를 지칭하고, 원진은 그의 호이다. 복건 진강현(晉江縣) 사람이며, 무진사 출신이다. 1598년(선조 31) 3월에 유격장군으로 보병 1,160명을 이끌고 조선으로 들어왔고, 이듬해 4월에 본국으로 귀국했다. 문사에 뛰어나고 의리심이 있었다. 명 경리 양호(楊鎬)와 친했는데, 양호가 탄핵을 받자 장관들을 이끌고 변호에 나섰다.[4] 또 조선 병사들에게 무기를 다루는 기법을 전수해주었다. 당시 훈련도감에서 구사한 곤봉(棍棒), 등패(藤牌), 낭선(狼筅), 장창(長槍), 당파(鐺鈀), 쌍수도(雙手刀) 등 6가지 기법은 허국위의 자문에 의해 만들어졌다.[5]

「고려보제선사답이상국서」 중 보제선사(普濟禪師)는 고려말 고승 나옹화상(懶翁和尙)을 지칭한다. 속성은 아씨(牙氏)이고, 속명은 원혜(元惠)이며, 나옹이 그의 법호이다. 공민왕 시기에 고려와 원나라를 주유하며 활발한 교화 활동을 펼쳤다. 문집으로는 『나옹집(懶翁集)』이 있다. 이상국(李相國)은 이제현(李齊賢)을 지칭한다. 이제현의 초명은 지공(之公)이고, 자는 중사(仲思)이며, 호는 익재(益齋)·역옹(櫟翁)이다. 고려말에 4차례나 정승에 올라 흔들리는 국가 사직을 바로 잡

3　『皇明名僧輯略』, 「高麗普濟禪師答李相國書」: "袾宏曰: 此語錄, 萬曆丁酉福建許元眞都閫, 東征, 得之朝鮮者, 中國未有也. 元眞攜原本, 還國, 僅錄其一篇云."

4　『象村先生集』 권57, 「天朝詔使將臣先後去來姓名, 記自壬辰至庚子」 중 「曹副惣票下官」.

5　『國朝寶鑑』 권73, 「正祖朝」 14년 4월조.

았다. 또 뛰어난 문장가로 그의 이름을 원나라 문단에 드날렸다. 문집으로는 『익재난고(益齋亂藁)』가 있다.

「고려보제선사답이상국서」는 허국위가 조선에서 구한 어록 책자에 수록된 한 편의 문장이다. 주굉은 「고려보제선사답이상국서」의 요지를 보고 참선에서 '무(無)'자 화두를 통해 불법의 이치를 깨닫는데, 그 깨달음 자체에 집착하면 참된 경지에 이르지 못하고 미혹에 빠지게 된다고 했다.[6] 보제선사 어록집인 『나옹집』에 「답이상국제현(答李相國齊賢)」 2편이 수록되어 있다. 「답이상국제현」은 보제선사가 이제현에게 진정한 깨달음에 이르는 참선의 방도를 알려준 것이다. 「고려보제선사답이상국서」는 「답이상국제현」 제2편의 내용을 요약한 것이다. 따라서 허국위가 조선에서 구한 어록 책자는 보제선사의 『나옹집』일 것으로 추정된다.

2) 남방위 수집 「백옥루상량문」

명청 문헌에는 간혹 조선 문인들의 작품들을 선록해놓고 있는데, 그 중에서 선록 빈도수와 작품수가 가장 많은 문인은 바로 허난설헌(許蘭雪軒)이다. 그 이유는 허난설헌의 시문이 매우 뛰어났던 데에서 기인되었지만, 남동생 허균의 끊임없는 유포 노력이 지대한 작용을 하였다. 허균은 허난설헌의 시문을 모아 문집으로 엮었고, 명 인사들과 접촉할 때마다 허난설헌 문집을 유포하였다. 또 하나의 외적 요소는 명청 문단의 외국 여성 문인에 대한 선호도이다. 명청 문단

---

6 『皇明名僧輯略』, 「高麗普濟禪師答李相國書」: "旣曾於無字話提撕, 不必改參也. 曾參無字, 必於無字有小因地, 切莫移動, 切莫改參, 但於二六時中四儀內, 擧起話頭, 莫待幾時悟不悟, 亦莫管有滋味無滋味, 亦莫管得力不得力, 揍到心思不及, 意慮不行, 卽是諸佛諸祖放信命處."

은 조선 문단과 달리 여성 문인에 대해 상당히 개방적이었고, 시중
에 여성 시문을 선록한 문집의 출현도 꽤나 많았다. 명청 문인들은
외국 문인의 작품에 대해 상당한 호기심을 가졌고, 특히 명청 문단
에 극소량만 알려진 외국 여성의 작품에 대해 호기심이 더욱 많았
다. 그들은 조선 여성 허난설헌의 작품이 매우 뛰어난 데에 놀라움
을 금치 못했고, 이와 농시에 허난설헌의 작품을 수록한 선집의 출
현도 급증하게 되었다.

명 문사 반지항(潘之恒)은 말년에 산발적이고 단편적인 자료를 모
아 『긍사(亘史)』를 편찬했다. 이 책자 중에 국내본 허난설헌 문집과
다른 계통의 판본인 『취사원창(聚沙元倡)』이 수록되어 있다.[7] 1608년
(만력 36)에 반지항은 『취사원창』의 서문인 「조선혜녀허경번시집서(朝
鮮慧女許景樊詩集序)」를 지었다. 이 서문에 허난설헌의 작품이 명나라
로 흘러들어갔던 여러 기록들을 남겨놓았는데, 여기에 정유재란 때
명 유격장군으로 참여한 남만리(藍萬里)의 기록이 보인다. 만리는 남
방위(藍芳威)의 호이다. 남방위는 1598년(선조 31)에 절병 3,300명을
이끌고 조선에 들어왔고, 여러 전투에 참전한 후 이듬해 7월에 귀국
했다.

아래에서 반지항이 기술한 남방위 관련 기록을 정리해본다. 황상
진(黃上珍)은 금릉(金陵) 총융(總戎) 남만리(藍萬里)의 집에서 고려 견지
(繭紙)에 정초한 「백옥루상량문(白玉樓上樑文)」 1권을 보았고, 남만리는
「백옥루상량문」이 허난설헌이 어릴 때 지은 것이라고 했다.[8] 그 후

---

7 朴現圭, 「許蘭雪軒의 또 하나의 中國 간행본 『聚沙元倡』」, 『韓國漢文學研究』 26
집, 韓國漢文學會, 2000.10, 87~113쪽.

8 『亘史』 외편 권3, 「朝鮮慧女許景樊詩集序」 亘史(반지항) 추록: "黃上珍在金陵藍總
戎萬里宅, 曾出高麗繭一卷, 精寫「白玉樓上梁文」. 詫客, 稱景樊少時作."

황상진은 반지항에게 「백옥루상량문」에 관한 얘기를 전해주었고, 1611년(만력 39)에 반지항은 둔산(屯山)의 준회원(遵晦園)에서 남만리를 만나 조선 견지본에 청천자(靑川子) 이반(李盤)이 75세에 글씨를 쓴 「백옥루상량문」의 실물을 친견했다. 이반의 필력은 굳세고 뛰어났으며, 한 글자도 흐트러짐이 없다.[9] 또 남만리는 조선에 머물던 2년 동안에 허난설헌에 관한 얘기를 자세히 들었다. 허난설헌의 오빠 허봉(許篈)·허균(許筠)은 장원 급제를 했고, 허난설헌은 과부가 되어 도교에 귀의하여 훗날 오백대선교주(五百大仙教主)가 되었다. 「백옥루상량문」은 허난설헌이 7살 때 지은 작품이다.[10]

「백옥루상량문」은 허난설헌이 어렸을 적에 월궁 광한전(廣寒殿) 백옥루(白玉樓)가 완성된 것을 축하하는 잔치에 참석하는 꿈을 꾼 후 그 장면을 흠모해서 지었다고 전해지고 있다. 허난설헌은 예로부터 천상 세계에서 천재 문사들이 노닌다고 전해오는 백옥루에서 자신의 현실 세계를 이상화시켜 가상의 천상 세계로 빠져 들어갔다.

남방위가 입수한 「백옥루상량문」은 조선 이반이 쓴 글씨이고, 입수한 시점은 조선에서 머물고 있던 1598년(선조 31)~1599년(선조 32)으로 추정된다. 당시 조선 문단에 여러 명필가들이 「백옥루상량문」을 글씨로 남길 정도로 상당히 널리 알려졌다. 그 중에서도 명필가 한호(韓濩: 石峯)가 1605년(선조 38)에 요산(遼山)에서 쓴 「백옥루상량문」이

---

9 『궁사』외편 권3, 「朝鮮慧女許景樊詩集序」 亙史 추록: "辛亥之春, 藍總戎萬里爲方外游, 過海陽, 晤於屯山之遵晦園. 首出朝鮮卷視予, 卽以珍異爲予言者, 乃彼國老靑川子李盤七十五歲時書. 其字遒眉, 無一敗筆; 所選多與予合."

10 『궁사』외편 권3, 「朝鮮慧女許景樊詩集序」 亙史 추록: "且云督戎朝鮮二年, 聞許慧女事甚悉. 兄篈·筠, 皆登狀首, 而慧女嫠居閉閣, 悟眞養性, 已斷文字緣, 指龍沙期至, 當爲五百大仙教主. 其「白玉樓上梁文」, 七歲時作, 非夙慧能然哉? 名曰景樊, 豈慕劉綱妻樊夫人乎?"

유명하다. 훗날 목판으로 상재되었고, 강릉 허균허난설헌기념관 등
에 소장되어 있다. 이반의 글씨본은 한호(석봉) 글씨본보다 몇 년 빨리
작성되었다. 「백옥루상량문」은 명청 문단에 비교적 널리 알려졌다.
이반 글씨본 「백옥루상량문」이 남방위와 그 주변 인사들 사이에 감상
되었다. 반지항의 『궁사』를 비롯한 조세걸(趙世杰)의 『고금여사(古今女
史)』, 종성(鍾惺)의 『명원시귀(名媛詩歸)』, 전겸익(錢謙益)의 『열조시집
(列朝詩集)』 등 명청 문헌에 「백옥루상량문」이 수록되었다.

3) 여영명 수집 「조선국신여산태수정설여여참모영명서」

대만 국가도서관에 명 신무상(愼懋賞)이 편찬하고 조기미(趙琦美)가
증보한 『사이광기(四夷廣記)』가 소장되어 있다. 전 4책이고, 필사본이
다. 책명 중 '사이(四夷)'는 중국 주변에 소재한 여러 국가를 지칭하는
데, 대만 국가도서관장본은 내용이 거의 조선 관련 기록이라서 미완
성본 또는 잔책본일 것으로 추정된다. 조기미의 자는 현도(玄度)이고,
강소 상숙(常熟) 사람이다. 기억력이 뛰어나고 박학다식하였다. 또 서
적을 좋아하여 많은 장서를 가지고 있었고, 특히 서화 수집에 일가견
이 있었다. 편저서로는 『맥망관서목(脈望館書目)』, 『초평병해(草坪病
害)』, 『조씨철망산호(趙氏鐵網珊瑚)』 등이 있다.

『사이광기』 책3에 「조선국신여산태수정설여여참모영명서(朝鮮國臣
礪山太守鄭渫與呂參謀永明書)」가 수록되어 있다. 「조선국신려산태수정
설여여참모영명서」 말미에 적힌 청산도인(淸常道人) 조기미의 발문
내용을 정리하면 다음과 같다. 여영명은 요지(遼地) 사람이고, 태학생
이다. 1603년(계묘; 만력 31)에 조기미와 함께 연경 승은사(承恩寺)에 머
물렀다. 이때 예부에 나가 가일급(加一級)을 받았다. 일찍이 이여송(李
如松) 휘하에 있었을 때 정설의 서찰을 얻었는데, 내(조기미)가 이 서

찰을 초록했다. 서찰의 서명 방식에 있어 관직이 높은 자를 뒤에 두고 낮은 자를 앞에 두는 방식이 중국 방식과 다르다.[11]

여영명은 이성량(李成梁), 이여송 집안에서 활동한 문사이다. 요동 총병 이성량의 조상은 조선에서 건너갔고, 아들 이여송은 임진왜란 때 방해어왜총병관(防海禦倭總兵官)이 되어 4만 3천명의 병력을 이끌고 조선으로 들어왔다. 조선 비변사가 선조에게 이성량이 일본군의 정세를 묻는 일에 대한 논하는 자리에서 여영명은 오종도(吳宗道)와 한 집안 사람이고, 이성량의 휘하에서 모든 문서를 관장하며 조선 사정을 잘 아는 인물이라고 했다.[12] 그 후 여영명은 참모군사(參謀軍事)의 신분으로 여러 차례 조선에 들어왔고, 차천로(車天輅), 이정귀(李廷龜) 등 조선 문사들과 만나 교유했다.[13]

「조선국신려산태수정설여여참모영명서」는 여산태수(礪山太守) 정설(鄭渫)이 소속 관원과 유지들을 이끌고 명나라 군사가 고을로 들어와 일본군을 퇴각시켰다는 업적을 칭송하는 일종의 공문 성격을 띤 서찰이다. 여산(礪山)은 여량(礪良)과 낭산(朗山)이 합쳐진 지명으로 오늘날 전북 익산에 속해있다. 서찰 작성일은 1593년(만력 21) 7월 20일이다. 서찰 끝에 나열된 명단은 유생, 성균관진사, 여산태수 정설의 순으로 기술되어 있다. 다시 말하자면 명단의 서명 방식은 중국 방식과 달리 관직이 높은 자를 뒤쪽에 두고, 관직이 낮은 자를 앞쪽에 두

---

11 『四夷廣記』 책3, 「朝鮮國臣礪山太守鄭渫與呂參謀永明書」 淸常道人 趙琦美 발: "呂永明, 遼人, 太學生. 癸卯, 與子同寓于燕之承恩寺, 時呂方謁銓部, 勇爵例得應選, 職上加一級. 呂當時亦在李如松戱下, 故鄭渫有此書誦, 子因錄之. 彼中爵尊者居後, 卑者列前, 亦以識書不同文耳." 이 발문은 만력 37년 7월에 작성되었다.

12 『선조실록』 36년 9월 28일(신사)조.

13 차천로, 『五山集』 권5, 「代金尙書答唐官呂永明書」; 이정구, 『月沙先生集』 권1 「到車輦村, 遇呂相公永明, 携酒話穩, 呂出一詩, 次韻贈之」.

었다. 조기미는 아마도 이러한 소이로 이 서찰을 『사이광기』에 수록
했던 것으로 보인다.

4) 황응양 수집 「의황명대학사황회사사신한환향표」

대만 국가도서관장본 『사이광기』 책3에 조선 과거 답안지인 「의황
명대학사황회사사신한환향표(擬皇明大學士黃淮謝賜宸翰還鄉表)」가 수록
되어 있다. 「의황명대학사황회사사신한환향표」 말미에 부착된 청상
도인(조기미)의 발문에는 이 시권(試卷)의 유래와 내용, 중국으로 흘러
들어온 과정에 대해 기술되어 있다. 그 요지를 정리해보면 다음과 같
다. 1603년(계묘; 만력 31)에 조기미는 연경(북경)에서 황복초(黃復初)를
만났다. 복초(復初)는 황응양(黃應陽)의 호이다. 황복초의 책상 위에
조선 견지(繭紙)로 된 시권 「의황명대학사황회사사신한환향표」가 놓
여있었다. 대구는 쌍행이고, 단구(短句)는 단행이다. 제목 아래와 수
련에 '육적(六積)'이라는 글자가 적혀있고, 또 붉은 글씨로 비스듬히
'삼지백이십육(三之百二十六)'이라고 적혀있다. 채점 방식은 중국과 같
았다. 1593년(계사; 만력 21)에 황복초는 왕경 백악산(白岳山)에서 우연
히 이 시권을 얻었고, 시권 속의 황회(黃淮)가 그의 사대조인 관계로
중국으로 가지고 왔다.[14]

황응양이 수집한 「의황명대학사황회사사신한환향표」는 조선 관청
에서 한 선비가 과거에서 적은 시권을 보고 등수를 매긴 것이다. 과

---

14 『四夷廣記』 책3, 「擬皇明大學士黃淮謝賜宸翰還卿表」 淸常道人 발문: "萬曆癸卯,
子試于燕京遇黃復初, 見其案間有繭紙表一卷, 盖高麗試卷也. 其文對偶處, 竝雙書; 單
句如伏念臣等, 卽單書. 盖便于讀耳. 題下有六積二字, 是六積半號也. 首一聯上, 復有六
積二字, 後復斜書三之百二十六等字, 皆硃書, 盖取中式者之字號. 黃于癸巳援朝鮮, 曾
在兵間至朝鮮王京之白岳山, 遇此卷, 因念淮乃其四世祖也. 故携之歸. 黃名應陽, 復初
其號也."

거 문제는 명 황회가 쓴 표문을 본받아 짓는 것이다. 황회의 자는 종예(宗豫)이고, 호는 개암(介庵)이며, 절강 영가(永嘉) 사람이다. 1397년(홍무 30)에 급제하여 중서사인(中書舍人)이 되었고, 그 후 한림원시독(翰林院侍讀), 편수(編修), 무영전태학사(武英殿大學士) 등을 지냈고, 7번이나 한림원에서 과거 시험을 담당했다. 저서로는『황문간공개암집(黃文簡公介庵集)』이 있다. 1427년(선덕 2)에 황회가 고령이 되어 벼슬에서 물러나 고향으로 돌아갈 것을 결심하고 사직을 청하자, 선덕제는 친히 글을 지어 지난 공덕을 기리며 은퇴를 허락해주었다. 이때 황회는 주상의 배려에 감사하는 표문, 즉「황명대학사황회사사신한환향표」를 지었다.

황응양은 황회의 4대손이다. 3차례 조선에 들어왔다. 첫 번째는 1592년(선조 25) 7월에 병부의 차인(差人)으로 하유격(夏游擊), 서일관(徐一貫)과 함께 조선의 실정과 임진왜란의 발발 원인을 파악하기 위해 조선에 들어왔다. 이때 전란의 실상을 정확하게 짚어낸 보고는 명조정이 조선 원병에 나서는 데에 커다란 작용을 하였다. 두 번째는 1592년(선조 25) 12월에 경략(經略) 송응창(宋應昌)을 수행하여 조선에 들어왔다가, 이듬해에 전쟁의 수행 사항을 파악하고 돌아갔다. 세 번째는 1597년(선조 30)에 정유재란이 발발하자 양호를 따라 나왔다.[15] 황응양은 두 번째 조선에 왔을 때 왕경 백악산에서「의황명대학사황회사사신한환향표」를 얻었다. 백악산은 오늘날 서울 북악산을 지칭한다. 조기미는 아마도 조선 시권의 제반 모습과 황응양의 기연을 명문단에 소개할 목적으로「의황명대학사황회사사신한환향표」를『사

---

15 『象村先生集』권57,「天朝詔使將臣先後去來姓名, 記自壬辰至庚子」중「楊經理票下官」.

이광기』에 수록했던 것으로 보인다.

5) 풍중영 수집 『조선사략』

청 건륭제는 통일된 제국의 위엄과 만주족의 통치를 공고히 다지기 위해 전국에 소장된 문헌들을 조사하여 대형 총서인『사고전서(四庫全書)』를 편찬했다. 1772년(건륭 37)부터 편찬 작업에 착수하여 10년 동안 필사본 총 7부를 작성했다. 문진각본(文津閣本) 기준으로 모두 3,503종, 79,337권이 수록되었다. 여기에 한국 서적이 몇 종 실려 있는데, 그 가운데 박상(朴祥)의 『조선사략(朝鮮史略)』이 들어가 있다.

사고전서본『조선사략』의 서수에 1779년(건륭 44) 6월에 기윤(紀昀), 육석웅(陸錫熊), 손사의(孫士毅) 등이 작성한 「조선사략제요(朝鮮史略提要)」가 수록되어 있다. 「조선사략제요」는 나중에 『사고전서』의 각종 책자 해제를 모아 편찬된『사고전서총목제요(四庫全書總目提要)』의 권66 「재기류(載記類)」에도 수록되어 있다. 다만『사고전서총목제요』「조선사략제요」에는 사고전서본「조선사략제요」보다 이 책자의 저본 소장처와 유통 과정에 관한 기록이 더 들어가 있다. 『사고전서총목제요』「조선사략제요」의 기록을 정리해보면 다음과 같다. 이 책자의 저본은 절강(浙江) 포사공(鮑士恭)의 가장본(家藏本)이다. 일명『동국사략(東國史略)』이고, 저자는 미상이나 명나라 때 조선 사람이다. 저본의 서말에는 1610년(경술; 만력 38)에 조기미 발문이 있다. 조기미 발문에 의하면 이 책자는 풍중영(馮仲纓)의 집에서 빌려 초록했는데, 당연히 조선 원병에 나섰을 때 입수했던 것이라고 했다.[16]

---

16 『四庫全書總目提要』 권66, 「載記類」 중 『朝鮮史略』: "六卷, 浙江鮑士恭家藏本, 一

풍중영은 절강 산음(山陰) 사람으로 방술에 뛰어나 참봉에 올랐다. 임진왜란이 발발하자 처음에는 송응창의 막료로 들어왔고, 훗날 정응태(丁應泰)의 표하참군(標下參軍)으로 다시 들어왔다. 조선에 머물고 있을 때 조선 왕자를 구출하는데 앞장섰으며, 자주 조선 관원들과 함께 국정을 논하고 한양의 풍수를 논했다. 한번은 조선의 국운을 엿보고자 신흠(申欽)을 통해 선조의 필적을 구하려고 했다.[17] 이러한 사실은 허국위가 선조와 대면하는 자리에서도 확인할 수 있는데, 선조는 풍중영의 요청을 들어주지 않았다.[18]

풍중영이 조선에서 구한 『조선사략』은 어떤 책자일까? 『사고전서총목제요』 「조선사략제요」에는 저자를 명나라 시대 성명 미상의 조선인으로 적고 있다. 이것은 아마도 풍중영이 이 책자를 수집할 때 저자에 대한 정확한 정보를 얻지 못한 데에서 기인한 것으로 보인다. 조선 문헌은 가끔 저자 부분을 명기하지 않는 경우가 있다. 『조선사략』의 원명은 『동국사략(東國史略)』이다. 『동국사략』은 여러 종류가 있다. 풍중영이 가져간 『동국사략』은 중종 연간에 박상이 편찬한 6권본이다. 단군 조선부터 고려조까지 편년체로 작성되었다. 본문의 조목에는 역사 사건을 간략하게 나열하고, 그 아래에 자세한 사건 흐름을 기술했다. 중국 대륙으로 들어간 이후 『동국사략』의 책명은 『조선사략』으로 바뀌었고, 많은 문사들의 관심 서적이 되어 중국 문단에 널리 알려졌다. 명청 시대에 나온 각종 판본을 열거해보면 명

名《東國史略》, 不著撰人名氏, 乃明時朝鮮人所紀其國治亂興廢之事, 始於檀君, 終於高麗恭讓王王瑤, … 書末有萬曆庚戌趙琦美跋, 稱借錄於馮仲纓家. 蓋當倭陷朝鮮, 出師東援時所得之本也."

17 『象村先生集』 권37, 「答馮仲纓書」 자주: "求上筆蹟."

18 『선조실록』 31년 7월 27일(경술)조.

만력 연간에 조기미가 필사한 초본(鈔本), 곽천중(郭天中)·요공열(廖孔悅) 등이 교정한 목간본, 청 사고전서초본(四庫全書鈔本), 옹수곤교초본(翁樹崑校鈔本), 도광함풍연간초본(道光咸豊年間鈔本), 함풍연간초본(咸豊年間鈔本), 광서(光緒)19년(1893)경소원교간본(景蘇園校刊本) 등이 있다. 1937년에 상무인서관(商務印書館)이 명 만력연간 목간본을 영인 출판한 책자가 시중에 유통되었다.

3. 명군이 편찬한 한국 문헌 사례

1) 남방위 편찬 『조선시선전집』

조선에서 전쟁을 수행하기 위해 장기간 체류한 명군 가운데에는 문화 소양이 높은 몇몇 인사들이 있었다. 정유재란 때 명 유격장수로 참여한 남방위는 조선 시가에 대해 상당한 관심을 가지고 관련 자료를 수집하여 『조선시선전집(朝鮮詩選全集)』을 편찬했다. 『조선시선전집』은 현재 미국 버클리대학에 소장된 조선간본과 중국 북경대학에 소장된 청대필사본이 남아있다.[19] 북경대학장 청대필사본은 버클리대학장 조선간본에 비해 매우 소략하고, 특히 후반부가 거의 탈락되어 완정한 판본이 아니다. 그러나 버클리대학장 조선간본도 수록 작품의 저자를 잘못 기재하거나 시구 오록이 매우 심해 결코 선본(善本)이라고 볼 수 없다.[20]

---

19 『조선시선전집』은 상기 두 소장처 외에 일본 愛知大學圖書館에 1부가 더 소장되어 있다. 필자가 일전에 愛知大學圖書館의 고서보관실에 들어가 이 책자를 찾아보았으나, 아쉽게도 도서관 관계자로부터 도서관 목록에만 남아있고 현재 소장된 곳을 확인할 수 없다고 했다. 향후 좀 더 조사해봐야 하겠지만, 유실되었을 가능성이 있다.

20 박현규, 『중국 明末·淸初 朝鮮詩選集 연구』, 태학사, 서울, 1998.10, 15~23쪽.;

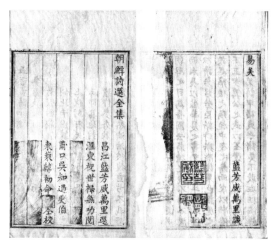

버클리대학 소장 남방위 『조선시선전집』

　아래에서 버클리대학장 조선간본 『조선시선전집』을 기준으로 서
지사항을 정리해본다. 매권 수제 아래에는 편찬 작업에 참여한 인물
의 명단이 나열되어 있다. 남방위가 작품을 선록했고, 축세록(祝世祿)
이 열독했으며, 오지과(吳知過)와 한초명(韓初命)이 교정했다. 축세록
또는 한초명 다음에 일부 깎아낸 흔적이 있고, 그 아래에 '동(仝)'자가
보인다. '동(仝)'자는 두 사람 또는 그 이상 인물이 참여했던 것을 지
칭하기 때문에 『조선시선전집』의 편찬 작업에 오지과, 한초명 등 두
사람 외에 다른 인물이 더 있는지 모르겠다.

　한초명은 정유재란에 참가했던 명 장수이다. 1598년(선조 31) 8월에
관량동지(管糧同知)로 조선에 왔다가 1600년(선조 33) 10월에 본국으로
돌아갔다. 한초명은 오명제가 편찬한 『조선시선(朝鮮詩選)』의 교열자

이종묵, 「버클리대학본 남방위의 『조선시선전집』에 대하여」, 『문헌과 해석』 여름호,
2007, 201~239쪽.

에도 참여했다. 뒤에서 자세히 언급하겠지만 『조선시선전집』과 『조선시선』에 모두 교열자로 참석한 것은 두 책자가 서로 닮은꼴을 하는데 크나큰 작용을 했다. 축세록과 오지과는 조선에 들어왔는지 알려지지 않고 있다.

『조선시선전집』은 총 8권이다. 제1권부터 제6권까지는 시체별로 나누어놓았고, 제7권과 제8권은 개인별로 기술해놓았다. 수록 작품은 기자(箕子) 「맥수가(麥秀歌)」부터 조선 선조조까지이며, 편찬 당시의 생존 인물인 윤근수(尹根壽), 양형우(梁亨遇), 허균도 포함되어 있다.

남방위는 어떤 과정을 통해 한국시의 작품들을 입수했을까? 『조선시선전집』 서수에는 오지과의 「남장군선각조선시서(藍將軍選刻朝鮮詩序)」와 남방위의 「선각조선시(選刻朝鮮詩)」가 수록되어 있다. 이 두 서문에 남방위가 전쟁을 수행하다가 여러 조선 인사들과 만나 시를 지어 주거나 옛 시를 읊어주었다는 말을 남겼지만,[21] 구체적으로 어떤 과정을 거쳐 작품을 수집했다는 기록은 보이지 않는다. 『조선시선전집』 권7 「유선곡(遊仙曲)」 자주에는 "凡三百首, 余得其手書八十一首(무릇 3백 수가 있는데, 내가 그 필사본 81수를 얻었다)"라는 기록이 있다. 오명제 『조선시선』 허매씨(許妹氏) 「유선곡(遊仙曲)」 아래에도 이와 똑같은 주해가 달려있다. 주해 중의 '여(余)', 즉 주해 작성자는 누구를 지칭하는지 분명하지 않지만, 『취사원창』 「유선곡」 주해의 기록으로 보아 남방위가 맞는 것 같다.[22] 『조선시선전집』 가운데 수록 작품이 가장 많은 시인은 허난설헌이다. 남방위는 조선에 머물 때 허난설헌

---

21 『조선시선전집』 남방위 「選刻朝鮮詩」: "時詣軍幕, 以詩相投贈, 或以其國中所爲詩交出而傳示."
22 『취사원창』 「유선사」 주: "藍萬里云: '游仙曲', 凡三百首, 余得其手書八十一首."

의 명성에 대해 익히 들어왔고, 또한 허난설헌의 작품을 좋아하여 관련 자료 수집에 나서「유선곡」3백수와 조선 이반이 쓴 허난설헌의「백옥루상량문」을 입수했다. 이때 허균은 주도적으로 남방위에게 누이 허난설헌 관련 자료를 제공했을 가능성이 있다. 앞서 언급했듯이 허균은 중국 인사들과 만날 때마다 허난설헌의 작품을 유포시켰고, 또『조선시선전집』에도 허균의 시가 다수 수록되어 있다.

2) 오명제 편찬『조선시선』

정유재란 때 두 차례 조선에 들어온 오명제는 한시 작품을 다량 수집하여 또 하나의 시선집인『조선시선(朝鮮詩選)』을 편찬했다. 오명제『조선시선』은 최소한 2종의 판본이 있다고 알려지는데, 그 중의 한 책자가 1600년(선조 33)에 간행된 조선간본이다. 조선간본은 오늘날 중국 국가도서관에 소장되어 있다.

아래에서 중국 국가도서관장본『조선시선』을 기준으로 서지사항을 정리해본다. 매권 수제 아래에는 이 책자 편찬 작업에 참여한 인물의 명단이 기술되어 있다. 오명제가 작품을 선록했고, 가유약(賈維鑰), 한초명(韓初命), 왕세종(汪世鍾)이 동열(仝閱) 교정(校正)했다. 소주(蘇州) 출신 가유약은 1593년(선조 26)에 조선에 나왔다. 1599년(선조 32) 4월에 원임낭중(原任郎中)으로 만세덕(萬世德)을 보좌하여 재차 조선에 들어왔다가 이듬해 7월에 돌아갔다. 그의 손자 가침(賈琛)이 조선에 정착하여 소주 가씨를 탄생시켰다. 한초명은『조선시선전집』에도 편찬 작업에 참여했던 인물이고, 왕세종은 만세덕을 따라 조선에 들어왔다.

책자 서수에 오명제의「조선시선서(朝鮮詩選序)」가 수록되어 있고, 서말에 허균의「조선시선후서(朝鮮詩選後序)」가 수록되어 있다. 오명제 서문에는 『조선시선』을 편찬한 과정에 대해 자세히 적혀있다. 1597년(만력 25)에 오명제는 찬획(贊畵) 서중소(徐中素)의 막부가 되어 조선 참전에 나섰다. 이듬해 3월에 압록강을 건너왔고, 4월에 의주에서 이문학(李文學)을 비롯한 종사관들을 통해 이들이 암기하고 있던 한국 한시 1~2백수를 얻었다. 그 후 서울에 들어와 허균 집에 머물며 본격적으로 한국 한시를 수집했다. 이때 허균이 암송하고 있던 한시 수백 편과 허난설헌의 시 2백 편을 얻었고, 윤근수(尹根壽)와 여러 종사관들을 통해 다른 관련 자료를 얻었다. 7월에 서중소가 부친상을 당하여 예장(豫章)으로 돌아가자, 오명제도 귀국하여 장안(長安)으로 갔다. 장안 문사들은 오명제가 가져온 한국 한시와 허난설헌 「유선곡」을 감상했다. 1599년(만력 27) 경에 다시 조선으로 건너와 이덕형(李德馨)의 관사에 2달 동안 머물며 자료 수집과 책자 편찬에 힘을 쏟았다. 이때 신라조부터 조선조까지 시인 1백여 명의 한시를 선별했다.[23] 허균의 후서에도 이와 비슷한 내용이 수록되어 있다. 허균은 오명제와 자주 만나 자신이 암송하고 있던 수백 편의 시를 제공했고, 이덕형도 오명제에게 자료를 제공해주었다고 했다.[24]

　총 7권이다. 권1~권2에 오언고시, 권3에 오언율시, 권4에 오언배

---

23 오명제, 「朝鮮詩選序」: "丁酉之歲, 徐司馬公以贊畵出軍東援朝鮮, 濟以客從. 次歲戊戌季春, 涉鴨綠, 軍於義州. 孟夏, … 有朝鮮李文學者, 能詩, … 於是文學輩稍稍引見, 日益盛. … 然有能憶者, 輒書以進, 漸至一二百篇. 及抵王京, … 濟乃出, 館於許氏. 許氏伯仲三人, 曰筠, 曰筬, 曰篈, 以文鳴東海間. 筠·篈皆擧狀元. 篈更敏甚, 一覽不忘, 能誦東詩數百篇. 於是濟所積日富, 復得其妹氏詩二百篇, 而尹判書根壽及諸文學亦多搜殘編, 遂盈篋. 頃之, 司馬公以外艱歸豫章, 濟亦西還長安. 長安縉紳先生聞之, 皆願見東海詩人詠及許妹氏「游仙」諸篇. … 居無何, 濟復征朝鮮, 館於李氏. 李氏, 朝鮮議政德馨也. 雅善詩文. 濟益請搜諸名人集, 前後所得, 自新羅及朝鮮共百餘家. 披覽之, 凡兩月不越戶限, 得佳篇若干篇, 類而書之."
24 허균, 「조선시선후서」: "以筠所憶數百篇進, 李議政亦拾斷簡佐之."

률, 권5에 칠언율시, 권6에 오언절구, 권7에 칠언절구가 수록되어 있다. 수록 작가는 신라조부터 조선조까지 1백 20명 정도이고, 편찬 당대의 생존 인물도 포함되어 있다. 수록 작품 가운데 허난설헌의 작품이 가장 많다. 이것은 허난설헌의 작품이 뛰어났던 점에서 기인하겠지만, 허균이 허난설헌 작품을 적극적으로 제공하며 『조선시선』의 편찬 작업에 크나큰 도움을 주었던 사실과도 밀접한 관련이 있다.

오명제『조선시선』과 남방위『조선시선전집』은 어떠한 관계가 있는가? 두 책자의 선집 내용과 편찬 과정은 한마디로 매우 닮았다. 여기에 대해 일부 학자는 남방위의 『조선시선전집』이 오명제의『조선시선』을 절취했다는 의혹의 눈초리를 보내고 있다. 조선 정조 연간에 이덕무(李德懋)는 명 유격장군으로 조선 원병에 나선 남방위가 편찬한『조선시선(전집)』은 원래 오명제의 것인데, 어떤 연유로 남방위의 것으로 바뀌었는지 알 수 없다고 했다.[25]

오명제『조선시선』에는 다른 사람이 오명제에게 준 작품이 수록되어 있다. 이들 작품은 변헌(卞獻)의 「희간오자어선생(戲柬吳子魚先生)」, 남수재(藍秀才)의 「석상부정오자어선생(席上賦呈吳子魚先生)」, 이문학(李文學)의 「정오자어선생(呈吳子魚先生)」, 허균의 「간오자어선생(柬吳子魚先生)」, 「채호영차가사마희증오자어선생(彩毫詠次賈司馬戲贈吳子魚先生)」이다. 남방위의『조선시선전집』에도 이들 작품 중 일부가 수록되어 있는데, 편명에서 오명제의 자가 모두 삭제되었다. 남방위『조선시선전집』에 기술된 해당 작품의 편명을 옮겨보면 변헌의 「희간(戲柬)」, 남수재의 「석상부(席上賦)」, 이문학의 「정오효렴(呈吳孝廉)」, 허

---

25 이덕무, 『淸脾錄』 권3, 「朝鮮詩選」: "藍芳威, 字萬里, 以遊擊將軍, 壬辰東援, 編『朝鮮詩選』. 此卽吳明濟子魚, 東來時所編, 不知何故爲藍所有也."

균의 「간(柬)」이다. 이러한 현상은 어쩌면 남방위가 의도적으로 오명제의 존재를 없애려 했다고 볼 수도 있다. 따라서 이덕무가 주장한 남방위의 『조선시선전집』이 오명제의 『조선시선』을 절취했다는 의혹이 나름대로 일리가 있다고 할 수 있다.

그러나 이와 정반대의 현상도 보이고 있다. 오명제의 『조선시선』이 남방위의 『조선시선전집』을 일부 차용했을 가능성이 있다. 앞서 언급했듯이 남방위의 『조선시선전집』과 오명제의 『조선시선』에 모두 "凡三百首, 余得其手書八十一首"라는 주해가 붙여있다. 『취사원창』은 여기의 '내(余)'가 남방위라고 분명히 밝히고 있다. 오명제가 허균을 통해 허난설헌의 자료를 다량 수집했던 것은 분명하지만, 허난설헌에 관한 모든 작품을 수집했는지는 알려진 바가 없다. 상기 「유선곡」 81수의 경우만 본다면, 오명제는 남방위가 수집했던 허난설헌 자료를 차용했을 가능성이 있다.

오지과는 『조선시선전집』 서문에서 남방위가 조선 인사가 증정한 시와 사녀들이 지은 시 수백 편을 모았고, 또한 친히 나서 시편을 선정하고 책자를 만들었다고 했다.[26] 남방위도 책자 서문에서 자신이 조선에서 전쟁을 수행할 때 조선시를 접하고 책자를 편찬하게 된 과정을 자세히 적어놓았다.[27] 남방위 『조선시선전집』에 수록된 작품 가

---

26 『朝鮮詩選全集』중 吳知過 「藍將軍選刻朝鮮詩序」: "首尾在朝鮮者幾三年, 得朝鮮投贈詩及士女所爲詩幾百篇, 皆不辭手錄, 而親爲選訂."

27 『朝鮮詩選全集』藍芳威 「選刻朝鮮詩小引」: "嘗晝邁宵征, 考覽形勢, 馬蹄人跡, 幾半夷疆, 則見夫田土肥美, 士民朴秀, 獨恨其厥音侏儷, 莫可致詰. 見則必先以通引, 通引者, 譯人也. 譯人有故, 則寄答問夫楮穎. 卽馬圄重廁, 亦工點畫, 不苦類塗鴉者. 士多通詩, 以至於方之外, 梱之中, 在不乏人. 初不以靺鞈士於翰墨寡所短長, 時詣軍幕以詩相投贈, 或以其國中所爲詩交出而傳示, 久而益親習, 煦若家人情. 蓋始信箕賢過化, 久久不衰, 而又惜此河山, 臣庶幾委封蛇綱繆失計豫處未陰咎執耶? 然詩當未選, 數倍於今, 時方戒嚴, 念不及此, 久而自忘竦陋, 親爲訂選, 共得詩如干, 釐爲四部. 欲以傳信,

운데에는 오명제『조선시선』에 수록되지 않은 작품이 꽤나 보인다. 오명제『조선시선』에 미수록된 작품들은 남방위가 독자적으로 자료를 수집했을 개연성이 있다. 이덕무는 임진왜란 이후 근 2백년 이후에 활동한 사람이다. 남방위는 조선에서 상기「유선곡」외에 조선 이반(李盤)이 글씨를 쓴 허난설헌「백옥루상량문」을 소장하고 있었고, 허난설헌이라는 명성에 대해 익히 들어왔다. 따라서 우리는 남방위『조선시선전집』이 오명제『조선시선』을 표절했다는 의혹을 제시한 이덕무의 주장을 그대로 수용할 수가 없다.

그렇다면 오명제『조선시선』과 남방위『조선시선전집』의 수록 내용이 매우 닮은꼴을 보이고 있는 현상은 어떻게 풀이해야 하는가? 여기에 대해 여러 풀이가 있겠지만, 가장 주목되는 사항은 오명제와 남방위의 인물 관계에서 찾아볼 수 있다. 오명제는 정유재란 때 서중소의 막부가 되어 조선에 들어왔고, 남방위는 동시대에 유격장수로 조선에 들어왔다. 동일시기에 조선에서 활동한 오명제와 남방위는 명군 고위층에 속하는 인물이기 때문에 직접 대면했을 개연성이 있고, 최소한 상대방을 알고 있다고 할 수 있다. 또 오명제의『조선시선』과 남방위의『조선시선전집』, 즉 이 두 책자의 편찬 작업에 모두 참여한 한초명이 있다. 한초명은 자연스럽게 두 책자에서 활용한 자료를 공유했고, 또한 이것들을 오명제와 남방위에게 제공했을 가능성이 다분하다. 따라서 오명제와 남방위는 각각『조선시선』과『조선시선전집』을 편찬하면서 상대방이 수집한 자료를 참조했을 것이고, 또한 이로 인하여 두 책자의 수록 내용이 닮게 되었을 가능성을 점쳐본다.

特正其譌、本來如是、是姑存之、易則有傷、是以不敢."

오명제『조선시선』과 남방위『조선시선전집』은 모두 선본이 되지 못한다. 오명제『조선시선』과 남방위『조선시선전집』에 수록된 작품을 보면 저자 오기, 시구 오록, 임의 변경 등 오류 정도가 매우 심하다. 이덕무는 남방위의『조선시선전집』이 오류 사항이 많아 선본이 되지 못한다고 논평했고,[28] 이서구(李書九)는 주로 오명제『조선시선』의 자료를 옮겨놓은 청초 전겸익의『열조시집』에 대해 오류 사항이 적지 않다고 밝혔다.[29] 따라서 오명제『조선시선』과 남방위『조선시선전집』의 오류가 단순히 두 사람에게만 그치지 아니하고, 이 두 책자를 참조한 명말 청초 시선집에 각종 오류 사항이 별다른 수정 없이 그대로 전재되어 훗날 중국 문단에 한국 한시의 실상을 정확하게 전달하지 못하는데 적지 않은 여파를 끼쳤다.

그렇다면 오명제『조선시선』과 남방위『조선시선전집』에 오류 사항이 왜 많이 발생했는가? 그 까닭에 대해 크게 5가지로 나누어 본다. 첫째, 전란 시기에 자료 수집의 어려움이다. 오명제가 조선 종사관들에게 한국 한시에 관한 문헌을 수집해달라고 요청했으나, 조선 종사관들은 전란으로 군신이 초야에 있는지 7년이나 되었고, 목숨 또한 보존하기 어려운데 하물며 문헌은 말할 것이 있느냐고 반문했다. 임진왜란이 발발하여 국토의 대부분이 전란에 휩싸여 수많은 인명 희생과 막대한 물자 피해를 입었고, 특히 일본군이 점거한 지역은 재화의 약탈이 자행되었는데, 그 중에 문헌이 그들의 주요 약탈 대상물에 포함되었다. 오명제와 남방위가 조선에 들어왔을 때는 임진왜란 발발한 지 오래되어 전란의 피해 정도가 극심한 시기였다. 이때

---

28 이덕무,『淸脾錄』권3,「朝鮮詩選」: "盖多譌誤, 非善本也."
29 李書九,『薑山筆豸』.

문헌 손실 또한 매우 심해 조선 종사관들이 제대로 된 문헌들을 구하기가 어려웠을 것이다.

둘째, 자료 출처가 제공자의 기억에 의존하였다. 오명제가 조선 문사들로부터 자료를 제공받은 과정을 보면 제공자의 기억에 의존한 경우가 많았다. 오명제는 의주에서 이문학을 비롯한 여러 종사관들이 기억했던 시편 200수를 얻었고, 또 한양에서 허균이 기억해낸 시편 수백 수를 얻었다. 사람들의 기억 능력은 통상적으로 일정한 한계가 있다. 물론 명석한 두뇌로 장원 급제한 허균은 예외로 치더라도, 일반 제공자들이 수백 수나 달하는 한시를 모두 정확하게 기억하고 있다고 보기는 힘들다.

셋째, 제공자가 의도적으로 개수한 작품을 제공했다. 오명제는 조선에서 많은 조선인들을 만났다. 오명제가 의주에 체류한 기간만 보더라도 이문학 외에 여러 명의 종사관이 있었다. 종사관 가운데에는 학식이 뛰어난 사람들도 있었지만, 그렇지 못한 사람들도 있었을 것이다. 이들이 오명제와 만나 시가를 수창하거나 한국 한시를 논하는 과정에서 자신의 유식함을 과시하거나 자국 시편의 우수함을 알리기 위해 의도적으로 예전 시인들의 작품을 일부 또는 전부를 차용하여 제공했을 가능성이 있다. 조선 조정에서도 이와 비슷한 현상이 일어났다. 조선 조정은 명 인사들이 자국 작품을 보는 것에 대해 매우 조심스러워했다. 선조는 명 사신이 과장 작품을 보기 원한다는 소식을 듣고 우리나라 작품이 비루하여 중국인의 안목에 차지 못할까 염려했다.[30] 이때 조선 조정은 작품의 일부 내용을 수정해서 보내거나 병란을 핑계로 자료 제공 자체를 거부하였다.

---

30 『선조실록』 28년 6월 7일(무신)조.

넷째, 편찬자가 의도적으로 작품을 개수했다. 1602년(선조 35)에 윤국형은 때마침 연경(북경)에서 돌아온 성영(成泳)을 만나 명나라에서 새로 간행된 오명제의『조선시선』에 대한 소식을 들었다. 오명제『조선시선』은 최소한 2종의 판본이 있다. 성영이 가져온 판본은 현재 알려지지 않는 명간본이다. 이 책자 속에 윤국형이 지었다고 한「감회・정자어오참군(感懷・呈子魚吳參軍)」이 수록되어 있다. 그런데, 문제는「감회・정자어오참군(感懷・呈子魚吳參軍)」이 신라 최광유(崔匡裕)의「장안춘일유감(長安春日有感)」을 개작한 작품이다.[31] 윤국형은 1598년(선조 31)에 한양 모 장군의 막하에서 오명제와 몇 차례 만났지만 오명제에게 시문을 준 적이 없었고, 개작 작품은 아마도 오명제가 중원에서 자신의 위상을 과시하기 위해 의도적으로 자신의 이름을 도용했다고 비난했다.[32]

조선간본『조선시선』에는 조선인이 오명제에게 준 것이라고 명기된 작품이 몇 편 수록되어 있다. 이들 작품 중 대다수는 전대 시인의 작품을 개작한 것이다. 변헌의「희간오자어선생(戲柬吳子魚先生)」은 이규보(李奎報)의「사시사(四時詞)」를, 남수재의「석상부정오자어선생(席上賦呈吳子魚先生)」은 변중량(卞仲良)의「철관도중(鐵關途中)」을, 이문

---

31 崔匡裕의「長安春日有感」은『東文選』권12「칠언율시」에 수록되어 있음.

32 『甲辰漫錄』：“壬寅仲夏, 余省親于黃崗, 成泳令公赴京還, 相遇打話間. 以爲在朝廷見新印『朝鮮詩選』, 乃吳明濟所纂. 其中有令公別吳一律云. 追思則余於戈戌在京時, 不知某將軍幕下, 有所謂吳明濟者, 能文人也. 與余所寓相近, 時或來見者數三度矣. 至如別章, 則余所不能, 實無是事. 聞其册在書狀官趙誠立處, 求見則堅藏橐中, 到京當示之. 余還京取見, 題曰「懷感・呈子魚吳參軍」：『麻衣偏拂路岐塵, 鬢改顔衰曉鏡新, 上國好花愁裏豔, 故園芳樹夢中春, 扁舟烟月思浮海, 匹馬關河倦問津, 七載干戈嘆離別, 綠楊鶯語太傷神.』余心竊怪之, 問諸知舊間. 或云： 此是『東文選』所載, 而七載干戈之語, 適與今時事相近, 故吳也攬取爲某別稟作, 以今示於中原也然也. 吳之浮浪如此, 深恨其邂逅識其面也.”

학의 「정오자어선생(呈吳子魚先生)」은 정윤의(鄭允宜)의 「서강성현사(書江城縣舍)」를 개작한 것이다. 남수재(藍秀才)의 수재(秀才)라는 명칭은 중국 과거제도에만 보이고, 조선 과거제도에서 찾아볼 수 없다. 따라서 이들 개작 작품은 오명제가 자신의 위상을 높이기 위해 가공의 인물을 만들어 자신의 시선집에 삽입했을 가능성이 다분히 있다.

다섯째, 편찬자 또는 교정자가 잘못 기술한 경우이다. 편찬자 오명제·남방위나 교열자 한초명·왕세종 등은 자료를 수집하는 초기부터 편찬 작업을 마칠 때까지 주변 환경의 열악함으로 많은 어려움에 봉착했고, 이로 인해 책자 편찬의 수준이 전반적으로 크게 낮아지고 적지 않은 오류가 발생했을 가능성이 다분히 있다. 이와 같은 사례는 예나 지금이나 꽤나 많이 발생한다. 더구나 명나라 출신인 이들은 국적의 제약으로 인하여 자료 수집이나 검증 작업에 더 많은 많은 어려움에 봉착하여 작업의 정확성을 기할 수가 없었을 것이다. 다만, 이들이 편찬한 책자의 오류 정도가 매우 심하여 모두 편찬자 또는 교정자의 단순 실수나 좋지 않은 여건에서 나왔다고 보기 힘들다.

이상 종합하자면, 『조선시선』과 『조선시선전집』의 오류 현상은 어느 한 가지 원인에서만 나왔던 것이 아니라 여러 원인이 복합적으로 일어났을 것으로 추측되고, 어쩌면 다섯 가지 원인이 동시에 모두 일어났을 가능성도 있다.

3) 왕세종 편찬 『고금시』

명군의 일원으로 조선에 들어온 왕세종은 조선에서 시가를 수집하여 『고금시(古今詩)』를 편찬했다. 서발(徐𤇍)의 『서씨필정(徐氏筆精)』에 의하면 왕세종이 중승(中丞) 만세덕(萬世德)을 따라 조선에 들어와 조선의 고금 시가를 모은 『고금시』를 편찬했는데, 중화의 격조와 닮았다고 했다.[33] 1597년(만력 25)에 만세덕은 천진(天津), 등래(登萊: 등주, 내주), 여순(旅順) 등지에서 일본군의 해상 침공 방어를 담당한 도찰원첨도어사(都察院僉都御史)에 임명되었고, 1598년(만력 26)에 경리(經理)가 되어 양호(楊鎬)를 대신하여 조선으로 파견되었다. 이때 왕세종은 조선에 들어왔다. 한국 한시에 깊은 관심을 가진 왕세종은 오명제『조선시선』의 교열자로 참여했고, 또한 직접 자료를 정리하여『고금시』를 편찬했다. 현재『고금시』가 전해오지 않아 책자에 수록된 내용이 구체적으로 알 수 없지만, 여러 정황으로 보아 오명제『조선시선』과 비슷할 것으로 추측된다.

4) 오명제 편찬『조선세기』

오명제는 조선 체류 기간에 조선 인사들을 통해 많은 자료를 수집했고, 이때 편찬한 책자로 상기『조선시선』외에 한국 역사를 다룬『조선세기(朝鮮世紀)』가 있다. 대만 국가도서관장『사이광기(四夷廣記)』책4에는 오명제 편찬『조선세기』가 수록되어 있다. 전 2권이다. 권상 수제의 저자 부분에 '회계오명제자어보찬(會稽吳明濟子魚甫撰)', 권하 수제의 저자 부분에 '회계오명제찬(會稽吳明濟撰)'이라고 적어놓았다. 권상은 단군시대부터 후삼국까지의 역사를 다루었고, 권하는 고려시대의 역사를 다루었다.

사이광기본『조선세기』말미에 1604년(갑진; 만력 32) 3월에 연대(燕臺) 승은사(承恩寺)에서 작성한 조기미(清常道人)의 발문이 적혀있다. 조기미의 발문을 정리해보면 다음과 같다. 조기미는 설공의(薛公儀)

---

33 徐熥,『徐氏筆精』권5,「朝鮮詩」:"新都汪伯英, 從萬中丞經畧朝鮮, 集其國中『古今詩』四卷, 儼然中華之調."伯英은 汪世鍾의 자이고, 萬中丞은 萬世德을 지칭한다.

의 처소에서『조선세기』를 빌려 초록했는데, 아마도 원본이 아닌 것으로 보인다. 이성물(李省物)은 경사(북경)에 다른 종류의 전서(全書), 즉 30권본 동국 역사서가 있고, 승자남(僧自南)은 욱백승(郁伯承)의 처소에 40권본『동국지(東國志)』가 있다고 했다. 어느 말이 맞는지는 모르겠다.[34] 당시 중국에는 오명제 편찬본『조선세기』, 40권본『동국지』, 30권본 동국 역사서가 유통되고 있었다. 명 만력 연간에 홍려시 소경(鴻臚寺少卿)을 지낸 설공의가 소장한 오명제『조선세기』가 원본이 아닌 것으로 보인다. 이것으로 미루어보아 오명제가 귀국한 직후에『조선세기』가 경사를 중심으로 일부 인사들 사이에서 유통되고 있었음을 알 수 있다.

청 전겸익은『열조시집』에서 오명제가 조선 역사의 시말을 적은『고려세기(高麗世紀)』를 편찬했다고 했다.[35] 전겸익이 말한『고려세기』는 오명제의 또 하나의 저서가 아니라,『조선세기』의 다른 명칭이다. 조선 정조 연간에 한치윤(韓致奫)이 편찬한『해동역사(海東繹史)』중「단군조선(檀君朝鮮)」조항에『조선세기』에 수록된 내용을 직접 인용한 대목이 보인다.[36]『해동역사』에 인용된『조선세기』문구는 사이광기본『조선세기』와 일치하나, 몇몇 글자가 다르다. 이것으로 보아 한치윤이 인용한『조선세기』는 당시 조선에서 유통된 또 하나의 이본으로 추정된다. 1719년(享保 4) 뇌미용졸재(瀨尾用拙齋)가 명 오명제가 편찬한『조선시선』과『고려세기』1권이 있는데, 조선에도 전하고 있는지를 물었

---

34 『四夷廣記』책4『朝鮮世紀』淸常道人 발문: "是書薛公儀鴻臚處所假, 殆非元本. 李省物云京師別具全書, 尙欲借之. 僧自南言橋李郁伯承家具『東國志』四十本, 而省物云三十本, 未識何言爲的可據也." 이 발문은 만력 갑진년 3월에 작성되었다.

35 『列朝詩集』閏集 제6편「朝鮮」해제: "明濟又撰『高麗世紀』一卷, 記朝鮮終始最詳, 蓋槩括東國史而爲之也."

36 韓致奫, 『海東繹史』권2, 「世紀二·檀君朝鮮」중「朝鮮世紀」.

다. 신유한(申維翰)은 『조선시선』과 『고려세기』을 보지 못했다고 했고, 백흥전(白興銓)은 이 두 책이 전해오는 것이 매우 적다고 했다.[37] 여기의 『고려세기』도 『조선세기』를 지칭한다.

『조선세기』 본문 끝에는 오명제의 역사 인식을 엿볼 수 있는 사찬 이 수록되어 있다. 사찬 내용을 정리해보면 다음과 같다. 요 임금이 일어나자 단군이 일어났다. 주 무왕이 일어나자 기자가 일어났다. 주 나라가 쇠하여 칠국(七國)이 출현했고, 동방에는 삼한이 출현했다. 한 나라가 천하를 차지하자, 박혁거세(朴赫居世)·주몽(朱蒙)·온조(溫祚) 가 각각 나라를 세웠다. 당나라가 천명을 받았고, 신라가 삼국을 통 일했다. 당 측천무후(則天武后)가 정권을 장악했고, 신라에도 덕만(德 曼; 선덕여왕)·승만(勝曼; 진덕여왕) 등 여왕이 나왔다. 신라의 역사는 당나라의 흥폐와 같았고, 고려의 역사는 송·원의 흥폐와 같았다. 명 태조가 새로운 나라를 세우자, 조선 태조가 새로운 나라를 세웠다.[38]

여기에서 오명제는 전통적인 화이관에 입각하여 한·중 양국 역사 의 연동설과 친밀성을 강조하였다. 양국 역사의 친밀성은 조선·명 인사들 사이에 오랫동안 보편적으로 받아들여졌고, 특히 임진왜란 당시에는 주변 환경과 시대적 요구에 따라 특별하게 강조되었다. 예 를 들면 허균은 「조선시선후서(朝鮮詩選後序)」에서 기자조선의 사례를

---

37 『桑韓壎篪』 권10: "用拙云: 前時會稽吳明濟編 『朝鮮詩選』, 又撰 『高麗世紀』一卷, 俱傳貴國乎? 『詩選』有幾帙? … 淸泉云: '吳明濟 『朝鮮詩選』·『高麗世紀』, 僕未有見聞. … 西樵云: 『朝鮮詩選』·『高麗世紀』, 傳本絶少."

38 『朝鮮世紀』吳明濟贊: "六合之內, 土地雖廣, 其運不二, 譬之一身, 支本異勢, 而化育 之運, 間不容息. 昔帝堯興而檀君興, 周武王興而箕子興, 周德衰有七雄, 而東方有三韓 氏, 漢有天下, 而赫居世·朱蒙·溫祚亦稱雄于東表, 及唐受命, 新羅亦混一三韓. 武后聽 政竊弄天紀, 而新羅德曼·勝曼亦以女子相繼稱孤, 唐興衰與新羅相終始, 王氏興衰亦與 宋元相終始, 故我太祖高皇帝龍興, 而朝鮮李氏亦立國焉. 嗚呼, 可以觀國家之大運矣."

들면서 양국 역사의 친밀성을 언급하고 있다. 그러나 오명제는 이러한 점을 지나치게 강조한 바람에 양국의 모든 역사를 하나의 패턴으로 연동시켰다. 양국 역사의 흐름을 본다면 양국 조대의 흥폐가 부합된 점도 많이 있지만, 그렇지 않은 점도 많이 있다. 이외에 오명제는 양국 역사에서 동시에 일어나는 필연적 현상으로 몰아간 여주(女主) 정권, 즉 당 측천무후와 신라 선덕·진덕여왕의 등장에 대해 부정적인 입장을 견지하고 있었다.

4. 명군의 문헌 활동에 대한 분석

중국 인사들은 예로부터 주변 국가의 문화에 대해 많은 관심을 가지고 있었는데, 특히 높은 수준의 문화를 향유하고 있는 한국에 대한 관심도가 더욱 높았다. 명나라 초·중기에는 주로 양국 사신들을 통해 인적 접촉과 문화 교류가 이루어졌다. 조선은 매년 명나라로 사신을 보냈고, 명나라도 여러 차례 조선으로 사신을 보냈다. 상대국에 입경한 양국 사신들은 이국 풍광을 읊은 시문을 남기고, 상대국 문사들과 만나 시문 수창과 학문 토론에 나섰다. 그러나 양국 사신이 만나는 상대국 인사는 일정한 범주를 벗어나지 못했고, 활동 지역도 양국 수도와 사행 노정으로 국한되었다. 이 시기에 명나라 사신들의 사행 문헌인 동월(董越)의 『조선잡지(朝鮮雜志)』, 『조선부(朝鮮賦)』, 예겸(倪謙)의 『조선기사(朝鮮紀事)』 등만 보아도 이러한 사실을 잘 알 수 있다.

일반 중국 문사들이 조선 문화에 대해 수집할 수 있는 정보의 양과 질은 매우 제한적이었다. 비록 이들이 옛 문헌에 기술된 조선 관련 내용을 통해 조선 문화를 엿보기는 하지만, 그 내용은 오래 전에 작성된 것이라 최신 지식을 증진시키는데 별다른 도움이 되지 못하였다. 또 이들은 중국 서사에 간간이 조선에서 흘러 들어온 조선 문헌을 통해 조선 문화에 대한 이해를 높이곤 하지만, 서사에 유통되는 조선 문헌의 숫자가 극소량이라, 이 또한 정보의 확산 범위는 매우 제한적일 수밖에 없었다.

그러다가 임진왜란을 전환점으로 하여 중국 문사들이 받아들인 조선 문화에 대한 정보의 양과 질은 대폭 증가하였다. 임진왜란이 발발하자 명나라는 조선의 구원 요청과 일본의 '명에 쳐들어갈 길을 빌리겠다(征明假道)'라는 공언으로 인하여 전쟁에 참여하였다. 1592년(선조 25)에 명나라는 요양부총병(遼陽副摠兵) 조승훈(祖承訓)이 이끄는 군사들을 파견한 이래 임진왜란이 종식된 직후까지 수십만이나 되는 병력을 여러 차례 나누어 조선으로 파견했다. 이 시기에 명나라와 조선의 문화 교류 환경은 커다란 변화를 맞이했다. 전쟁 수행 차 조선에 들어온 명군은 장기간 체류하면서 수많은 조선 인사들을 만났고, 또한 활동 지역도 예전의 사신들에 비해 전국 곳곳으로 확대되면서 다양한 조선 문화를 접할 수 있었다. 명군 가운데 학문을 좋아하는 인사들은 자국과 동일한 문자로 쓴 한국 문헌을 보길 원했고, 곧이어 이러한 호기심과 관심은 본격적으로 한국 문헌을 수집하거나 편찬하는 열정 단계로 발전하게 되었다.

명군 인사들은 한국 문헌을 접하면서 어떠한 반응을 했을까? 첫째, 동문(同文) 의식이다. 명군 인사들은 예전부터 조선이 자국과 같은 한자 문화권에 속해있다는 사실을 익히 알고 있다가, 이번에 조선에서 자신의 눈으로 그 실체를 확인하고 동문 의식을 자극했다. 이들의 동문 의식은 곧바로 조선에서 한국 한문 문헌을 감상하거나 수집하는데 중대한 동기 중의 하나로 작용하였다. 그러나 그 이면에는 중화 문화가 멀리 해외 국가까지 미치고 있고, 자국 문화가 매우 우월하다는 심리 상태도 내포되어 있다. 예를 들면 한초명과 오명제는 조선 한시가 기자의 유풍을 이어받았다고 했다.[39]

둘째, 경외심이다. 명군 인사들은 임진왜란 이전에 조선과의 교류 여건이 여유치 않는 관계로 한국 문헌들을 접할 기회가 많지 않았다가, 임진왜란을 통해 조선에 들어와서 다수의 한국 문헌들을 접하게 되었다. 이때 이들은 조선의 한학 수준이 상당한 수준에 올랐다는 사실에 경외심을 느꼈다. 예를 들면 오명제는 여러 조선 종사관들이 지은 작품을 보고 우아하고 담담하며 가히 볼만하다고 했다. 이것은 오명제가 한국 문집들을 직접 수집하는 동기로 작용하였다.[40]

셋째, 이질감이다. 한국 한문은 한국 고유의 특징을 가지고 있고, 한국 한문으로 적은 문헌도 한국 고유의 특징을 가지고 있다. 특히 공문서의 경우는 중국 방식과 많은 차이를 보이고 있다. 예를 들면 조기미는 여산 태수 서찰에 적힌 연명자(連名者)의 배열 방식이 중국과 다르다고 했다.[41]

명군 인사들이 한국 문헌을 수집하는 과정을 보면 크게 두 부류로 나뉜다. 한 부류는 우연한 기회나 단순 호기심에서 한국 문헌을 취득하는 경우이다. 연합국인 조선과 명나라의 양측 인사들은 전쟁 수행

---

39 韓初命,「刻朝鮮詩選序」: "昔余濟鴨綠而望義城, 嘆曰: 此其箕子之封疆乎. … 又今于吳君而得箕子之遺響焉."

　　吳明濟,「朝鮮詩選序」: "昔者延陵季子氏聘於魯, 聞列國之音而知其政. 濟觀東國之聲而挹箕子之遺風焉."

40 吳明濟,「朝鮮詩選序」: "有朝鮮李文學者, 能詩, 解華語, 坐語久之, 因賦詩相贈. …於是文學輩稍稍引見, 日益盛, 其人率謙退揖讓, 其文章皆雅淡可觀. 濟因訪東海名士崔致遠諸君集."

41 『四夷廣記』,「朝鮮國臣礪山太守鄭澤與呂參謀永明書」趙琦美跋: "彼中爵尊者居後, 卑者列前, 亦以識書不同文耳."

기간에 적지 않은 문서와 서찰을 주고받았다. 명군이 귀국할 때 조선 측에서 보낸 각종 문서와 서찰을 휴대해 갔다. 예를 들면 명 여영명은 귀국할 때 예전에 여산태수 정설이 자기에게 보낸 서찰을 가지고 갔다. 또 명군 인사들이 전쟁을 수행하기 위해 조선 도처를 돌아다니다가 우연한 기회에 자신의 마음에 드는 한국 문헌을 접하고 그것을 취득했다. 예를 들면 명군 황응양은 한양 백악산에서 우연히 자신 선조의 기록을 담은 과거 답안지를 보고 취득했다.

다른 한 부류는 구체적인 목적의식을 가지고 취득하는 경우이다. 명군 가운데 학문 소양이 높은 인사들은 한국 문헌에 대해 상당한 관심을 가지고 있었다. 이들은 구체적인 목적의식을 가지고 한국 문헌 수집에 나섰다. 예를 들면 오명제는 처음 입국할 때 한국 한시에 대해 매력을 느끼고 관련 자료를 수집하였고, 훗날 재차 입국할 때는 애당초부터 한시 선집 책자를 편찬하겠다는 목표를 세워놓고 적극적으로 문헌 수집에 박차를 가했다.

아래에서 명군 인사가 목적의식을 가지고 한국 문헌을 수집할 때 활용했던 방법에 대해 알아본다. 가장 보편적인 방법은 조선 접반사(종사관 포함)에게 문헌 수집을 요청하는 것이다. 명군 고위인사가 조선에 들어오면 조선 조정은 이들을 접대하고 의사소통을 맡을 접반사를 보냈다. 명군 고위인사는 조선 접반사를 자주 만나 조선에 관한 여러 정보를 입수했는데, 이때 학문 소양이 높은 일부 명군 고위인사는 한국 문헌에 대해 상당한 관심을 나타내며 조선 접반사를 통해 관련 문헌 수집에 나섰다. 예를 들면 1598년(선조 31)에 명 어사 양호가 접반사에게 조선 국초의 사적을 알 수 있는 책자를 구해달라고 했다.[42] 이때 일부 명군 고위인사는 책자 구입 대금을 지불하기도 했다. 예를 들면 명 주사 정응태는 조선 접반사에게 서단(書單)을 내어주며 이들 책자를 구해달라고 했다. 조선 접반사가 전란을 구실로 삼아 자료 수집에 적극성을 보이지 않자, 정응태는 주도적으로 구입 대금을 주어가며 문헌 수집을 해달라고 요청했다.[43] 가장 적극적인 방식은 명군 인사가 직접 조선 문사를 찾아 문헌 수집에 나서는 것이었다. 예를 들면 오명제는 한국 문헌을 적극적으로 수집할 목적으로 명군 진영에서 나와 허균, 이덕형 등 조선 문사의 처소에 머물렀다. 이때 오명제는 이들로부터 많은 한국 자료를 구할 수 있었다.

그렇다면 조선 조정이 명군 인사들로부터 한국 문헌을 수집해달라는 요청을 받았을 때 어떤 반응을 보였을까? 조선 조정은 이들의 요청에 대해 신중하게 처리했고, 특히 국왕 선조는 완곡하게 거절하거나 마지못해 응하는 등 소극적으로 반응하였다. 1595년(선조 28)에 조선에 들어온 명나라 차관이 조선 과장(科場)에서 치르는 시·부·론 등을 보기를 원했다. 예조는 선조에게 이 사실을 아뢰면서 전례에 따라 홍문관에서 해당 작품을 뽑고 승문원에서 편찬할 것을 건의했다. 그러나 선조는 우리나라 사람의 작품이 중국인의 안목에 차지 않으니, 전란에 문헌 소실이 많아 자료를 구하기 어렵다는 구실을 내세워 명나라 차관의 요청을 거절하는 쪽으로 명했다.[44] 또 1598년(선조 31)에 승정원은 명 양호의 서책 요청에 대해 권근(權近)의 『양촌집(陽村集)』을 주자고 건의하자, 선조는 명 장수가 자신이 구하여 본다면 그만이지 공식적으로 증정하는 것은 온당치 못하다며 거절하도록 명했다.[45] 또 같은 해에 선조는 명 정응태의 서책을 구해달라는 거듭된 요

---

42 『선조실록』 31년 3월 24일(기유)조.
43 『선조실록』 31년 2월 29일(갑신)조.
44 『선조실록』 28년 6월 7일(무신)조.
45 『선조실록』 31년 3월 24일(기유)조.

청에 대해 마지못해 일부 책자를 건네주도록 명했다.[46]

　이때 명군 인사를 접대한 조선 인사들의 반응은 어떠하였을까? 한 부류는 조선 조정의 공식적인 반응과 별반 차이가 없다. 조선 접반사는 대부분 이 부류에 속한다. 오명제로부터 자료 요청을 받은 조선 종사관들은 전란 때라 남아있는 문헌이 없다는 식으로 완곡하게 거절하였다. 다른 한 부류는 적극적으로 반응하였다. 오명제는 허균의 집에 머물러 자료 수집에 박차를 가하였다. 이때 허균은 자신과 집안 인물의 문재를 알리는 좋은 기회라 여기고 자신이 암송하고 있던 작품과 누이 허난설헌의 작품을 오명제에게 건네주었다.

5. 결론

　전쟁이라는 단어에는 파괴, 고통, 피해 등 부정적인 이미지가 대부분을 차지하지만, 이와 반대로 회복, 재생, 재건 등 극소수이지만 긍정적인 이미지도 내포되어 있다. 조선·명 연합군과 일본군이 격돌한 국제 전쟁으로 치러진 임진왜란은 참전국 모두에게 엄청난 폐해를 가져다 준 불행한 사건이지만, 문화 교류의 측면에서 상호 소통의 기회를 가져다주기도 했다. 임진왜란 발발 초기에 요양부총병 조승훈이 이끄는 명군이 조선에 파견된 이래 속속들이 대규모 군사들이 들어와 장기간 체류하면서 전쟁 수행에 나섰고, 임진왜란이 끝난 직후에도 혹시 모를 일본군의 재차 침공을 대비하기 위해 일부 명군이 남아있었다. 명군이 조선에 체류한 주된 목적은 일본군을 물리치기 위

46　『선조실록』 31년 2월 29일(갑신)조.

한 전쟁 수행이었지만, 때로는 문화 수준이 높은 일부 명군 인사들이 한국 문헌을 수집하여 중국 대륙으로 전래시키는 문화 수출의 통로 역할을 맡았다.

명군 인사가 조선에서 한국 문헌을 수집한 사례를 보면 허국위가 입수한 「고려보제선사답이상국서(高麗普濟禪師答李相國書)」가 들어가 있는 어록 책자(고려 보제선사(普濟禪師))의 『나옹집(懶翁集)』으로 추정됨), 남방위가 입수한 조선 이반(李盤) 필사본 허난설헌의 「백옥루상량문」, 여영명이 조선 관원들로부터 받은 「조선국신여산태수정설여여참모영명서(朝鮮國臣礪山太守鄭渫與呂參謀永明書)」, 황응양이 입수한 4대조 황회(黃淮)와 관련된 「의황명태학사황회사사신한환경표(擬皇明大學士黃淮謝賜宸翰還卿表)」, 풍중영이 입수한 박상의 『조선사략』 등이 있다. 또 명군이 조선에서 수집한 자료를 가지고 한국 관련 문헌을 편찬한 사례를 보면 남방위, 오명제, 왕세종이 각각 한국 한시 작품을 선록한 『조선시선전집』, 『조선시선』, 『고금시』, 또 오명제가 단군 조선부터 고려조까지의 역사를 서술한 『조선세기』 등이 있다.

명군 인사가 한국 문헌을 접할 때 자국과 같은 문자를 사용하는 동문(同文) 의식과 한국 한학이 상당한 수준에 도달했다는 사실에 경외심을 느꼈고, 이와 반대로 한국 문헌의 내용이나 기술 방식이 중국과 다른 점을 보고 이질감을 느꼈다. 명군 인사가 한국 문헌을 취득할 때 우연히 이루어졌던 경우도 있지만, 구체적인 목적의식을 가지고 접근하는 경우도 있었으며 직접 조선 문사들을 찾아다니거나 문헌 수집에 수반되는 비용을 지불하는 등 적극적인 태도를 보여주기도 했다. 이와 반대로 조선 조정은 명군 인사로부터 한국 문헌을 수집해 달라는 요청을 받았을 때 조선에 관한 정보가 중국 측으로 흘러들어 가는 것을 꺼렸기 때문에 전반적으로 소극적인 태도를 보였다. 명군

인사를 접대한 조선 문사들의 반응은 크게 두 가지로 분류된다. 한 부류는 조선 조정과 비슷한 반응을 보였고, 다른 한 부류는 이것을 좋은 교류 기회로 삼아 자료 제공에 적극적으로 협조하기도 했다.

[燁㛄之樂室]

명 형개『경략어왜주의』의
정유재란 사료 고찰

1. 서론

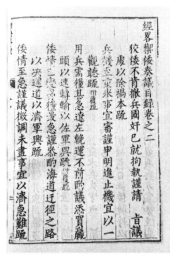

천일각 소장 『경략어왜주의』

임진왜란(1592~1598)은 조선, 명, 일본 등 동아시아 삼국이 한반도에서 펼친 국제 전쟁이었다. 전란이 끝난 지 4백여 년이 지났지만, 아직까지도 국내외에서 임진왜란에 대한 관심은 무척 뜨겁다. 전란의 당사자인 한국과 일본은 말할 것도 없고, 참전국인 중국에서도 자국의 역사로 받아들이며 임진왜란을 거론하고 있다. 그래서인지 동아시아 삼국은 모두 임진왜란에 관해 많은 기록을 남겼다.

국내학계에 알려진 명나라 때 나온 임진왜란 문헌을 훑어보면『명신종실록(明神宗實錄)』, 송응창(宋應昌)의 『경략복국요편(經略復國要編)』, 제갈원성(諸葛元聲)의 『양조평양록(兩朝平攘錄)』, 모서징(茅瑞徵)의 『만력삼대정고(萬曆三大征考)』 등이 있다.[1] 이들 문헌은 임진왜란 기간 또는 그 직후에 전란 과정을 기술한 것으로 사료 가치가 아주 높다. 다만 그 종수가 별로 많지 않아 명나라 측의 제반 사정을 제대로 알아보는데 상당한 제약이 있었다. 이번에 그간 아쉬움을 조금이라도 덜어줄 책자, 즉 형개(邢玠)의 『경략어왜주의(經略御倭奏議)』가 나왔다. 이 책자는 국내학계에 알려지지 않았다.

형개는 정유재란기 조선에 나와 있던 명 군부를 총괄한 군문 경략이다. 명군 수뇌부에서 일어난 제반 군무를 처리하고, 또한 중요 사안을 수시로 주본을 만들어 명 조정에 올려 보냈다. 조정의 해당 부처가 주본을 검토한 뒤 다시 신종제에게 보고하고 또한 재가를 받았다. 이때 만들어진 주문들을 모아 묶은 책자가 『경략어왜주의』이다. 이 책자는 정유재란기 명나라 최고위층이 작성한 것이고, 또한 수록 내용 중 상당수가 다른 문헌에서 찾아볼 수 없는 것이라 사료 가치가 매우 높다.

필자의 과문인지 모르겠으나 선행연구는 전반적으로 미미한 편이다. 국외학계에서 정유재란 때 생포한 일본 장수 상황, 노량해전에서 격살했다고 한 도진의홍(島津義弘) 상황, 남원성전투에서 패전한 양원(楊元) 상황 등에 대해 『경략어왜주의』 사료를 일부 활용한 적이 있지만,[2] 아직까지 책자 전체를 대상으로 전면적으로 분석한 바가 없다.

---

1   吳豊培, 北京大學朝鮮文化研究所, 中國社會科學院中國邊疆史地研究中心主編, 『壬辰之役史料匯輯』, 全國圖書館文獻縮微複製中心, 北京, 1990.

2   久芳崇, 「明朝皇帝に獻納された降倭 -『經略御倭奏議』を主要史料として」, 『山根幸夫教授追悼記念論叢』, 汲古書院, 東京, 2007, 143~163쪽.; 吳如功, 「壬辰戰爭陳璘"擊殺石曼子"事迹及其傳播考辨」, 『陝西學前師範學院學報』 32卷 12期, 陝西學前師範學院, 2016, 59~62쪽.; 陳尚勝, 「論丁酉戰爭爆發後的明軍戰略與南原之城」, 『安徽史學』 2017年 6期, 26~37쪽.; 『정유재란 1597: 2017년 국립진주박물관 특별전 연계 국제학술심포지엄』, 國立晉州博物館, 2017.10~20~21, 193~250쪽.

따라서 본 논문에서는 『경략어왜주의』에서 학계에 잘 알려지지 않았거나 규명되어야 할 사항, 좀 더 구체적으로 명군의 군량과 운수, 해상 방어와 군사 이동, 전투 상황과 공적 분석 등에 대해 집중적으로 분석해본다.

2. 『경략어왜주의』 개요

정유재란기 조선에 나와 있던 명 군부를 총괄한 자는 군문 형개이다. 1598년(만력 25) 3월에 형개는 손광(孫鑛)을 대신하여 군문을 맡았다.[3] 전란 때 일어난 중대한 군무를 적은 주본을 올려 보내 명 신종제로부터 재가를 받았다. 당시 만들어진 각종 주본을 묶은 책자가 『경략어왜주의』이다. 책자의 저자 부분에 적힌 형개의 직책이 '흠차총독계료보정등처군무(欽差總督薊遼保定等處軍務) 겸(兼) 이량향경략어왜(理糧餉經略禦倭) 태자태보(太子太保) 병부상서(兵部尚書) 겸(兼) 도찰원우부도어사(都察院右副都御史)'이다.[4] 명말각본이고, 현재 절강 영파(寧波) 천일각(天一閣)에 유일본으로 소장되어 있다. 2004년에 전국도서관문헌축미복제중심(全國圖書館文獻縮微複製中心)이 『어왜사료회편(御倭史料匯編)』의 일종으로 출간했고, 2010년에 산동 청주(靑州) 문화계가 『청주문헌(靑州文獻)』의 일종으로 출간했다.

『경략어왜주의』는 원래 10권본이었다. 아쉽게도 유일본인 천일각

---

3 『明神宗實錄』 만력 25년 3월 29일(기미)조.
4 '總督薊遼保定等處軍務 兼 理糧餉經略禦倭 兵部尚書 兼 都察院右副都御史'는 1597년(만력 25) 3월 29일에, '太子太保'는 1599년(만력 27) 9월 21일에 각각 받았다. 『명신종실록』 만력 25년 3월 29일(기미)조, 27년 9월 21일(을묘)조.

장본이 5권 분량(권2, 4, 6, 9, 10)만 남아 있다. 잔존본의 편목을 옮겨
보면 다음과 같다.

권	편목	편수
권2	拘執沈惟敬疏, 申明進止機宜疏, 添買贏頭以速挽運疏, 酌定海運疏, 增調宣大薊遼馬兵覓調海商船疏,　請加麻貴提督職銜并取董一元參贊疏, 募造海船以濟輓運疏, 催發水陸官兵本折糧餉疏, 調用協守李如梅疏, 守催閩直水兵并募江北沙兵疏, 直陳朝鮮情形疏, 會參楊元陳愚衷疏, 議增天津海運疏, 請設天津巡撫督餉大臣疏	14편
권4	申飭五鎮沿海春汛疏, 島山撤兵疏, 議易東征將官疏, 留用遼陽守道疏, 催發續調兵馬疏, 題陳同知乞休疏, 議三路屯守疏, 恭謝欽賞疏, 題擺遊擊恤典疏, 買補東征馬匹疏, 題董總兵回籍整帶丁馬疏, 補統領廣兵副將疏, 土兵喧嚷議處各將申飭處置事宜疏	13편
권6	補回兵將領疏, 題科部會勘未竟疏, 奏辯東征始末疏, 請勘錢糧疏, 善後大將疏, 題監院恤典疏, 獻俘疏	7편
권9	謝東功恩廕疏, 酌議留兵糧餉疏, 催發東征行月錢糧疏, 繳令劍疏, 請查東征錢糧疏, 請加留守朝鮮提督李承勛應品色疏, 四懇歸養疏, 五懇送母還鄉疏, 酌議留撤兵數并催糧餉疏, 議給留兵折色免搭米豆疏, 春汛分布海防疏, 六懇歸養疏, 參處回兵毆傷將官疏	13편
권10	題造船銀疏, 會題撤兵疏, 七懇歸養疏, 會議東師撤留疏, 海防散兵節餉敍錄勞臣疏, 題倭奴送回宣諭人役疏, 催敍東征文職疏	7편

　상기 편목만 보아도『경략어왜주의』의 사료 가치가 얼마나 높은지
를 이내 감지할 수 있다. 그 가치를 요약해본다. 첫째, 사료 존재의
희귀성이다.『경략어왜주의』중 일부 요약본이『명신종실록』에 보이
고는 있지만, 상당수 주본이 다른 문헌에서 찾아볼 수 없다. 특히 명
군의 파견과 동정, 군량과 운수 방면 가운데 새로운 자료가 꽤나 많
이 나와 사료 가치가 높다.

　둘째, 사료 내용의 중요성이다.『경략어왜주의』는 모두 정유재란
과 관련되어 명 최고위층에서 다루었던 중차대한 내용을 담고 있다.
형개는 직접 조선으로 들어와 전선과 가까운 지역에서 전쟁을 수행

했다. 경리 양호(楊鎬)가 정응태(丁應泰)의 탄핵으로 물러간 뒤에 그 직무까지 함께 맡았다. 군령권을 행사하며 경리, 제독, 장수들을 감독했고, 전략과 전투, 병력과 군수지원 등 제반 군무를 챙겼다. 또 전쟁 수행에서 일어난 중대한 사항을 수시로 주본으로 만들어 명 조정에 올려 보냈다. 매 주본 끝에 명 조정의 여러 부처, 특히 병부가 형개의 주본을 검토하고 신종제로부터 재가를 받은 내용을 덧붙여놓아 명 조정이 최종적으로 어떻게 처리했는지를 알아볼 수 있다.

끝으로 명 신종제가 정유재란에 나선 군문 형개에 대해 얼마나 신임하고 있는지를 알아본다. 그 실례로 명 신종제가 형개가 올린 주본을 재가한 내역을 들어본다. 정유재란 초기에 형개가 명군을 배치하는 지역과 일본군을 공략하는 방안을 올려 보내자, 명 신종제는 "용병을 시기에 맞추는 것이 어찌 곁에 있는 사람들이 멀리에서 남의 마음을 헤아릴 수 있느냐? 경이 이미 위임을 받았으니, 마땅히 경리(양호), 총병(마귀)과 나가고 멈추는 것을 비밀리 도모하라. 다만 반드시 충성을 다하여 나라에 보답하는데 마음을 분산시키고 망설이지 말아라. 조정의 신임을 스스로 헤아려 오로지 승리를 구하는데 무슨 더디고 빠름을 어찌 가리겠는가?"[5]

3. 군량과 운송 사항

임진왜란 내내 명 군부가 군량을 조선으로 운송하는데 많은 고심

---

5 『經略御倭奏議』권2, 「申明進止機宜疏」: "奉聖旨: 用兵機宜豈傍人所能遙度? 卿既承委托, 當與經理·總兵密圖進止, 但宜精誠報國, 不可分心顧忌. 朝廷信任自專, 惟求全勝, 何論遲速."

을 했다. 군량을 원만하게 운송하는 문제는 장차 전쟁의 승패를 결정
지을 수 있는 관건 중의 하나였다. 정유재란이 발발하자 명나라가 조
선 지원을 하자면 반드시 군사를 움직여야 하고, 군사를 움직이려면
반드시 군량을 논의해야 한다며 군량 운송의 중요성을 강조했다.[6]

「모조해선이제만운소(募造海船以濟輓運疏)」는 정유재란 초기 필요한
군량과 운송 상황에 대해 적어놓았다. 먼저 명나라가 전쟁을 수행하
는데 필요한 군량을 도표로 만들어본다.

	숫자	1일 기준치	1년 필요량
병사	6만여 명	1승 5합(1명)	32만 4천 석
말	2만 필	3승(1필)	21만 6천 석
도합			54만 석

상기 도표에서 병사 군량과 마료의 1일 기준치는 명나라가 예전부
터 시행되어오던 관례에 따른 것이다. 1592년(만력 20) 10월에 경략
송응창(宋應昌)은 순무대동도찰원우첨도어사(巡撫大同都察院右僉都御史)
형개가 대동병(大同兵)에게 지급하는 군량과 마료의 기준치를 적어놓
았다. 옛 관례에 따라 장관에게 매일 5승, 천총·파총에게 3승, 병졸
에게 1승 5합을 각각 주고, 또 말에게 매일 마료 3승과 마초 1속을
준다.[7]

또 중국 대륙에서 조선으로 운송하는데 필요한 교통수단과 운송량

6　『명신종실록』만력 25년 2월 11일(임신)조: "兵部卄□寺衛門左侍郎 卄□寺官 李禎
等言: 朝鮮之當應援, 不待再計而決也. 議援則必議調兵, 議兵則必議運餉, 議兵餉則必
議設官."

7　宋應昌, 『經略復國要編』권2, 「檄分巡遼海道」: "(만력 10월 25일)一爲緊急倭情事,
巡撫大同都察院右僉都御史邢(玠)咨前事內稱, 大同征倭官軍日支行糧不等, 舊例, "將官
五升, 千·把總三升, 管貼隊軍丁一升五合; 馬每匹日支料三升, 草一束."

을 도표로 만들어본다.

	운송 수단	적재량	1년 횟수	1년 운송량
해로	산동 회선	500석(1척)	6~7 회	10만여 석
	요동 선박	300석(1척)	10여 회	10만여 석
육로	나귀			5만 석
도합	무사고시			25만여 석
	사고시			20만여 석

「첨매나두이속만운소(添買贏頭以速輓運疏)」에 당시 요동에 보유하고 있는 선박의 척수에 대해 적어놓았다. 요좌(遼左; 요동반도)에 40여 척이 있는데, 그 중에 10척은 회선(淮船)이 묘도열도를 건너오다 문제가 생겼을 때를 대비하여 예비용으로 두어야 하고, 30척만이 실제로 군량을 옮길 수 있다.[8] 당시 군량은 주로 산동지역에서 조달했다. 산동에서 요동까지는 회선(淮船)으로, 요동에서 조선까지는 요선(遼船)으로 옮겼다.[9]

당시 군량을 운송하는 교통수단은 열악한 편이었다. 육로 운송일 경우는 별다른 손실이나 지연이 없겠지만, 해상 운송일 경우는 종종 바람, 조류, 기상 등 외부환경으로부터 영향을 많이 받아 군량 손실이나 지연 배송이 불가피했다. 특히 의주에서 평양까지 서해안북단 해로구간이 심히 험난하여 해상 사고가 많이 발생하였다. 이 구간에

---

8 『경략어왜주의』권2, 「添買贏頭以速輓運疏」: "若遼左則海船原少, 總計不過四十餘隻. 而內又以十隻備接濟淮船損失之數, 則專運者止三十隻耳."

9 『명신종실록』만력 25년 5월 14일(을사)조: "戶部言: 遼東所積米豆及朝鮮見報糧數止二十餘萬石, 恐經用不足, 請行山東發公帑三萬金, 委官買糴運至登‧萊海口, 令淮舡運至旅順, 遼舡運至朝鮮. 又借臨‧德二倉米各二萬石, 運至登‧萊轉運. 得旨: 事關軍機, 不許延誤."

서 일어난 해난 사고를 보면 1598년(만력 26, 무술년) 봄에 산동지휘사 강영년(姜永年)·곽건도(郭建都)·전호(田浩) 등의 선박이 양식, 화포(花布) 등을 싣고 가다가 의주 앞바다에서 침몰 당했고,[10] 또 위관 학계종(邯繼宗)과 수부 3명의 선박이 군량을 싣고 가다가 서해안북단 해로 구간에서 침몰 당했다.[11]

앞 도표에서 보듯이 명군이 소모하는 군량의 총량과 운송할 수 있는 군량의 총량을 비교해보면 1년에 30만 석 정도가 부족했다. 형개는 부족한 군량을 운반할 수 있는 특단의 방법을 강구해야만 했다. 우선 응급조치로 절강, 남직(南直: 남경과 그 주변), 회안(淮安) 등 순무에게 각각 상선 20척을 모집해서 산동순무로 이관시켜 등주와 내주에서 군량을 옮기도록 했다. 또 장기적으로 해상 운송에 필요한 새로운 선박 건조가 필요하다며 요동순무에게 5백 석을 선적할 수 있는 선박 30척을 건조하도록 했다. 선박 건조에 필요한 나무는 요동 관전(寬奠: 현 寬甸)지역에서 벌목하고, 또 철정(鐵釘), 마유(麻油) 등 잡물은 산동 등주와 내주에서 구입하도록 했다.

정유재란 초기 명 군부가 군량을 옮기는 해상노정에 대해 제대로 된 정보를 얻지 못해 많은 고민을 했다. 「작정해운소(酌定海運疏)」에 산동에서 조선까지 군량을 옮기는 해상 노정에 대해 기술해놓았다. 산동에서 요동까지의 묘도열도 해상노정은 4구간으로 나누었다. 제1 구간은 등주 비왜성(備倭城: 봉래수성)의 신하구(新河口)에서 사문도(沙門島)의 물굽이(장도와 묘도 사이)까지 60리, 제2구간은 사문도에서 타

---

10 『兩朝平攘錄』 권5, 「日本下·朝鮮」: "戊戌春, 山東指揮姜永年·郭建都·田浩等, 皆以粮食·花布運船沒於義州海洋."
11 『경략어왜주의』 권2, 「酌定海運疏」: "又義州至平壤水路甚險, 先年曾將本處委官邯繼宗并水手三名淹死, 船米損失."

기도(鼉磯島; 砣磯島)까지 140리, 제3구간은 타기도에서 140리, 제4구간은 황성도에서 여순까지 230리이다. 묘도열도 구간은 명나라 강역에 속해있고, 또한 오래 전부터 많은 선박이 오갔다. 뱃사람들도 자주 이 구간을 운행하여 해상노정에 대해 익히 알고 있었다.

반면 명 군부는 여순에서 조선으로 운반하는 해상 노정에 대해 제대로 된 정보를 얻지 못해 많은 고민을 했다. 명나라는 건국 초기부터 강력한 해금정책을 실시했다. 임진왜란이 발발하자 군량을 운송하기 위해 여순에서 의주 앞바다까지의 해운 구간은 개방 활용되었지만, 의주 이래 한반도 서해안 해운 구간은 정보 부족으로 제대로 활용되지 않았다. 1593년(선조 26) 7월에 명 도사 장삼외(張三畏)가 위관과 뱃사람들에게 은량을 주어 의주에 내릴 개주(蓋州), 복주(復州)의 군량을 곧장 평양까지 운반한 적이 있었지만,[12] 그 이후로 운송책임의 관할구간이 달라서인지 계속 활용되지 않았다.

정유재란 초기 명 군부는 여순에서 삼강(三江; 압록강 입구)을 거쳐 의주까지 옮겼다가 다시 의주에서 수로를 통해 평양까지 옮기는 노정을 검토했으나, 전체 구간이 멀다는 단점이 있다며 조선 조정에다 효율적으로 운송할 해운 형세를 물어보았다. 조선 조정은 경리 양호와 포정사 장등운(張登雲)에게 각각 자문을 보내어 곧장 평양과 가까운 지역까지 해상 운송할 수 있는 방안을 제시했다. 그 방안을 요약해본다. 명나라가 군량을 해로로 광량진까지 보낸다. 조선이 광양진에서 공사(公私) 선박을 동원해서 강화도를 거쳐 명군이 주둔한 각 지역으로 보낸다. 광량진은 평안도 삼화현(三和縣) 관내로 대동강 해구에 소재한다. 수세가 완만하여 배를 정박하거나 하역 작업이 편리하

---

12 『선조실록』 26년 7월 28일(경진)조.

다. 압록강에서 광양진까지는 4백리이고, 광양진에서 강화도까지는
6백리이다.[13]

훗날 광양진은 조선 조정의 방안처럼 전란 내내 해로로 서해안 남
북으로 이어주는 거점지 중의 하나로 활용되었다. 포구가 안쪽 깊숙
이 형성되어있어 먼 바다에서 일어나는 외부 환경으로부터 영향을
적게 받고, 또한 수심이 깊어 선박이 정박하기가 편리했다. 이곳에서
평양까지의 거리가 가깝고, 또한 해로를 통해 강화도까지 어렵지 않
게 도달할 수 있다.

명 군부는 조선 조정의 방안에 따라 여순에서 의주를 거치지 않고
곧장 광량진으로 들어가는 해운 노정으로 정했다. 이 구간은 5구간
으로 나누었다. 제1구간은 여순에서 삼산도(三山島)까지 250여 리, 제
2구간은 삼산도에서 광록도(廣鹿島)까지 100리, 제3구간은 광록도에
서 대(大)·소장산도(小長山島)까지 100여 리, 제4구간은 소장산도에
서 석성도(石城島)까지 2백여 리, 제5구간은 석성도에서 조선 저도(猪
島), 석도(腊島)를 거쳐 광량진까지 300리이다.

산동에서 묘도열도를 거쳐 요동까지 군량을 옮기는 운임 단가는
매 1석당 1전 5분이고, 여순에서 요동남단을 거쳐 의주까지의 운임
단가는 매 1석당 8분이다. 곧장 평양까지 운송한다면 거리에 따라 운
임을 더해준다. 요동에서 바다를 잘 아는 수부 1명을 태워 항로를 인
도했고, 임금으로 매일 5분씩 쳐준다.

명 군부가 해로와 육로를 병행해서 군량을 운송했다. 육로 운송은
해로 운송에 비해 불확실성을 대폭 줄여주는 장점이 있지만, 한 마리
의 나귀나 낙타가 운반할 수 있는 적재양이 얼마 되지 않은 단점이

---

13 『선조실록』 30년 6월 13일(임신), 23일(임오)조.

있다. 이를 보완하기 위해 많은 양의 나귀나 낙타가 필요했다. 낙타는 요동에 나지 않아 투입되지 않았다.

「첨매나두이속만운소(添買臝頭以速輓運疏)」에 명 군부가 군량을 신속하게 운반하기 위해 육로 운송에 많은 나귀를 투입했던 사항이 적혀있다. 지금 선박을 일시에 건조하기가 힘드니 응급조치로 나귀로 육로 운송에 나서야 한다. 요좌 지역은 나귀가 나오는 지역이 아니다. 진정(眞定), 순덕(順德), 광평(廣平), 대동(大同), 보정(保定), 하간(河澗) 등 6개 지역에 나귀가 많이 나온다. 이들 지역에서 각각 200필씩, 총 1,200필을 속히 구입하여 요동으로 보내어 육로 운송에 투입시키는 특단의 조치를 취하도록 했다.[14]

명 육군은 크게 북병과 남병으로 구성되었다. 예전 전쟁의 군사력 평가에서 말이 차지하는 비중은 상당히 높다. 정유재란 초기 많은 말이 투입되었다. 특히 마병이 주축이 된 북병에 있어서는 말의 공급과 관리가 전력에 미치는 영향이 절대적이었다. 「매보동정마필소(買補東征馬匹疏)」에 정유재란기 명군이 보유한 말에 대한 기록이 보인다. 형개가 올린 주문과 병부에서 복의한 내용을 종합해서 정리해보면 다음 도표와 같다.

---

14 『경략어왜주의』 권2, 「添買臝頭以速輓運疏」: "爲今之計, 增船一時難造, 而臝頭陸運可以應急, 所當亟議增買. 但該鎭原非産臝之地, 査得眞·順·廣·大·保·河六府地方, 所出甚多. … 合行保定撫臣行各府, 卽動該府堪用銀兩, 分派所屬州縣, 各一二十頭速買臕壯臝, 每府二百頭, 則衆輕易擧, 旬日可辦. 仍限四十日內解府遼東, 撫院分發各道, 馱運糧餉."

시기	보유량	손실량		잔존량
		병사	전사	
1597년 5월~동년 11월	27,639필	6,961필*		
1597년 12월~98년 1월		2,103필	213필	
1598년 2월~98년 여름		4,896필		13,466필
소계	27,639필	13,960필	213필	13,466필
		14,713필		
* 병사한 말의 통계에 1597년 8월 남원성 패전에서 희생된 말 3,400필이 포함되었음.				

이 주문은 1598년(만력 26) 6월 직전에 작성되었다. 1597년(만력 25) 5월에 압록강을 건널 때 조선으로 가져온 말의 보유량은 27,639필인데, 불과 1년 만에 절반 정도가 손실을 입었다. 손실량 가운데 전사한 말은 매우 적다. 1597년 8월 남원성 패전에서 상실한 말 3,400필을 병사 통계에서 전사 통계로 옮긴다고 하더라도 병사한 말이 전사한 말에 비해 최소한 3배 정도나 더 많다.[15]

이와 같이 병사한 말이 많은 원인이 무엇인가? 형개는 요동에서 조선까지 수 천리나 되는 먼 노정, 험한 산악지가 많은 조선 지형, 전쟁 수행 차 도처로 돌아다니는데 수반된 과로, 이번 겨울에 유달리 추운 날씨 등 여러 요소 외에 조선의 마초가 중국말의 체질에 맞지 않은 점을 꼽고 있어 여간 흥미롭지 않다. 사람이나 말이나 신토불이가 중요하다.

어쨌든 간에 명 병부는 각 지역으로 공문을 보내어 신속하게 말 구입에 나섰다. 다만 요동 지역은 예전에 말을 많이 보냈던 관계로 더 이상 추가 투입시키지 않았다. 또 조선 조정에 이자하여 각 도와 민

---

15 『경략어왜주의』 권4, 「買補東征馬匹疏」: "該兵部覆議: 看得征倭馬贏各鎭及寺給共計二萬七千六百餘匹頭, 庶幾馬步兼用矣. 今督臣題稱倒死一萬四千餘匹, 而楊元南原陣喪失馬三千四百不餘焉, 是倒死已過半矣."

간으로부터 말을 구입하고, 산간에서 야생말을 포획하여 길들여 보내도록 했다. 그래도 정해진 말의 수량이 부족할 경우 총병 진린(陳璘)의 군영으로 보낸 지난 사례를 따라 배분하도록 했다. 보병영 매 1천 당 말 30필을 배당하고, 나머지는 마군으로 보내도록 했다.[16]

명 병부의 복의에서 보듯이 남원성 패전에서 희생된 말의 숫자는 3,400필이다. 이것을 통해 남원성 전투를 총괄한 명 楊元의 요동영병 3,117명이 기마병으로 이루어졌음이 명확하게 알 수 있다.[17] 뒤에서 언급하겠지만 양원은 당초 명 군부의 계획에 의해 충주성에 배치될 예정이었으나 갑자기 남원성으로 바꾸어 주둔했다. 양원이 남원으로 바꾼 원인 중의 하나가 자신의 장기인 기마병을 활용하기 위해서였다. 충주는 산악지대로 이루어졌고, 남원성은 평원지대에 이루어졌다. 오늘날 남원 동충동과 향교동에 의마총(義馬塚: 말 무덤)이 있었다고 전해온다.[18] 이것은 아마도 장수의 말 무덤으로 보인다. 그런데 남원성 전투에서 전사한 조명연합군 장수급 인물의 숫자가 꽤나 된다. 조선군에는 전라병마절도사 이복남(李福男), 남원부사 임현(任鉉), 산성별장 신호(申浩), 조방장 김경로(金敬老), 구례현감 이원춘(李元春) 등이 있고, 명군에는 이신방(李新芳), 장표(蔣表), 모승선(毛承先) 등이 있다. 따라서 남원 소재 말 무덤의 숫자는 현재까지 알려진 2곳

---

16 『경략어왜주의』권4,「買補東征馬匹疏」: "(병부)買馬・解馬各官, 馬好解速, 查無侵冒, 聽督撫咨部轉咨吏部紀錄, 違者參究. 遼東見買本鎭馬匹數多, 應免召買. 督臣移咨朝鮮國王, 諭以上國馬匹不服水草, 令其搜買於各道民間, 并羅取山間野馬, 調習馴順, 俱照例估給價値. 再有不足, 查將先兌給步兵營馬照總兵陳璘營例, 每兵一千止給馬三十匹, 其餘悉給馬軍騎征."

17 『경략어왜주의』권2,「會參楊元・陳愚衷疏」: "到職案照楊元所領遼東官兵并家丁・雜類等項共三千一百一十七員名."

18 남원문화원, 『정유년 남원성 싸움: 戰亂의 克服과 昇華』, 남원문화원, 남원, 1997.12, 88쪽.

보다 더 많았을 것으로 보인다.

4. 방어와 전투 사항

정유재란이 발발하자 명나라는 다시 한 번 대규모 군사를 편성하여 조선으로 보냈다. 이때 명 군부는 대규모 군사를 보내기에 앞서 조선 변경과 가까이 주둔한 병력을 우선적으로 차출했다. 요동에 주둔한 양원의 요동병과 밀운에 주둔한 오유충(吳惟忠)의 남병이 선발대가 되어 압록강으로 건넜다. 당초 일본군의 북상을 막기 위해 양원을 경상도 대구·경주, 오유충을 전라도 남원에 각각 주둔시킬 예정이었으나, 나중에 계획이 변경되어 양원이 전라도 남원, 오유충이 충청도 충주에 각각 주둔하였다.

「신명진지기의소(申明進止機宜疏)」에 양원과 오유충의 주둔지가 바뀌게 된 숨은 사정이 적혀있다. 한양에 먼저 도착한 양원은 남원의 성곽이 헤어지고 주둔할 군영 건물이 없으며 군량이 반달치도 없으나, 성을 수리하고 군량이 들어오면 방어해낼 수 있다며 갑자기 남원으로 변경하여 주둔했다. 반면 경상도 지역은 일본군이 절반을 차지하고 있고, 오유충 군사가 외롭고 경주로 진입하기 힘들어 강한 적을 만나면 위태로운 형세이다. 이에 따라 명 군부는 뒤따르던 오유충 군사로 하여금 잠시 충주로 물러가 후방을 지키도록 했다.[19]

---

19 『경략어왜주의』 권2, 「申明進止機宜疏」: "先去楊元·吳惟忠兵二枝, 甫至王京. 臣先擬全羅之南原, 慶尙之大丘·慶州兩將當分屯一處, 而總兵且在王京居中調度. 後據楊元報稱: 南原城郭圮壞, 營房俱無, 錢糧無半月之積. 臣此時使强之去, 倭卒至, 是以卒與敵也. 是以准楊元催運糧餉, 協同該國先去修理城垣, 以爲捍蔽. 近日始就緖屯此矣. 慶尙一道半爲賊有, 吳惟忠孤軍難入慶州, 使此時强之去, 倭卒至, 是亦以卒與敵也. 是

1597년(선조 30) 8월에 호남의 운명을 결정한 남원성 전투가 발생되었다. 명 양원이 우희다수가(宇喜多秀家)가 거느린 대규모 일본군을 맞이하여 방어 전투를 펼쳤으나, 중과부족, 지원군의 미도착, 방어전술의 실패, 교룡산성의 포기 등 여러 요인으로 끝내 성이 함락되었다. 남원성과 연계해서 방어하기로 한 전주성의 명 진우충(陳愚衷)은 남원성의 패전 소식을 듣고 도망쳤다. 일본군이 무혈로 전주성을 차지했다. 남원성 패전으로 인한 결과는 아주 컸다. 호남이 일본군의 수중에 들어가 유린당했고, 멀리 한양까지 여파가 미쳐 민심이 크게 동요하고 선조가 다시 몽진을 준비하기도 했다.

「회참양원진우충소(會參楊元陳愚衷疏)」에 양원과 진우충이 패전한 죄상을 열거해놓았다. 이들의 죄상을 논하는 가운데 양원이 패전을 예측하고 가정을 시켜 자신의 행장을 미리 빼돌렸던 사실이 밝혀져 눈길이 간다. 또 「수최민직수병병모강북사병소(守催閩直水兵幷募江北沙兵疏)」에 남원성이 함락하게 된 숨은 요인을 기술해놓았다. 명 유격 심유경(沈惟敬)이 자신을 체포한 양원에 대해 복수하기 위해 비밀리 가정 누국안(樓國安) 등을 시켜 소서행장(小西行長)에게 남원성 방어의 허실에 대한 정보를 알려주어 남원성이 함락되는 운명을 맞이했다고 했다.

「구집심유경소(拘執沈惟敬疏)」에 명 군부가 심유경을 체포한 이유와 과정이 적혀있다. 군문 형개는 제독 마귀 등과 상의하여 심유경을 체포할 방침을 세우고 그 임무를 양원에게 맡겼다. 양원은 심유경을 유인해서 남원으로 불러들이려고 하였으나, 심유경이 낌새를 알아채고 소서행장이 주둔한 경주로 도망칠 작정이었다. 양원이 급히 부하를

以從撫鎭之議, 姑住忠州, 以扼後門."

보내 의령에서 심유경을 나포하였다.

심유경은 임진왜란 때 공과 과가 있다. 전란 발발 초 평양에서 소 서행장과 강화 협상을 전개하여 일본군의 북상을 지연시키고 명 대 군이 조선으로 들어올 시간을 벌게 해준 공을 세웠다. 그 후 명·일본 강화회담을 전개하는 과정에서 잇따른 궤변과 농간을 부리며 파행을 일삼아 끝내 회담이 결렬되어 정유재란을 초래한 과실이 있다. 심유 경은 비리가 폭로되어 엄형에 처할 위기에 빠졌으나, 곧이어 전황이 다급해지자 일본군과 협상할 인물이 마땅치 않아 석방되어 다시 조 선으로 나왔다. 하지만 심유경의 농간이 계속 일어나고 일본군과의 화의가 실패로 끝나자, 명 군부는 심유경이 일본으로 도망치면 자국 의 군사작전이 커다란 위험에 빠진다며 체포하였다. 심유경은 북경 으로 보내져 처형되었고, 조카 심무시(沈懋時)는 참군에서 해임되고, 그의 부하들은 변방으로 쫓겨났다.

「토병훤양의처각장신칙처치사의소(土兵喧嚷議處各將申飭處置事宜疏)」 에 명군 내부의 충돌 사건을 적어놓았다. 유정(劉綎)이 거느린 사천 병, 토사병 등 다민족 군사가 요동을 거쳐 조선으로 들어올 때 요동 주둔군과 군량, 도난 등 문제로 크게 충돌하여 쌍방이 다치는 소요가 일어났다. 요동도사 이무공(李茂功)이 사천병이 요동 군관들을 구타 하는 것에 대해 중국에서도 불법을 자행하는데 조선이 이것을 능히 감당할 수 있느냐며 고발했다.[20] 하지만 명 군부는 이들을 전장으로 투입시켜야하는 관계로 소요를 일으킨 주모자만 사형에 처하고, 나 머지는 가벼운 문책만 했다. 또 명 군부가 각 장수들에게 군령을 엄

---

20 『경략어왜주의』 권4, 「土兵喧嚷議處各將申飭處置事宜疏」: "本日又蒙本院批, 據遼 東東管局都司李茂功呈爲川兵平空打傷將官事, 蒙批, 據呈川兵無故毆傷本鎮將官, 兇橫 不法, 殊可駭異, 在中國猶然如此, 朝鮮豈能堪乎?"

하게 지켜 소요를 일으키지 말도록 각별한 명령을 내렸지만, 조선에 들어온 명군들이 도처에서 백성들을 괴롭히는 만행을 자행하여 많은 문제점을 일으켰다.

「증조선대계료마병멱조민해상선소(增調宣大勦遼馬兵覓調閩海商船疏)」에 정유재란 초기 명 수군을 보내는 과정이 기술되어 있다. 정유재란 초기 명 군부는 일본군의 북상을 막기 위해 대규모 육군을 편성하여 조선으로 보냈는데, 이때 소규모이지만 해상 전투에 나설 수군도 함께 파견했다. 일본 영토가 섬나라로 이루어져 있어 수군이 많다. 조선수군이 강하다고 하나 병력수가 부족하다. 경리 양호가 조사한 바에 의하면 병력수가 1만 명이라고 하나 전투할 수 있는 자는 5천 명뿐이다. 절강수군 3천 명, 복건수군 1천 명, 오송수군 1천 명 등 총 5천 명을 보낸다.

이 주첩과 비슷한 시점에 조선수군의 전력을 알려주는 자료가 있다. 1597년(선조 30) 5월에 한효순(韓孝純)이 삼도의 전선 중 진중에 있는 선박이 134척이고, 격군이 1만 3천 2백여 명이라고 했다.[21] 또 동월 비변사가 권율의 장계를 보니 한산도에 선박이 134척이 있고, 아직 도착하지 못한 선박이 5~6척, 곧 건조를 마칠 선박이 48척을 합하면 180여 척이라고 했다.[22] 선박 134척을 움직일 격군의 숫자가 1만 3천 2백여 명인데, 1척당 평균 1백 명 정도가 된다. 여기에다 나중에 들어오거나 건조될 선박의 격군을 더하면 전체 1만 8천 명 정도이다. 이 숫자는 양호가 보고한 조선수군의 병력 숫자를 상회한다. 따라서 양호가 보고한 조선수군 1만 명은 격군을 제외하고 전투 병력만

---

21 『선조실록』 30년 5월 13일(계묘)조.
22 『선조실록』 30년 5월 12일(임인)조.

을 지칭하고, 그 중에 5천 명은 전투력을 제대로 갖춘 정병으로 추측된다.

명 유격 서성(徐成)이 명 수군 가운데 가장 먼저 절강수군을 거느리고 조선에 들어오려고 했으나, 도중에 질병으로 인하여 유격 계금(季金)으로 교체되었다.[23] 계금이 오송병선(吳淞兵船) 10척을 거느리고 출발하여 사고 없이 20일 이내에 여순에 도달할 예정이다.[24] 또 조선이덕형(李德馨)의 보고에 의하면 계금이 수군을 거느리고 1597년(선조 30) 6월 이후에 바다를 건널 것이라고 했다.[25]

또 명 군부는 서양 상선을 전장에 투입시키는 방안을 고려했다. 복건 해징현(海澄縣)에 서양 상선을 판다고 전한다. 이들 선박이 견고하고 빠르며, 군용 화기가 정밀하고 예리하다. 수부 또한 해전에 강하고 일본 사정을 잘 안다. 일전에 척계광(戚繼光)이 이들을 활용하여 왜구를 막아내는데 효과를 거두었다.[26] 당시 포르투갈 등 유럽 상선이 중국 남부와 일본 구주 지역을 오가면서 물자 교역을 전개했다. 하지만 명 군부가 추진한 서양 상선을 활용하는 방안은 끝내 실현되지 않았다.

1597년(선조 30) 7월에 원균이 거느린 조선함대가 칠천량 패전으로 궤멸 당했다.[27] 곧이어 전략적 요충지인 한산도가 일본수군에게 점령

---

23 『象村先生集』권57, 「天朝詔使將臣先後去來姓名・曹副摠票下官」: "徐成, 號少川, 浙江金華衛人, 以遊擊將軍領水兵到江華, 病還, 季金代之."

24 『경략어왜주의』권2, 「增調宣大薊遼馬兵覓調閩海商船疏」: "盖此海道近經遊擊季金見領吳淞兵船十隻, 不二十日已到旅順, 無一毫損失."

25 『漢陰先生文稿』권9, 「到平壤, 與衛差官, 吳摠兵問答狀」: "而季金所領水兵, 六月望後可渡海."

26 『경략어왜주의』권2, 「增調宣大薊遼馬兵覓調閩海商船疏」: "又訪得福建海澄縣出販西洋商船, 其船極堅而利, 其軍火器械極精而銳, 其人習於水戰, 且熟知日本之情形險易, 不特可用之爲兵, 亦可用之以爲間. 先年總兵戚繼光曾用之禦倭, 卒收奇捷."

당하여 남해의 제해권을 내어주게 되었다. 8월에 양원이 지키던 남원성도 일본군에게 점령당하여 전라도 육상의 방어권을 내어주었다. 조선의 서남부를 지키던 방어벽이 텅 비게 되었다. 이에 대해 명 군부는 일본수군이 서해로 진출하여 중국대륙으로 침공해올 것을 심히 우려하였다.

「수최민직수병병모강북사병소(守催閩直水兵幷募江北沙兵疏)」와 「청설천진순무독향대신소(請設天津巡撫督餉大臣疏)」에 거점지 한산도와 남원을 잇달아 빼앗긴 이후 명 군부가 자국을 해상 방어하는 대책을 내놓았다. 일본군이 서해로 진출하여 북쪽으로 올라오고 육군이 남쪽으로 치고 올라오면 명군이 양쪽에서 협공을 당할 수 있다. 또 일본군의 침공이 육지로는 조선을 범하는데 그치지만, 해로로는 어디든지 갈 수 있다. 만약 일본군이 육지로 침범하더라도 군량이 모아진다면 충분히 방어할 수 있다. 하지만 일본군이 돛대를 북서쪽으로 돌린다면 곧장 천진에 닿아 북경이 위험에 처하게 된다. 또 동쪽으로 향하면 등주와 내주, 남동쪽으로 회남과 양주, 멀리 남경, 절강, 복건, 광동을 침범할 수 있다. 하지만 일본 군사력의 여력이 없어 대륙의 동남쪽을 침범하기가 힘들다. 지금 요긴하게 방어를 해야 할 곳은 천진과 등주, 내주이고, 그 다음은 회남과 양주이다. 남경, 절강, 복건, 광동은 큰 문제가 없을 것이다.

이곳에서 명 군부가 세운 방어 대책이 결코 조선 방어가 아니고 자국 방어에 있다는 점을 엿볼 수 있다. 육상에서는 군량만 모아진다면 요동을 충분히 방어할 수 있는 반면에 해상에서는 일본군이 침공해

---

27 『경략어왜주의』 권6, 「獻俘疏」: "至十五日夜, 倭兵犯隴川島處, 將朝鮮統制使李元均等, 全羅等道節度使李德億等軍殺敗, 隨陷閑山地方." 여기의 李元均은 元均의 오기이고, 李德億은 李億祺의 오기임.

올 가능성이 있다며 서둘러 방비 대책을 내놓았다. 중국대륙의 연해
안을 방비하는 대책을 보면 지역별로 차등이 있다. 북경과 가장 가까
운 천진이나 한반도에서 해상 거리가 가까운 등주, 내주, 즉 산동 지
역을 최우선 해상 방비지역으로 삼았고, 해상 거리가 상대적으로 먼
절강, 복건, 광동 지역은 일본 군사력의 여력이 없어 침공할 위험이
적다고 판단했다.

정유재란 때 일본의 군사력이 남원, 전주 등지를 점거시킬 정도로
매우 강한 것은 사실이지만, 명 군부의 판단처럼 해상을 통해 중국대
륙의 동남연해안을 침공할 정도로 충분한 여력이 있는지는 여전히
의문으로 남는다. 그렇지만 명 군부는 16세기 중엽까지 왜구가 중국
대륙의 동남연해안을 침공하여 큰 혼란을 일으킨 지난 사례로 미루
어 해당 지역의 순무들에게 일본군의 해상침공을 대비하도록 방비책
을 세우도록 했다.

명 군부는 천진을 중요한 해상 거점으로 삼아 군량으로 모우고, 또
한 전선 건조에 박차를 가했다. 「제조선은소(題朝鮮銀疏)」에 천진에서
전선을 건조하거나 보수하는데 드는 비용에 대해 여러 차례 논의한
기록이 있다. 이것을 정리해보면 다음 도표와 같다.

전선 종류	척수	비용	비고
福船	15척		해체 건조
蒼船	77척		보수
唬船	58척	12,561양 4전 9분	보수
大鳥船	28척		건조
小鳥船	6척		건조
梭船	4척	10,239양 1전 9분	건조
소계		22,800양 6전 8분	
龍江營沙船	3척		보수

福蒼鳥船脚船	99척		건조
각종 잡물		15,257양 7전 5분 2리 3사 3홀	
松杉木 등		1,564양 2전 6분 8리 6호	
소계		16,822양 2분 6호 3사 3홀	

전선 건조 및 보수는 천진조선아문(天津造船衙門)에서 맡았고, 비용 출처는 병부와 공부에서 각각 절반씩 맡았다. 이들 전선 중 선체가 가장 큰 것은 복선(福船)이다. 「증조선대계료마병멱조민해상선소(增調 宣大薊遼馬兵覓調閩海商船疏)」에 일본선을 대적하는데 필요한 복선 선체의 요건을 적어놓았다. 크고 단단한 것이 아니면 충격 공능을 얻지 못하고, 또 가볍고 빠른 것이 아니면 추격의 효과를 누릴 수 없다.

정유재란이 끝난 후 명 조정은 임진왜란에서 승전을 축하하는 여러 행사를 펼쳤다. 1599년(만력 27) 4월 25일에 북경 궁궐 오문(午門) 앞에서 신종제와 문무백관들이 참석하는 가운데 형개가 바친 일본군 장수급 61명을 꿇어앉혀 극형에 처한다고 선포하고, 곧이어 이들을 서시로 보내어 처단하고, 또 근신을 태묘(太廟)와 교외로 보내어 조상과 천하에 승전을 고하는 의식을 치렀다.[28] 『재조번방지(再造藩邦志)』에 이날 궁궐 오문에서 펼쳐진 의식에 대해 생생하게 기술해놓았다.[29]

명나라는 전쟁에 나가 승전할 때마다 포로를 바치는 의식을 치렀

---

[28] 『명신종실록』 만력 27년 4월 갑술(25)일: "上御午門樓, 受總督邢玠等所獻倭俘六十一人, 付所司正法, 百官致詞稱賀. 是日祭告郊廟, 遣公徐文璧 · 侯陳良弼 · 駙馬都尉許從誠禮, 收回酺醵果酒賜輔臣."

[29] 『再造藩邦志』 권6.

다. 포로를 바치는 의식은 명 황제 중심의 세계질서를 만천하에 널리 알리고, 또한 자신들의 통치기반을 굳게다지고자 한 목적에서 나왔다. 「헌부소(獻俘疏)」에 형개가 정유재란에 세웠던 공적과 일본 장수급 61명을 사로잡아 조정에 바친 내역을 담아놓았다.

아래에 구방숭(久芳崇)이 정리한 장수급 61명 명단을 포로의 성격과 공간별로 구분하여 수정 보완한 도표를 나열해본다.[30]

구분	일시(1598년)	장소	생포 장수급	비고
차사	6월 1일	한양	要時羅, 古和知, 要一知	小西行長 차사 유정 체포
	7월 5일		舍生門樂信大, 馬大時老, 信哥落	加藤清正 차사
	8월		化叱大里小如文	加藤清正 차사
동로	8월	西生浦	亞子宇羅	
	9월 23일	溫井東萊	界磨	
	11월 3일	海口	見次郎	
	11월 3일	多大浦	善叟戒	
	12월 5일	多大浦	敵古老, 幺兵衛	
중로	7월 20일	高靈	信西奴	
	8월 13일	陜川	十羅世樂	
	11월 2일	晉州	散思界	
서로	10월 19일	倭橋	阿干(于)答力思結	小西行長 부하
	11월	倭橋	甚什吉	
	11월 17일	光陽	極深票葉, 李數解	飛鸞島 부하
	11월 17일	光陽	岳送多羅	총4명 생포
	11월 19일	倭橋	落孤樂	
	11월	熊方山	阿十枝	총2명 생포
			馬過什羅, 信什羅, 哆嘧, 馬答也門	
수로	7월 24일	興陽	羅二所	총2명 생포

30 久芳崇, 「明朝皇帝に獻納された降倭 －『經略御倭奏議』を主要史料として」, 앞의 서지, 149~150쪽.

	7월 29일	竹島	梵担麼	총9명 생포
	11월 3일		是爾之羅	총4명 생포
	11월 19일	露梁	平秀政, 平正成, 窩二, 金吃, 甚什吉, 沙四吉, 金七, 一末華盖, 善哥原五, 夜有摩那, 水四吉, 羊哥羅, 三婆羅, 什伽羅, 耶思吉, 壽羅, 達羅, 久大有, 什唱羅, 也多羅, 西音破之, 伸占羅, 沙裩思, 見泗麼, 七祭羅, 一至所, 信奇(哥)羅, 善谷羅, 宋哥羅	
	11월 29일	錦山	沙四吉	
	12월 10일	乙川山	那莫哥	
			馬大十	

아래에 노량해전과 관련된 부분을 중심으로 「헌부소」의 내용을 분석해본다. 노량해전은 1598년(선조 31) 11월에 사실상 임진왜란의 종식을 고한 마지막 대전이었다. 조선 이순신과 명 진린이 이끄는 조명연합수군과 순천왜성에 고립된 소서행장을 구하기 위해 편성된 대규모 일본함대가 노량 앞바다에서 맞붙어 사생결단의 전투를 펼쳤다.

「헌부소」에 일본함대의 구성과 규모에 대해 언급한 대목이 두 곳보인다. 한 곳은 석만자(石曼子; 島津義弘)의 본영선박 3백 척, 장관 압남고(鴨南皐; 立花宗茂)의 충봉선(衝鋒船) 60척, 대마도태수(宗義智)의 충봉선(衝鋒船) 80척이 있고, 후방에서 뒤따르던 선박이 부지기수였다고 했다.[31] 다른 한 곳은 부산, 사천, 거제, 함산(咸山; 閑山)[32]의 일본군이 석만자(도진의홍)와 함께 일본 함대 8백여 척을 거느리고 왔다고 했다.

---

31 『경략어왜주의』 권6, 「獻俘疏」: "石曼子卽日督令本營船三百隻, 將官鴨南皐衝鋒船六十隻, 對馬島太守衝鋒船八十隻, 隨後船隻不知其數, 奔救行長."
32 여기의 咸山은 閑山의 오기이다.

　당시 순천왜성의 소서행장을 구하기 위해 출전한 일본 함대는 부산, 사천, 거제, 한산에서 나선 8백여 척인데, 그 중에 도진의홍, 입화종무, 종의지 소속의 440척이 선봉대로 나섰다. 노량대첩을 거둔 직후 형개가 명 조정에 올린 치계에도 이와 비슷한 수치를 언급하고 있다. 부산, 사천, 거제, 한산 등 일본군 2만여 명, 함대 6~7백 척이 노량해전에 나섰다고 했다.[33] 반면 조선측 기록에서는 명측 기록보다 훨씬 적다. 이덕형은 조선 조정에 올린 치계에서 사천, 남해, 고성에 있던 일본함대 3백여 척이라고 했다.[34] 이분(李芬)은 「(이순신)행록(行錄)」에서 일본함대가 5백여 척이라고 했다.[35] 이번에 「헌부소」를 통해 일본함대의 규모를 정확하게 파악할 수 있게 되었다.

　또 「헌부소」에 노량해전 때 살해하거나 생포한 일본 장수급의 이름이 보인다. 진린이 함대를 거느리고 가서 소서행장을 구하려온 일본함대와 만나 해상 전투를 펼쳤다. 총으로 석만자(도진의홍)를 살해했고, 평수정(平秀政; 中川秀政), 평정성(平正成; 豊臣正成; 寺澤廣高), 와이(窩二) 등 장수급을 생포했다. 이때 적 3백여 명을 살해하고, 익사한 자가 2만이 넘었다고 한다.

　그러나 「헌부소」 기록이 일부 과장된 거짓 정보가 뒤섞여 있어 사실 여부에 대해 충분한 검토 작업이 필요하다. 그 사례로 노량해전에

---

33 『명신종실록』 만력 26년 12월 15일(병자)조: "邢玠又報, 近者倭兵二萬餘, 舟以六七百計, 糾釜山、泗川、巨濟、閑山各倭, 將悉力西援行長."

34 『선조실록』 31년 11월 27일(무신)조 이덕형 치계: "本月十九日, 泗川、南海、固城之賊三百餘隻, 合勢來到露梁島, 統制使李舜臣領舟師, 直進逆戰, 天兵亦合勢進戰. 倭賊大敗, 溺水致死, 不可勝計, 倭船二百餘隻敗沒, 死傷者累千餘名."

35 『이충무공전서』 권9, 李芬 「(이순신)行錄」: "(7월)十八日, 酉時, 賊船自南海無數出來, 依泊於嚴木浦, 又來泊於露梁者, 不知其數. 公約于都督, 是夜二更同發, 四更到露梁, 遇賊五百餘艘, 大戰至朝."

서 살해했거나 생포했다고 한 수장급 인물 석만자(도진의홍), 평수정
(중천수정), 평정성(풍신정성) 등 3인을 들어본다.

석만자(도진의홍)는 사마번주(薩摩藩主)이다. 노량해전 때 살해되지
않았다. 노량 앞바다에서 조선수군의 공격을 받아 위험한 곤경에 빠
졌으나, 가신들이 적극적으로 구원에 나서 무사히 돌아갔다. 1619년
(元和 5)에 영지에서 죽었다. 평수정(중천수정)은 풍후국(豊後國) 강번(岡
藩) 초대 영주이다. 1594년(文禄 3)에 풍신수길(豊臣秀吉)로부터 풍신
(豊臣) 성과 풍후국(豊後國)에 7만 4척 석의 영지를 받았다. 1597년(慶
長 2)에 1,500명을 이끌고 와서 전라도를 침공했다. 노량해전에 참전
하지 않았다. 1600년(경장 5)에 세키가하라(関ヶ原) 전투에서 동군으로
참가했다. 1612년(慶長 17)에 죽었다.[36] 평정성(풍신정성)은 비전(肥前)
당진(唐津)의 초대 영주이다. 임진왜란 때 병력 수송과 물자 보급을
맡았고, 노량해전 때 후방에 있는 관계로 전투에는 나서지 않았다.
1633년(寛永 10)에 영지에서 죽었다.

「헌부소」에서 노량해전 때 살해했거나 생포했다고 한 수장급 인물
3인의 기록은 모두 문제가 있다. 거짓 정보가 만들어진 과정을 보면
노량해전에서 명 수군을 거느린 진린에서 나왔다. 진린은 자신의 전
훈을 크게 내세우고자 없던 사실을 만들어냈다. 궤멸된 일본전선에
서 죽은 장수급 인물을 석만자(도진의홍)로 둔갑시켰고, 참전하지 않
았던 평수정(중천수정)과 평정성(풍신정성)을 생포했다고 했다. 노량해
전에 참전한 경상우수사 이순신(李純信)은 조정에 올린 장계에서 평정
성(풍신정성)을 생포했다는 보고가 진린의 강요로 이루어졌다고 했

---

36 당시 또 한 명의 동명 中川秀政이 있다. 攝津國 茨木 영주이다. 1592년(文禄 1)에
조선에 들어와 참전했으나, 동년 10월에 수원 부근에서 매사냥에 나서다가 조선군의
습격을 받고 죽었다.

다.[37] 「헌부소」에 진린이 처음 올린 장계를 다시 고쳐 올리면서 일본
군의 수장이 석만자(도진의홍)가 아니고 평정성(풍신정성)이라고 강변
했다. 군문 형개는 진린의 거짓 보고에 따라 명 조정에다 석만자(도진
의홍)를 살해하고 평정성(풍신정성)을 생포했다는 잘못된 보고를 올렸
다.[38] 일각에서 형개가 바친 보고가 거짓이라는 이견이 있었으나, 명
조정에서는 형개의 보고를 사실로 받아들였다. 훗날 형개가 죽을 때
까지 석만자(도진의홍)를 살해하고 평정성(풍신정성)을 생포했다고 잘
못 알고 있었다.[39] 여기에 대해서는 필자가 따로 준비한 논문이 있으
니 참조하기 바란다.[40]

정응태(丁應泰), 서관란(徐觀瀾) 등 일부 인사들이 노량해전의 전과
가 과장되었다는 주장을 일삼자, 형개는 이들의 주장을 반박하는「주
변동정시말소(奏辯東征始末疏)」를 올렸다. 진린이 섬에 남은 일본군을
살해했다는 1백여 급이 조선백성을 살해해서 충당했다는 일부 주장
에 대해 형개는 명 부장 등자룡(鄧子龍), 조선 총병 이순신의 죽음을
어떻게 봐야하느냐고 반문했다. 또 남해에 남아있는 조선 선비와 백
성들이 만여 명이 넘고 총병 진린에게 전공을 축하하는 각종 시문이
4~50통이 되며 연도에서 향을 사르고 접대하고 있는데, 어찌 살인을
한 자가 하는 행동이냐고 반문했다.[41]

---

37 『선조실록』 31년 12월 22일(계유)조.

38 『명신종실록』 만력 26년 12월 15일(병자)조: "邢玠又報, … 總兵陳璘即身先將士,
鼓衆大戰, 銃死大倭將石曼子, 又生擒一部將, 其焚溺死者無算, 雖水中不能割級而猶斬
獲三百餘顆, 功收全勝, 妖氛已平."

39 『명신종실록』 만력 40년 3월 8일(임인)조: "擊倭于錦山南海間, 殲石曼于, 擒平正
成等." 여기의 石曼于는 石曼子의 오기이다.

40 朴現圭,「『明實錄』 중 노량해전 戰績 기록에 대한 분석」,『이순신연구논총』 29집,
순천향대학교 李舜臣硏究所, 2018.6.30., 9~38쪽.

41 『경략어왜주의』 권6,「奏辯東征始末疏」: "又曰陳璘止殺守島倭級百餘, 多殺鮮人報

그러나 형개의 변무는 일부 오류가 있다. 진린의 수군이 조선 백성들을 살해해서 일본군으로 둔갑시킨 것은 사실이다. 노량해전이 끝나자 진린의 수군은 즉시 남해 섬으로 진격하여 금산 등지에 숨어있는 일본 패잔병들을 토벌했다. 이때 일본 패잔병을 수색하여 살해하는 전공을 세웠지만, 더 많은 전공이 필요한지라 조선인을 살해한 뒤 일본군의 수급으로 둔갑시켰다는 비판을 받아야만 했다.[42] 형개의 변무 내용 가운데 등자룡과 이순신이 노량해전에서 전사했던 사실을 기술해놓아 눈길이 간다.

정유재란이 끝났지만 명 군부는 일본군의 재침을 우려해서 한동안 일부 군사를 조선에 남겨두었다. 만세덕(萬世德), 두잠(杜潛), 이승훈(李承勛) 등이 남아 조선 방어를 책임졌다. 「청가류수조선제독이승훈복색소(請加留守朝鮮提督李承勛服色疏)」에 흠차제독남북수륙관병(欽差提督南北水陸官兵) 조선방해어왜총병관(朝鮮防海禦倭總兵官) 이승훈의 관복 품계를 고치는 내용이 담겨있다. 당시 이승훈의 품계는 종2품 도독첨사(都督僉事)였다. 명 군부가 조선에 체모가 서지 않는다며 관복을 종1품 도독동지(都督同知)로 고쳐주기를 바라자, 명 조정은 특례로 삼아 복색을 올려주었다.

전란 이후에 일본은 조선·명나라와 외교 관계를 모색했다. 1600년(선조 33)에 전란 때 인질이 되어 일본으로 끌려간 명 부장급 장수들을 각각 조선과 명나라로 돌려보내는 조치를 취했다. 4월에 대마도 차왜가 명 진문동(陳文棟), 왕건공(王建功), 왕보균(王甫均), 정진원(丁陳

功, 則副將鄧子龍, 朝鮮總兵李舜臣爲何而死? 而鮮之南海士民不下萬餘, 與陳總兵爲詩詞歌章四五十道, 沿途焚香接待, 豈以報其殺人之仇乎?"

42 『亂中雜錄』 권3 무술년 11월 19일조: "陳璘奉諸軍, 入探南海陣, 收得軍粮萬餘石, 牛馬至不可數, 因留流山, 水兵前後斬馘滿千, 而其中多有我人誤死者."

元) 등 40여 명과 조선인 20여 명을 호송한 선박이 부산에 도착했
다.[43] 한편 당시 부산 해역을 방비하던 장양상(張良相)은 이들이 나포
했다고 했으나, 실상은 일본이 명 차관과 조선 피로인을 데리고 차사
로 보냈던 것이다.[44] 또 동월에 차왜가 명 모국과(毛國科), 대은(戴恩),
동승(董升), 장록(張祿) 등과 해적, 왜구들을 호송한 오미선(烏尾船)이
복건으로 향하다가 중도에 표류당하여 절강 연해안에 도착했다.

　「제왜노송회선유인역소(題倭奴送回宣諭人役疏)」에 절강에 표착한 일
본 호송선에 대한 처리 방안이 적혀있다. 명 군부는 모국과가 유격
모국기(茅國器)가 도진의홍(島津義弘)에게 보낸 위관인 점은 인정하지
만, 일본이 왜 모국과를 돌려보낸 의도를 정확히 파악하지 못해 의아
하게 여겼다. 한동안 논의한 끝에 일본이 이들을 인질로 남겨두어도
쓸모가 없고, 또 이들을 죽어도 도움이 되지 않는다고 여기고 본국으
로 돌려보냈다고 판단했다. 다만 일본의 본심에 대해서는 정확히 파
악하지 못했다. 이것을 빌미로 중국의 허실을 파악하기 위한 것인
지? 조선·명나라와 통교하고자 하는 의도였는지? 부산에 주둔한 명
대군이 대마도로 쳐들어오거나 중국 본토에서 일본열도를 직접 공략
하는 소문에 두려워서 인지? 따라서 명 군부는 이번 사건을 매우 신
중하게 접근했다.

5. 결론

　임진왜란은 동아시아 삼국이 참전한 국제 전쟁이었다. 전란이 발

---

43 『선조실록』 33년 4월 11일(갑신)조.
44 『선조실록』 33년 4월 11일(갑신)조.

발하자 많은 명군이 조선으로 들어와 활동하면서 전쟁과 관련된 많은 기록들을 남겼다.

『경략어왜주의』는 정유재란기 조선에 나와 있던 명 군부를 총괄한 군문 형개가 남긴 주본집이다. 책자에 1597년(만력 25)부터 1600년(만력 28)까지 전란과 관련된 중대한 군무를 담은 주본을 명 조정에 올려 보내고, 또 명 조정이 주본을 검토하고 신종제가 재가한 내용을 기술해놓아 사료 가치가 매우 높다. 현재 절강 영파 천일각에 유일 명각본으로 소장되어있다. 원래 10권본인데, 아쉽게도 잔책 5권본 분량(권2, 4, 6, 9, 10)만 남아 있다.

정유재란 초기 명 군부가 전쟁을 수행하기 위해 필요한 군량에 대해 남겨놓았다. 병력 6만여 명과 말 2만 필이 1년에 사용할 군량이 54만 석인데, 당시 조선으로 운송할 수 있는 양이 무사고 시 25만여 석, 사고 시 20만여 석으로 최소한 30만 석 정도가 부족하였다. 명 군부는 부족한 양을 옮기기 위해 여러 조치를 취하였다. 해로로는 군량을 옮길 상선 20척을 모집하고, 또 선박 30척을 급히 건조하도록 했다. 육로로는 각 군무가 나귀 1,200필을 급히 구매하여 운송에 투입시켰다.

초기에 명 군부는 요동반도에서 한반도 서해안으로 이어지는 해상 노정을 잘 알지 못했다. 처음에 여순에서 압록강 하류의 의주로 옮겼다가 의주에서 다시 평양으로 옮기는 방안을 검토했으나, 나중에 조선 조정의 건의를 받아들여 여순에서 곧장 대동강 입구인 광량진으로 옮기는 방안으로 결정했다. 정유재란 초기에 투입된 말은 27,639필인데, 불과 1년만에 절반 정도인 13,466필만 남았다. 이들 가운데 전투에서 희생당한 말의 숫자는 소수이고, 대다수가 조선과 중국과 다른 신토불이와 지형, 과로 등 원인으로 폐사했다는 의외의 결과를 보여주었다. 남원성 패전에서 희생당한 말이 3,400필이나 되었다.

명 양원이 지키던 남원성이 함락당한 원인에 대해 지금까지 알려진 중과부족, 지원군 미도착, 방어책의 실패 등을 꼽았다. 이번에 양원이 남원성 전투에서 패배를 예측하고 자신의 행장을 미리 빼돌렸고, 또 양원에 의해 체포당한 심유경이 양원을 보복하는 차원으로 비밀리에 소서행장에게 남원성 방어의 허실에 대한 정보를 전해주었던 사실이 새롭게 밝혀졌다.

정유재란 발발하자 명 군부는 일본 수군이 많다며 소규모이지만 전투에 나서는 수군 파견을 결정했다. 이때 절강수군 3천 명, 복건수군 1천 명, 오송수군 1천 명 등 5천 명을 보낼 예정이었다. 얼마 후 칠천량 패전으로 조선 수군이 궤멸되자, 일본 수군이 바다를 통해 중국 대륙으로 침공해올 것을 염려하여 대규모 수군을 편성하여 조선으로 보냈다. 이때 중국 대륙을 방어하는 지역을 보면 천진과 산동 방어를 최우선으로 삼았고, 복건과 광동 지역은 상대적으로 적을 것으로 여겼다. 그리고 해상 전력 보강하기 위해 천진조선창에서 전선을 대대적으로 건조하거나 보수하는 대책을 세웠다.

전란이 끝난 후에 명 조정은 북경 궁궐 오문(午門)에서 생포한 일본군 장수급 61명을 바치고 태묘(太廟)와 교외에 보내어 승전을 고하는 의식을 펼쳤다. 명군이 살해했거나 생포했다고 한 일본군 장수급 명단을 보니 전훈을 과시하기 위해 다른 사람을 장수급 인물로 둔갑시키거나 일본이 협상용으로 보낸 차사를 포함시켰다. 노량해전에서 살해했다고 한 석만자(石曼子; 島津義弘)나 생포했다고 한 평수정(平秀政; 中川秀政)과 평정성(平正成; 豊臣正成)은 일본으로 무사히 돌아갔던 장수이었다.

[燁爀之樂室]

임진왜란 명 장수 오유충의
한반도 소재 문물 고찰

1. 서론

임진왜란은 1592년(선조 25)부터 1598년(선조 31)까지 조선, 명, 일본 등 동아시아 삼국이 한반도에서 격돌한 국제 전쟁이었다. 동아시아 삼국의 임진왜란에 대한 관심은 예나 지금이나 무척 뜨겁다. 동아시아 삼국은 학술계, 문화계, 언론 매체를 중심으로 임진왜란 관련 행사를 연이어 펼치며 지난 전쟁과 역사의 의미를 되짚어보고 앞으로 가야할 상호 협력과 발전의 길을 모색하고 있다.

명나라가 자국의 영토 밖에서 일본군을 물리친다는 원칙 아래 전후 수십만 명에 달하는 대규모 군사를 편성하여 조선에 보냈다. 명군은 조선군과 연합하여 여러 전투에서 승첩을 거두고 끝내 일본군을 조선에서 몰아내는 전승의 커다란 원동력이 되었지만, 때로는 지원군의 입장에서 일본과의 화의를 펼친다는 명목 아래 조선 조정을 제쳐두고 조선군의 작전을 통제하며 소극적인 전투를 펼쳤고, 그 무엇보다도 주둔지에서 민초에 대한 극심한 침탈과 횡포를 자행한 부정적인 모습도 함께 보여주었다.

명군 가운데 그 숫자는 드물지만 참된 군인의 본보기를 보여주어 조선 조야로부터 칭송을 널리 받았던 명 장수가 몇몇 있는데, 그 중의 한 명이 바로 의오군(義烏軍) 출신 오유충(吳惟忠)이다. 오유충은 평양성전투에서 선봉에 나섰다가 총탄을 맞은 부상을 입었으면서도 부하들을 독려하여 일본군을 물리치고 성곽 탈환에 혁혁한 전공을 세웠다. 이때 부상 정도가 매우 심하여 장차 자신의 시신을 옮길 棺材까지 준비하기도 했다.[1] 또 오유충은 조선 체류기간에 높은 인품과 청렴한 행실을 보여주어 조선 조정으로부터 높은 평가를 받았고,[2] 또한 여러 곳의 민초들이 오유충의 청덕을 기리기 위해 비석을 세워주었다.[3]

최근 중국 대륙에서는 오유충과 의오군에 대한 관심이 크게 높아지고 있다. 오유충의 고향 절강(浙江) 의오(義烏) 오감두촌(吳坎頭村)에서는 곳곳에 오유충을 기리는 비석과 벽화를 조성하여 항왜장수(抗倭將帥)의 마을이라는 강한 자부심을 내세우고 있고, 의오군의 본 고향인 의오에서는 오유충과 의오군을 널리 칭송하는 행사가 연이어 펼쳐지고 있다. 그리고 학술계에서도 임진왜란 때 오유충과 의오군의 활약을 한국 데이터베이스와 중국 지방자료를 활용 분석한 책자, 장성(長城) 일대를 거주하고 있는 의오군의 후예를 현지 조사한 책자가 잇달아 나왔다.[4]

1　『선조실록』26년 1월 24일(기묘)조: "左議政尹斗壽馳啓曰: 臣留平壤, … 吳惟忠爲鐵丸所中, 皆爲落後, 留在軍馬, … 吳則鐵丸正中中心, 病勢危急, 臥而見臣, 亦爲功高, 不錄於首功, 心裏怏怏, 以此病勢尤緊, 卽令家人, 書小紙示臣, 其言亦多有憾恨之意. … 吳・李兩將, 病勢深重, 吳則至於欲得栢子棺板, 屢發於言辭. 大槪駱・吳二將, 攻破此城, 功無與伍."

2　『선조실록』30년 6월 14일(계유)조: "(오유충)持身不濫, 檢卒能嚴, 東征諸將, 實尠其儔."

3　申欽,『象村先生文集』권59,「天朝詔使將臣先後去來姓名」: "惟忠性淸嚴, 與士卒同甘苦, 在嶺南多露處, 人勸入廨舍. 答曰: 士卒暴露, 吾何可獨安館宇. 號令明肅, 所過不折一草, 瓜蔬之微, 必易以價, 嶺南一路皆立碑頌之. 避兵之民, 聞吳軍至則俱來集, 盡力供頓."

필자는 일전에 임진왜란에 참전한 명 장수들에 대해 많은 관심을 쏟아 일련의 논문을 발표한 적이 있고, 이번에 오유충과 의오군으로 눈길을 돌려 본격적으로 자료 수집에 나섰다. 본 논문에서는 한반도에 소재한 오유충의 문물을 대상으로 삼아 집중적으로 살펴보고, 다만 한반도 소재 의오군의 후예에 대해서는 편폭 관계로 따로 떼어내었다.[5] 여기서 말하는 오유충의 문물은 한반도에 현존하거나 기록으로 남아 있는 것, 그리고 오유충의 이름이 들어가 있는 것을 모두 포함시킨다. 오유충 고향 의오에 대한 현지 조사는 2015년 6월과 10월에, 국내에 남아있는 오유충의 각종 문물에 대한 현지 조사는 동년 9월과 10월에 각각 두 차례 이루어졌다.

2. 한반도에 세워진 오유충의 청덕비

본격적인 논술에 앞서 오유충의 생애에 대해 약술해본다.

원 이름은 간(澗)이고, 자는 여성(汝誠)이며, 호는 운봉(雲峰)이다. 절강 의오 오감두촌 사람이다. 1533년(가정 12)에 오체사(吳棣四)의 차자로 태어났다. 어려서부터 머리가 총명하고 기개가 곧았다. 시사 서적을 즐겨 읽었고, 특히 병서를 좋아했다. 1559년(가정 38)에 척계광(戚繼光)이 절강에서 모집한 의오군에 들어가 함께 왜구 토벌에 나섰고, 1561년(가정 40)에 태주파총(台州把總)에 올랐다. 이듬해 복건 영덕

---

4 楊海英, 『域外長城: 萬曆援朝抗倭義烏兵故實』, 上海人民出版社, 上海, 2014.; 義烏 叢書編纂委員會編: 『長城有約: 義烏與長城的歷史對話』, 上海人民出版社, 上海, 2013.; 王賢根·吳潮海, 『千古長城義烏兵』, 人民出版社, 北京, 2014.

5 朴現圭, 「임진왜란 명 義烏軍 출신 張海濱과 한국 浙江張氏 고찰」, 『이순신연구논총』 24집, 順天鄉大學校 李舜臣研究所, 2015.12, 307~335쪽.

의오 오감두촌 오유충 석상

일대에서 나포된 백성들을 구출하여 해문위지휘첨사(海門衛指揮僉事)
에 올랐다. 1569년(융경 3)에 계주총병관(薊州總兵官)으로 옮긴 척계광
을 따라 북방 방어와 장성 수축에 나섰다. 1573년(만력 1)에 준화표화
좌영유격(遵化標化左營遊擊)이 되었고, 1577년(만력 5)에 산해관참장(山
海關參將)이 되었다. 1592년(만력 20)에 흠차통령절병유격(欽差統領浙兵
游擊)으로 보병 1천 5백 명을 거느리고 조선 출병에 나섰고, 이듬해에
평양성 수복에 혁혁한 전공을 세웠다. 1594년(만력 22)에 본국으로 귀
국하여 어위부총병(御衛副總兵)에 올랐다. 1597년(만력 25)에 흠차비왜
중익부총병(欽差備倭中翼副總兵)으로 3,997명을 거느리고 다시 조선에
들어와 울산 도산성 전투 등에 참전했다. 1599년(만력 27)에 본국으로
귀국하여 좌군도독부도독첨사(左軍都督府都督僉事)가 되었다. 이듬해
고향으로 돌아가 하연(夏演) 금암곡(金岩谷)에 은거했다. 1613년(만력
41)에 작고했다.

죽주 〈천조부총병오유충덕청인용비〉

1) 죽산 소재 「천조부총병오유충덕청인용비」

1597년(선조 30) 오유충이 충주로 내려가기 전에 잠시 죽산에서 머물렀다. 1744년(영조 20)에 작성된 박경귀(朴慶龜)의 「찰방공행장(察訪公行狀)」에 의하면 1597년(선조 30) 11월에 오유충에 소속된 부장 장해빈(張海濱)이 죽산에서 일본군과 맞붙어 승전을 거두었고, 또한 그곳에 오유충의 승첩을 기린 「천조부총병오유충덕청인용비(天朝副摠兵吳惟忠德淸仁勇碑)」를 세웠다고 했다.[6] 당시 명군이 죽산에서 일본군과 싸웠다는 사적이 없어 박경귀의 기록이 다소 문제가 되지만, 죽산에 오유충의 비석이 세워졌던 것은 사실이다. 조선 후기 실학자 성해응(成海應)은 2백 년 전에 오유충이 한호(韓濩: 한석봉)에게 준 친필 편지

6　『(庚子譜)浙江張氏世譜』朴慶龜「察訪公行狀」: "(1597년)同年十一月二十九日, 與倭遇於竹山縣, 公身先士卒, 上馬疾呼, 以短兵相接之時, 左脅傷於流丸, 裹瘡力戰, 則倭寇退散. 吳游擊大捷立碑於其縣, 銘曰: 天朝副摠兵吳惟忠淸德仁勇碑. 盖銑於尊也."

를 보고난 뒤에 자신이 일찍이 죽산을 지났을 때 길가에서 지역민들
이 세웠던 「천장오공유충청용지비(天將吳公惟忠淸勇之碑)」를 보았다고
했다.[7]

오늘날 안성시 죽산면 매산리(梅山里)에 소재한 죽주산성에 「천조
부총병오유충덕청인용비(天朝副摠兵吳惟忠德淸仁勇碑)」가 세워져 있다.
죽주산성은 고려시대에 축조된 산성으로 외침의 수난을 극복한 유서
깊은 곳이다. 1237년(고려 고종 24)에 죽주방호별감(竹州防護別監) 송문
주(宋文胄)가 죽주산성에서 몽고군을 물리쳤고, 1593년(선조 26)에 충
청도병마절도사 황진(黃進)이 복도정칙(福島正則)이 이끄는 일본군을
대파시켰다. 죽주산성은 교통과 전략의 요충지이다. 산성에 올라서
면 안성벌, 이천, 장호원, 그리고 중부고속도로, 17번 국도, 38번 국
도를 한 눈에 조망할 수 있다. 오유충이 죽주산성에 머물렀던 것은
당시 한양과 삼남을 이어지는 길목에서 일본군의 북침을 방어하기 위
해서였다. 죽산산성은 1973년에 경기도 기념물 69호로 지정되었다.

죽주산성으로 올라가는 입구의 우측에 비석이 8기가 세워져 있다.
원래는 산성 앞쪽 17번 국도가 있는 곳에 비석이 세워져 있었으나,
최근에 도로 확장으로 현재의 위치로 옮겨졌다. 지역 사람들은 이
곳에 비석이 세워져 있다고 해서 비석거리라고 불렀다.[8] 왼편에서
4번째 비석이 오유충의 비석이다. 몸돌은 머리 부분이 둥그스름하
게 만든 비갈형이다. 지면에 노출된 비석의 길이는 153.5㎝, 너비

7　成海應, 『研經齋全集』 권55, 「萬曆東征諸公書牘」: "韓石峯濩, 舊藏萬曆東征諸公
書牘一卷. 至今二百年, 其英風傑氣奕奕, 如在紙墨間, 眞可寶惜. … 此爲遊擊吳惟忠書.
『懲毖錄』稱吳公最廉操. 余嘗過竹山, 見道傍有碑, 書曰: 天將吳公惟忠淸勇之碑, 意其
留鎭忠州也. 我人立碑頌德也. 今見此書, 良然."

8　죽산 매산리 지역민 金龍載(62년생)의 증언임.

는 60.2㎝, 두께는 24.3㎝이다. 전면은 해서체로 '천조부총병오유
충덕청인용비(天朝副總兵吳公惟忠德淸仁勇碑)'라고 새겨져 있고, 후면
은 마모가 심한 편이나 중앙 부분에 '萬曆二十五年立'이라고 어렴
풋이 보인다. 만력 25년은 1597년(선조 30)에 해당된다. 이 비석은
명문 그대로 죽산의 지역민들이 오유충의 청덕과 어짐, 용맹함을
기리기 위해 세웠다.

2) 충주 소재 오유충의 「청숙비」

1597년(선조 30)에 오유충은 죽산에서 충주로 진영을 옮겼다. 오유
충이 충주에서 머물렀던 장소는 충주성 서쪽 5리 떨어진 무학당(武學
堂: 현 충주시 봉방동 삼원초등학교 부근)으로 추정된다. 당시 충주성은 전
란으로 훼손이 심하여 전략적으로 방어 요새의 기능을 잃어버렸다.
이시발(李時發)의 『벽오선생유고(碧梧先生遺稿)』에 충주에 오유충의 비
석이 세워졌던 사적이 보인다. 즉, 1597년(선조 30)에 충주에 머물고
있던 오유충의 성품이 검약하고 부하들을 엄격하게 단속하여 지역민
에게 조금이라도 폐해를 끼치지 않았다. 조선에 들어온 명 장수 가운
데 이와 같은 이가 없다. 충주 사람들이 비석을 세워 오유충의 청덕
을 기렸다고 했다.[9]

이와 같은 사실은 여러 기록에서 찾아볼 수 있다. 조선 비변사가
오유충이 충주에 머물고 있을 때 지역민에게 베푼 행실에 대해 기술
한 바가 있다. 오유충은 군사들에게 물품을 사고 파는 것을 모두 민

---

9   李時發, 『碧梧先生遺稿』 권7, 「謐記」: "吳副摠惟忠, 浙江金華府義烏縣人也. … 丁
酉, 再來鎭守忠州, 性簡約, 馭衆嚴整, 秋毫無所犯, 民甚悅服, 東征諸將之中, 未見其
比, 忠人立石而頌之."

정에 따르게 하자, 지역민들은 청포를 입고 모여들어 저절로 촌락이 형성되었다. 곧이어 마군(馬軍)이 들어오자, 지역민들이 모두 처소를 버리고 달아났으며 집과 천막이 모두 탕진되어 난리를 겪은 것과 같았다.[10]

정탁(鄭琢)은 오유충이 군심을 얻고 호령이 엄숙하여 지나간 지역에 풀 하나도 건들지 아니하고 외나 채소같이 하찮은 물품이라도 반드시 가격을 지불하니, 명군을 피해 산속으로 숨은 연로의 민초들이 오유충의 군사가 온다는 소식을 듣고 모두 내려와 힘을 다하여 공양하고 비석을 세웠다고 했다.[11] 훗날 박경귀의 「찰방공행장(察訪公行狀)」에서도 죽산에 이어 충주에서도 오유충의 전승을 기리는 비석이 세워졌다는 사실을 확인할 수 있다.[12] 다만 오유충이 충주에 머물고 있던 당시에 일본군과 싸웠다는 전투 사적이 없는 관계로 오유충의 전승비는 오유충의 청덕비로 수정해야 한다.

충주 지역민들이 오유충을 기려서 세운 비석은 「청숙비(淸肅碑)」이다. 1757년(영조 33)부터 1765년(영조 41) 사이에 전국 각 읍에서 편찬한 읍지를 모아 성책한 『여지도서(輿地圖書)』에『충원현지(忠原縣誌)』가 포함되어 있다. 이 책자에「청숙비」가 무학당 남쪽에 있는데, 총병 오유충이 왜적을 평정하고 사민들을 구제한 비석이라고 했다.[13]

---

10 『선조실록』 31년 2월 8일(계해)조: "吳摠兵接伴使尹洞馳啓曰, … 而摠兵來到忠州之日, 忠州之民, 自爲一市, 軍兵買賣, 一從民情. 皆著靑布, 來集成村, 而馬軍下來之後, 民皆奔竄失巢, 家幕蕩盡, 有同經亂."

11 鄭琢, 『龍灣聞見錄』: "(오유충)丁酉來駐忠州, 性淸嚴, 與士卒同甘苦. … 故能得軍心, 號令明肅, 所過不折一草, 雖瓜菜之微, 必出其價而買之. 嶺南一路皆立碑頌之, 年老之民避大兵于山上, 聞吳軍之來, 則必下來盡力供頓."

12 『(경자보)절강장씨세보』, 朴慶龜, 「察訪公行狀」: "又於忠州戰捷立碑."

13 『忠原縣誌』(『輿地圖書』본) 중 「古跡」 淸肅碑 조항: "在武學堂南. 摠兵吳惟忠討平倭兜, 撫恤土民云."

이밖에 1780년(정조 4)경에 편찬한『충청도읍지(忠淸道邑誌)』, 1871년
(고종 8)에 편찬한『호서읍지(湖西邑誌)』, 1928년경에 이병연(李秉延)이
편찬한『조선환여승람(朝鮮寰輿勝覽)』등 각종 충주 지방지에서도 오
유충의 청덕을 기리는「청숙비」기록이 보인다.

3) 단양, 풍기, 영주 소재 오유충의 비

얼마 후 오유충은 충주에서 다시 단양, 풍기, 영천(榮川: 영주)을 경
유하여 안동으로 옮겼다. 연로의 민초들이 오유충의 군사들에게 음
식을 대접하고,[14] 또한 오유충의 청덕을 기리는 비석을 세웠다. 비변
사는 오유충이 지나간 노선, 즉 단양, 풍기, 영천(榮川: 영주) 등 지역
의 민초들이 편안하게 살아갈 수 있도록 군사 관리를 엄격하게 조치
해주니, 일로의 해당 지역에서 모두 오유충의 청덕을 기리는 비석을
세워주었다고 했다.[15]

그런데 일부 명 장수는 곳곳에 오유충의 비석이 세워진 것에 대해
강한 불만을 터트렸고, 오유충의 이동노선을 따라 남하하던 마군(馬
軍)이 영천(榮川: 영주)에 세워진 오유충의 비석을 넘어뜨려 깨뜨렸
다.[16] 여기의 마군(馬軍)은 기마병으로 구성된 북병(北兵)을 지칭한다.
당시 조선을 지원해온 명나라 군사들 사이에 지역별로 커다란 마찰
이 존재하였다. 북병을 거느린 마귀(麻貴)와 남병(南兵)을 거느린 오유

---

14 『榮州邑誌(炊沙本)』중「倭寇」: "丁酉冬, 賊皆退遁蔚山等地, 天兵分四路南下, 遊
擊吳惟忠·陳寅·茅國器皆率大軍, 路由此郡, 士民爭集, 壺漿以迎之. 天將莫不歎美其
形勝風習焉."

15 『선조실록』31년 2월 8일(계해)조: "吳摠兵接伴使尹洞馳啓曰, … 及其下去安東時,
路由丹陽·豐基·榮川, 所過民皆晏然, 一路郡縣, 皆爲立碑頌德."

16 『선조실록』31년 2월 8일(계해)조: "摠兵之見忤於兩衙門, 凡事皆爲過失, 立碑之
事, 亦是不平之一端, 榮川之碑則馬軍仆而破之."

충 사이에 관계가 좋지 않아 크고 작은 충돌이 있었다.

당시 접반사 윤형(尹泂)이 보낸 치계(馳啓)에 의하면 오유충은 상관인 경리(經理) 양호(楊鎬), 제독 마귀와의 관계가 상당히 좋지 않았다. 명군 수뇌부가 군사력을 집중한 울산 도산성 전투가 끝내 실패로 끝나자, 양호와 마귀는 전투 실패의 책임을 오유충에게 떠넘겼다. 이에 오유충은 더 이상 반박하는 소명을 하지 않고 장수 직을 버리고 본국으로 귀국하려고 했다.[17]

한 번은 오유충의 명성을 시기하던 한 장수가 명 감군어사(監軍御史) 진효(陳效)에게 오유충이 자신의 명성을 드높이고자 조선의 지방관에게 백금 5량을 주어 다섯 곳에 비석을 세우도록 작당했다고 고소했다. 여기에 대해 진효가 오유충을 무고한다는 사실을 알고 그 장수에게 내가 5십 량을 줄 테니 당신이 다시 1십 량을 더하여 다섯 곳에 비석을 세우는 것이 어떠냐고 반문하니, 그 장수는 부끄러워 물러갔다고 했다.[18] 여기에서 불만을 터트린 자가 누구인지를 밝히지 않았으나, 당시 상황으로 미루어보아 오유충에게 전투 실패의 책임을 떠넘기고자 하는 북병의 진영일 것으로 추정된다.

---

17 『선조실록』 31년 2월 8일(계해)조: "吳摠兵接伴使尹泂馳啓曰: 摠兵自安東還, 稱病不出, 不爲坐堂. 不見經理、提督衙門, 欲爲退去, 則兩衙門受而不答, 亦無慰留之意. 臣欲以因民情, 訴留于經理之意, 微稟於摠兵, 則摠兵嗔怒以爲此益吾過也, 決不可爲也. 千・把摠等皆爲失心, 欲令臣啓達, 移咨軍門請留. … 摠兵之見忤於兩衙門, 凡事皆爲過失, 立碑之事, 亦是不平之一端, 榮川之碑則馬軍仆而破之. 說毁之言, 左右叢集, 兩衙門見惡而不見好. 摠兵之請退, 誠出於不自安之意矣."

18 李時發, 『碧梧先生遺稿』 권7, 「謾記」: "同列有爭名者忌之, 言于監軍陳御史曰: 吳某要市名譽於外國, 到處私餽白金五兩于地方官, 立碑五處, 老爺可察焉. 陳知其誣, 卽應之曰: 然乎. 吾且餽你五十兩, 你可優給十兩, 立碑五處而來何如? 毁者慙服而退." 진 어사는 陳效를 지칭한다.

4) 안동 소재 「천장오후송덕비명」

정유재란 기간에 오유충은 두 차례 안동에 머물렀다. 한 번은 1597년(선조 30)말 충주에서 남하할 때이고, 다른 한 번은 울산 도산전투에서 실패한 뒤에 남은 군사를 이끌고 안동으로 들어왔을 때이다. 오유충의 높은 인품과 민초를 돌보고자 하는 행위는 안동 지역민에게도 널리 알려졌고, 또한 지역민들이 그의 청덕을 칭송하기 위해 비석을 세웠다.

「천장오후송덕비명(天將吳侯頌德碑銘)」은 예안 도목촌(桃木村) 출신 배용길(裵龍吉)이 지었다. 도목촌은 임진왜란 때 명군이 주둔한 지역 중의 하나로 알려지고 있다. 배용길은 김성일(金誠一), 조목(趙穆)의 문인으로 임진왜란이 발발하자 의병장 김해(金垓)의 휘하로 들어가 부장으로 활약했고, 정유재란 때 일본과의 화의에 반대하는 상소문을 올렸다. 안동의 늙은 아전이 마을 어르신의 뜻을 받들어 오유충이 지역민에게 베푼 청덕을 기리기 위해 비명을 지었으나 너무 소략하다며 오유충을 잘 아는 배용길에게 다시 비명을 짓기를 청했다. 그리하여 배용길은 「천장오후송덕비명」을 지었다.

1593년(선조 26) 겨울에 배용길은 상주에서 오유충을 만났다. 당시 상주에 오유충, 유정(劉綎), 왕필적(王必迪) 등 명군이 주둔하였다. 상주 어른들이 명군을 위로하고자 음식을 준비해서 가니, 유정과 왕필적은 음식을 받아들었으나, 오유충은 전란 속에 물자가 매우 귀하다며 완강히 거절하였다. 배용길이 몇 번이고 계속 청하니, 오유충이 마지못해 술 한 병만 취하고 나머지를 모두 돌려주었다. 이때 배용길은 마음속으로 한 광무제 때 마원(馬援)의 고사를 떠올리며 오유충의 청덕을 높이 평가했다.

1597년(선조 30) 겨울에 오유충이 군사를 거느리고 안동에 들어왔

다. 배용길은 양식을 조달하는 의량유사(義糧有司)가 되어 오유충의
진영을 드나들며 가까이서 오유충의 행실을 살펴보았다. 오유충의
군사가 말에게 먹일 꼴이나 불을 땔 땔감이라도 반드시 시정에 따라
가격을 지불했고, 교역을 허락받지 못한 사람이 물건을 가져와도 거
절하고 받지 않았다. 안동의 사람들이 오유충의 군사를 위로하기 위
해 음식을 가져다주어도 모두 받지 않았다.

　오유충이 안동을 떠나 남하할 때 한 군졸이 관급 이부자리를 찢어
말안장을 수리했는데, 이 사실을 안 오유충은 군졸을 군율로 엄격히
다스리고 자기 돈을 내어 갚아주었다. 안동부사가 그 돈을 돌려주고
자 하였으나, 오유충은 끝내 받아들이지 않았다. 다른 명군들이 고을
을 지나가다 소와 말이 보이면 관용으로 차출해가서 돌려주지 않아
심한 폐해를 끼쳤다. 반면 오유충의 인품은 자상하고 화락하였으며
법도에 따라 행동하여 유자의 기상을 갖추었다. 군사를 잘 훈련시키
고 부하들을 자식처럼 대하여 사기가 아주 높았다. 또한 물자 사용에
있어 검약하고 민초들에게 폐해를 끼치지 않도록 하니 민초들이 오
유충 군사가 온다는 소식을 듣고는 스스로 모여들었다.[19]

5) 신녕 소재 「오총병유충비명」

　1597년(선조 30)에 울산 도산성 공략에 나서기 위기 위해 마귀를 필
두로 한 동로군이 편성되었다. 오유충은 동로군에 편입되어 신녕 일
대에서 한동안 머물렀다. 이때 신녕 지역민들이 신녕현감 손기양(孫
起陽)을 찾아와 오유충의 송덕을 기리는 비석을 세워주기를 바라는
청원을 제출했다. 손기양이 지역민들에게 그 연유를 물으니, 오유충

19　裵龍吉, 『琴易堂集』 권6, 「天將吳侯頌德碑銘」 참조.

이 병졸들에게 민폐를 끼치지 말도록 군령을 내려 엄격히 단속하고 군영 물자를 절약하여 지역민들이 편안하게 살아가게 했다고 한다. 일전에 다른 명군 진영이 신녕에 머물렀을 때 많은 공물을 요구하는 바람에 지역민들은 명군에게 보낼 공물 때문에 생업을 포기할 지경이었다. 손기양은 지역민의 공론에 따라 군영 서쪽 수백 보가 떨어진 곳에 잠시 나무로 송덕비를 세웠다.[20]

끝으로 정유재란 시기에 조선 민초들에 의해 오유충의 비석이 세워진 지역에 대해 정리해본다. 오유충이 지나간 지역에 비석이 세워졌다는 사실은 여러 기록에서 확인할 수 있다. 김대현은 오유충과 모국기(茅國器)가 지나간 곳에는 반드시 칭송하는 비석이 세워졌다고 했고,[21] 정탁과 신흠은 영남 일로에 모두 비석이 세워졌다고 했다.[22] 오유충의 접반사 윤형(尹泂)은 오유충이 충주에서 안동까지 내려오는 연로, 즉 단양, 풍기, 영천(榮川; 영주) 등지의 민초들이 모두 칭송하는 비석을 세웠고, 영천에 세운 오유충의 비석은 마군이 깨뜨렸다고 했다.[23] 이시발은 오유충의 비석을 세운 지역을 충주, 안동을 포함하여

---

20 孫起陽, 『鰲漢先生文集』 권3, 「吳總兵惟忠碑銘并序」 참조. 孫起陽은 1595년(선조 28) 2월에 신양현감으로 부임했고, 1597년(선조 30) 10월에 이임했다. 영천 신녕면사무소 앞에는 1599년(선조 32) 2월에 세워진 「縣監孫公起陽善政碑」가 있다.

21 金大賢, 『悠然堂先生文集』 권3: "惟忠・國器經過之地, 皆樹碑頌德."

22 鄭琢, 『龍灣聞見錄』: "(오유충)嶺南一路皆立碑頌之, 年老之民避大兵于山上, 聞吳軍之來, 則必下來盡力供頓."

申欽, 『象村先生文集』 권59, 「天朝詔使將臣先後去來姓名」: "(오유충)號令明肅, 所過不折一草, 瓜蔬之微, 必易以價, 嶺南一路皆立碑頌之."

23 『선조실록』 31년 2월 8일(계해)조: "吳摠兵接伴使尹泂馳啓曰: … 而摠兵來到忠州之日, 忠州之民, 自爲一市, 軍兵買賣, 一從民情, 皆著靑布, 來集成村, 而馬軍下來之後, 民皆奔竄失巢, 家幕蕩盡, 有同經亂. 及其下去安東時, 路由丹陽・豊基・榮川, 所過民皆晏然, 一路郡縣, 皆爲立碑頌德. 摠兵之見忤於兩衙門, 凡事皆爲過失, 立碑之事, 亦是不平之一端, 榮川之碑則馬軍仆而破之."

모두 5곳이라고 구체적으로 밝혔다.[24]

그런데, 여러 기록과 현존물을 종합해보면 오유충의 비석이 세워진 지역이 이시발이 말한 5곳이 아니고, 모두 7곳으로 확인된다. 죽산은 박경귀와 성해응의 기록, 충주는 이시발, 박경귀, 충주 지방지의 기록, 단양, 풍기, 영천(榮川: 영주)은 윤형의 기록, 안동은 이시발, 배용길의 기록, 신녕은 손기양의 기록에서 각각 확인할 수 있다.

종합하면 오유충의 비석이 세워졌던 지역은 죽산, 충주, 단양, 풍기, 영천, 안동, 신녕 등 7곳이다. 이들 가운데 죽산 죽주산성에 세워진 「천조부총병오유충덕청인용비(天朝副總兵吳惟忠德淸仁勇碑)」만 현존하고, 나머지 비석은 모두 실전되었다. 영천에 세워진 비석은 오유충의 군사를 뒤이어서 들어온 마군의 군사에 의해 깨뜨려졌다. 충주에 세워진 비석은 「청숙비」이다. 안동과 신녕에 세워진 비석은 배용길의 「천장오후송덕비병(天將吳侯頌德碑銘)」, 손기양의 「오총병유충비명(吳總兵惟忠碑銘)」으로 남아있다.

3. 오유충 이름이 들어간 비석

1) 안동 관왕묘 「무안왕비」

관왕묘는 일명 관묘(關廟), 관제묘(關帝廟)이며, 삼국 촉나라 관우(關羽: 관운장)를 모신 묘우이다. 관우 사후에 여러 곳에 그의 공덕을 기린 사당이 세워졌고, 나중에 역신, 사찰 보호신 등 인격신으로 승격

---

24 李時發, 『碧梧先生遺稿』 권7, 「謾記」: "(오유충)丁酉, 再來鎭守忠州, 性簡約, 馭衆嚴整, 秋毫無所犯, 民甚悅服, 東征諸將之中, 未見其比, 忠人立石而頌之. 及移陣安東, 安東人亦服其淸德, 立碑, 其他所過處亦立碑, 凡五處."

되었다. 명 영락제 때 관우의 영험으로 전쟁에 이겼다며 무신으로 숭배되었고, 만력제 때 협천대제(協天大帝)라고 칭하며 본격적으로 신격화되어 조야에 관제신앙이 널리 퍼져나갔다.

임진왜란이 발발하자 명 군사들에 의해 조선에 무신 관우를 숭배하는 묘우가 세워졌다. 명 군사들은 관우의 음조를 받아 일본군을 물리치고자하는 기원 심리에서 관왕묘를 세우는데 적극적이었다. 1598년(선조 31) 봄에 진인(陳寅)이 한양 남대문 바깥에 관왕묘(남관왕묘)를 처음 세웠고, 곧이어 명 장수들이 안동, 남원, 성주, 고금도 등지에 잇달아 관왕묘를 세웠다. 임진왜란이 끝난 1602년(선조 35)에 명 조정의 요청과 비용으로 동대문 바깥에 관왕묘(동관왕묘)가 세워졌다.

1598년(선조 31) 4월에 설호신(薛虎臣)은 안동 관왕묘를 세웠다.[25] 설호신은 1597년(선조 30)에 흠차진정영좌관관도지휘동지(欽差眞定營坐管官都指揮同知)로 마병 3천을 거느리고 조선에 들어왔고, 이듬해 봄에 안동으로 남하했다. 관왕묘는 처음에 안동부 서문 안의 북쪽 기슭에 세워졌다. 묘우 안쪽에 눈에 오수정(烏水晶)으로 상감한 관우 석상과 그 주변에 관평, 양장군, 주창, 조자룡 목조상을 안치하고, 또 비석 1기를 세워놓았다.[26]

1666년(현종 7)에 안동의 사림들이 관왕묘가 문묘와 마주하고 있는 것을 꺼려하여 조정에 아뢰어 서악사(西岳寺)의 동쪽 언덕으로 이전했다. 1711년(숙종 37)에 조정이 관왕묘를 보수하고 향사 절목을 정하도록 명했다.[27] 이듬해 안동부사 여필용(呂必容)이 관왕묘를 보수한 뒤

---

25 『永嘉誌』 권4, 「壇廟」: "關王廟, 萬曆戊戌, 明將眞定營都事薛虎臣所建."

26 金鐸, 『한국의 關帝신앙』, 선학사, 서울, 2004.11, 50~51쪽.

27 『숙종실록』 37년 1월 3일(임진)조 참조.

에 중수기를 남겼다.[28] 오늘날 안동시 서악길 67-6(구 태화동 604)에 소재한다. 1982년에 경상북도 민속자료 제30호로 지정되었다.

서악사 옆 계단을 올라가면 낙동강이 바라보이는 광감루(曠感樓)가 나오고, 그 뒤로 '무안왕묘(武安王廟)' 편액이 걸려 있는 묘우가 세워져 있다. 묘우 안쪽에 돌로 만든 관우상을 모신 본전이 있다. 본전 안 우측에 비액에 '무안왕비(武安王碑)'라고 새겨진 석비가 세워져 있다. 비문은 창건자 설호신과 창건연월을 제외한 대부분의 글자가 마멸되어 판독이 어렵다. 숙종 때 많이 마멸되었다고 했을 정도로 오래 전부터 보존 상태가 좋지 않았다. 반면 비음기의 글자는 전반적으로 양호한데, 여기에 명군 수뇌부와 안동 지역에 주둔했던 장수와 부장, 석장 등 총 51명의 명호가 적혀 있다.

비음기 우측 가장자리에 '어왜부총병관오유충(禦倭副總兵官吳惟忠)'이라고 새긴 오유충 이름이 보인다. 오유충도 진인, 모국기 등 다른 명 장수처럼 무신 관우를 숭앙했다. 오유충은 관우 석상 앞에서 충의의 대표적 인물인 관우처럼 자신의 심력을 다하여 나라에 충성하고 민초들에게 의로운 일을 행하고, 또한 소속 부하들과 함께 신령의 음조를 받아 일본군을 섬멸하겠다는 굳은 의지를 다짐했을 것이다.

2) 부산 자성대 「부산평왜비명」

「부산평왜비명」은 일명 「만세덕기공비(萬世德紀功碑)」, 「부산만경리승전비(釜山萬經理勝戰碑)」, 「부산자성비명(釜山子城碑銘)」이다. 1599년(선조 32) 8월 상순에 명 경리 만세덕(萬世德)은 대장군 이승훈(李承勛) 이하 많은 문무 장리들을 거느리고 부산의 산마루에 올라 일본군

---

28 『安東府邑誌』, 「碑板」 중 呂必容, 「(관왕묘)重修記」 참조.

을 바다 건너편으로 몰아내는 위업을 달성했다며 만천하에 선포하고, 또한 낭중 가유약(賈維鑰)에게 비명을 짓고 돌에 새겨 산마루에 세우도록 했다. 10월 1일에 접반사 한술(韓述)은 가유약이 지은 「부산평왜비명」 초고를 조정에다 보고했다.[29] 초고가 작성된 얼마 후 부산 자성대(子城臺)에 「부산평왜비명」이 세워졌다.[30]

「부산평왜비명」의 비문에는 명 군사들이 위업이 잘 나타나 있다. 경리 만세덕, 총독 형개, 어사 양호 등이 군사를 총괄하고, 마귀, 동일원(董一元), 유정, 진린(陳璘) 등 장수들이 사로(四路)로 나누어 다투어 나가 일본군의 소굴을 공략하니 패전한 일본군이 들판에 피를 뿌리거나 밤을 틈타 바다를 건너 도망쳤다. 종주국의 위엄을 갖추고 국가의 덕화가 멀리 해동까지 미치게 된 것은 만고에 보기 힘들다. 비음기에는 비문에 언급한 명 인사 외에 참전한 장수 58명의 이름이 적혀 있는데, 여기에 오유충의 이름이 들어가 있다. 비석이 세워질 당시는 오유충이 본국으로 귀국한 이후이다.

1683년(숙종 9)에 삼도수군통제사 민섬(閔暹)은 자성대에서 「부산평왜비명」이 많이 마멸된 것을 보고 새 비석을 깎아 옛 비문을 옮겨 다시 새겼다.[31] 1709년(숙종 35)에 동래부사 권이진(權以鎭)은 자성대에서 「부산평왜비명」이 절단되어 초간에 넘어져 있는 것을 조정에 보고하

---

29 『선조실록』32년 10월 1일(정축)조 참조.

30 尹行恁, 『碩齋稿』, 朴師昌, 『東萊府誌』, 「五六島」 조항 등 일부 문헌에서 「부산평왜비명」이 五六島의 제삼봉에 세워졌다고 기술되어 있으나, 1683년(숙종 9)에 閔暹과 1709년(숙종 35)에 權以鎭이 「부산평왜비명」을 찾았던 장소가 자성대인 관계로 잘못된 전설로 추정된다.

31 『東萊府誌』閔暹 「子城立新碑移刻舊文碑陰小誌」: "不佞於癸丑冬莅釜山也. 見天將萬公世德壬辰討倭碑, 是碑立於己亥而字缺去, 己亥未百年而猶爾其幾何而不盡滅也. … 適忝統制之任, 酒雇匠伐石而鍊之."

고 부러진 곳에 동을 녹여 바로 세웠다.[32] 19세기 중엽 이후에 비석이
실전되었다.

4. 한반도에 오유충 기물

1) 이경남 집안에 소장된 오유충 물품

상주 무양동(武陽洞)에는 대대로 효자와 충의로 이름을 널리 알려
진 향리 집안의 경주(월성) 이씨 세거지가 있다. 이 집안 출신 처사
이경남(李景南)이 오유충과 교유했던 일화가 전해온다. 이경남은 임
진왜란이 발발하자 충의를 부르짖고 사람들을 모아 감사대(敢死隊)를
조직하여 일본군과 싸웠다. 1593년(선조 26)에 이경남이 상주에 주둔
한 오유충을 도와 장부를 신속히 처리해주자, 오유충은 이경남에게
붓, 벼루, 술잔, 향로 등을 선물로 주었다. 술잔은 명 성화, 만력 연
간에 각각 제작된 표주박형이고, 향로는 선덕 연간에 제작되었다.

병자호란 때 인조가 남한산성에서 내려와 항복하자, 이경남은 대
성통곡하고 상주 남쪽 동해사(東海寺)에 들어가 은거했다.[33] 이경남의
아들 이지원(李枝元)도 병자호란 때 도백 심연(沈演)을 따라나섰다가
인조가 항복했다는 소식을 듣고 대성통곡했다. 이들은 동해사 뒤편

---

32 『東萊府誌』,「釜山子城碑銘」주:"不佞(權以鎮)於癸丑冬, 莅釜山也. 見天將万公世
德壬辰討倭碑, … 己丑三月, 余登釜山, 有折碑臥草."
　　동서 주:"府使權以鎮狀啓云云. 臣嘗至釜山, 登其子城, 有折碑臥草, 剔苔而讀之,
其文曰: 維明皇万曆歲在屠維淵獻之次八月上上浣, 經理大中丞萬公世德受命專征."
33 『商山誌』권5,「忠節」:"李景南, 月城人, 起鍊之子, 官同樞, 號壺翁. 壬辰亂以忠義激
勵鄉人爲敢死隊, 明將吳游擊惟忠駐軍本州. 景南給事簿書敏速如流, 惟忠愛之贈筆硯瓢
盂等物. 丙子南漢下城報至, 景南西向大哭, 走隱于東海寺. … 以忠義卓異. 贈戶曹參議."

이경남 경천대 일월암

일월암(日月岩) 아래에 대명단을 만들고, 명 홍무제(태조), 만력제(신
종), 숭정제(의종)의 기일에 명 장수 오유충이 준 술잔과 향로로 제사
를 지냈다. 이후 집안에서 대대로 제사를 지냈다.[34] 19세기 후반에
상주 출신 한 장석(韓章錫)도 이경남 집안에서 대대로 제사를 지낸 사
정을 기록으로 남겼다.[35]

---

34 「東海寺事實記」 현판: "吾先祖壺翁公, 當皇明屋社之日, 以魯仲連不願帝奏之義,
戴蔽陽, 着周衣, 抱吳遊擊所賞成化·萬曆盃·宣德爐, 走隱於此寺, 寺名東海故也. 構蹈
海亭於寺傍, 作蹈海八詠, 以見志. 又築焚香壇於擎天臺日月岩前, 每丁三皇帝諱辰, 則
以明水貯盃, 丹香注爐, 奠于壇上, 九節哭, 四哭拜, 享年九十, 終身靡懈. 子姓相承, 香
壇拜哭之節, 至于十世而勿替, 盃爐硯作爲家傳之世珍焉." 이 현판은 1881년(고종 16)에
새겨졌다.(『古代沙伐國 關聯 文化遺蹟 地表調査 報告書』, 尙州市, 尙州産業大學校附
設尙州文化硏究所, 1996, 348~350쪽.)

35 韓章錫, 『眉山先生文集』 권1, 「擎天臺辭」 幷序: "李壺翁景南, 當崇禎運訖, 悲神州
陸沈, 皇靈不祀, 獨上商山擎天臺, 焚香慟哭. 胤子枝元遵父遺志, 瑋于臺, 以高皇帝顯皇
帝烈皇帝諱辰, 用家藏遊擊將軍吳惟忠所贈成化萬曆二尊, 崇玄酒以奠之. 子孫世守是
禮, 迄于今不替." 상주에는 擎天臺가 두 곳 있다. 한 곳은 식산에 있고, 다른 한 곳은
낙동강변에 있다. 낙동강변의 경천대는 일명 自天臺이다.

동해사는 현 행정구획으로 상주시 서곡동(書谷洞)에 소재한다. 동해사 동남쪽 산길을 따라 300m 정도 올라가면 암석이 많이 분포된 정상부가 나온다. 그곳이 바로 이경남 부자가 명나라를 추모하는 제사를 지낸 대명단(大明壇)이다. 자연 암석 하단에 '경천대(擎天臺)'가 새겨져 있다. 중앙에 60cm×50cm의 방형 테두리를 하고, 그 안에 '日月岩'과 문양이 새겨져 있다. 그 주변에 여러 글씨가 새겨져 있는데, 좌측이 이경남 부자가 새긴 글자가 보인다. 즉 "삼황휘신(三皇諱辰), 태조무인윤오월십일효릉(太祖戊寅閏五月十日孝陵), 신종경신칠월이십일일정릉(神宗庚申七月二十一日定陵), 의종갑신삼월십구일총릉(毅宗甲申三月十九日恩陵), 만세대명(萬世大明)"이다.

정축·병자호란이 일어나자 조선 사림들 사이에 청나라에 대한 반감이 극도로 심해졌고, 이와 동시에 명나라에 대한 향수가 더욱 가중되었다. 이 이후에도 조선 말기까지 어느 정도 차이가 있지만 반청승명의 분위기가 계속 이어져갔다. 병자호란과 깊은 관련이 있는 이경남과 그의 후손들은 대명단을 세우고 명장 오유충이 준 술잔과 향로로 제사를 지냈다. 그러므로 명 장수 오유충의 술잔과 향로는 이들에게 명나라를 떠올리게 하는 좋은 향수의 물품이 되었다.

5. 한반도에 남겨진 오유충 간찰

1) 유성룡 소장 오유충 간찰

임진왜란 때 도체찰사, 영의정 등의 직책을 잇달아 맡으면서 군무, 정무를 총괄하며 절체절명의 위기에 빠진 전시 조정을 이끌어간 유성룡(柳成龍)이 있다. 유성룡은 원병에 나선 명 장수들과 자주 연락을 취하며 각종 군무를 처리했다. 훗날 명 장수들이 보낸 간찰과 그림들을 모아『당장서화첩(唐將書畵帖)』으로 성책했다. 정조가 이 서화첩을 감상하고 어제문을 남겼고, 일제강점기에 들어와서 해제를 가하고 영인 출판했다.[36] 1963년에 보물 제160-7호로 지정되었다. 현재 풍산 유씨 집안의 위탁본으로 한국국학진흥원에 소장되어 있다.

『당장서화첩』에는 명장 42통의 간찰이 수록되어 있는데, 여기에 오유충의 간찰 1통이 들어가 있다. 오유충이 유성룡에게 보낸 간찰의 내용을 요약해본다. 조선에 들어오기 전에 유성룡의 인물됨을 익히 들어왔고, 압록강을 건넌 뒤에 조선인이 외치는 말을 들었다. 지금 일본군이 부산에 물러나 있으나 조선의 지리 형세에 대해 잘 알고 있어 언제가 공세로 취할 염려가 있어오니 방비책을 강구하지 않을 수 없다. 자신은 조선의 지리 형세에 대해 잘 모르니, 경상, 전라도 지역에서 일본군 침공을 방어할 수 있는 요충지를 대, 중, 소로 나누고, 또 산하와 요충지, 함경을 비롯한 각도의 해상 통로에 대해 상세히 적고 지도로 그려서 알려주기를 바랐다.[37]

---

36 『唐將書帖·唐將詩畵帖』, 朝鮮史編修會, 京城, 昭和9年(1934).
37 『唐將書帖』 오유충 간찰: "侍生吳惟忠拜: 不佞未入朝鮮, 聞公盛德, 憂國憂民, 常以未識荊爲恨. 繼渡鴨江, 詢及鮮人, 口碑嘖嘖, 眞可爲鼎鼐之器也. 慰甚, 喜甚. 見今倭奴退屯釜山, 尚未下海歸國, 況倭奴狡猾詭譎, 兼熟朝鮮路道, 則窺視之情, 必不能免. 縱使倭歸復來, 侵擾尤未可知, 誠不可不預防之也. 所提防者, 在衝要之地設險以禦之耳. 不佞無似, 倘可以爲本國永保無虞之計, 亦不朽之故事也. 但釜山東連慶尚, 西接全羅, 均屬要害, 地理形勢, 莫知其詳, 難以區畵. 敢伏足下, 分枝査勘, 自釜山東連慶尚以及大丘·善山·高靈·陜川等處, 西抵全羅以及南原·求禮·頭耻·陰山等處, 倘別處可以禦之者, 又須相機處置, 不可泥于此說, 必擇以寡敵衆之地爲妙耳. 宜當分析要見, 某處極衝, 設險可禦大敵, 某處次衝, 設險可禦中敵, 某處稍衝, 設險可禦小敵. 某處有江河, 賊船可否通往, 兩岸可以制禦否; 某處多山, 某處至某處, 路程多少, 及總括四面極衝要路, 并咸鏡各道, 賊勢由海, 有無可乘之處, 兼賜備細畵圖, 貼說明白, 速爲敎之. 未識尊意以爲如何? 但國事重大, 幸勿延綏, 臨楮曷勝瞻注."

『당장서화첩』에 수록된 오유충의 간찰에는 작성일자가 보이지 않지만, 유성룡의『서애선생집(西厓先生集)』에 의하면 1593년(선조 26) 8월에 오유충이 상주에 있을 때 작성된 것으로 추정된다.[38] 곧이어 유성룡은 오유충에게 회첩을 보냈다. 오유충이 지난 평양 전투에서 화살과 총알을 무릅쓰고 선봉에 나서 수복하는데 혁혁한 공적을 세웠고, 교활한 일본군이 지리 형세에 대해 잘 아니 요충 지역에 방어 설비를 하라는 말이 환란을 막는 좋은 책략이자 조선을 위해 원대한 계획이라며 감사의 말씀과 함께 일본군을 방어할 형세, 일본군이 노리는 목적, 조선군과의 협조 사항 등에 대해 설명해주었다.[39]

곧이어 유성룡은 조선 조정에 오유충의 간찰을 동봉하며 도원수 권율 및 좌우도 순찰사에게 공문을 보내 각처의 요충지를 조사하여 오유충에게 화답해주고, 반면 오유충이 요새를 설치하여 적을 방어하는 일은 현 전황으로 보아 효율성이 떨어진다는 사정을 보충 설명해주었다.[40]

오유충이 간찰을 보내기 얼마 전에 유성룡과 오유충 사이에 통신한 적이 있었다. 1593년(선조 26) 6월에 일본군이 지난 패배를 설욕하고자 대규모 군사를 편성하여 진주성을 함락시킨 뒤, 일부 군사를 초계(草溪), 의녕(宜寧) 등으로 보내어 침공했다. 이 소식을 접한 유성룡은 초계에 머물고 있는 오유충 진영에다 공문을 보내어 의령에 들어온 일본군을 퇴각시켜주기를 바랐다. 오유충은 유성룡에게 명 군부

---

38 柳成龍,『西厓先生集』권9,「西厓先生年譜」1593년(만력 21) 8월조: "答吳遊擊惟忠書, 論禦賊形勢." 자주: "時吳遊擊在尙州, 致書于先生, 言設險禦賊事. 先生答書, 備陳嶺南形勢."

39 『서애선생문집』권9,「答吳遊擊惟忠書」참조. 이 서찰은 1593년(선조 26) 8월에 작성되었다.

40 『서애선생문집』권9,「封上吳遊擊書, 兼陳禦賊形勢狀」참조.

의 명문(明文)을 받고 진주성 구원에 나섰다가 성이 이미 함락된 소식을 듣고 잠시 초계에 머물고 있으며, 의령으로 진격하는 것은 군부의 허락을 받아야 한다고 답변했다.[41] 이때 유성룡과 오유충 사이에 보낸 공문이 부처 간에 이루어진 것이라 유성룡의 『당장서화첩』에 미수록되었다.

2) 한호 소장 오유충 간찰

조선 순조 연간에 실학자로 활약한 성해응(成海應)은 2백 년 전에 한호(韓濩)가 명 장수들이 보내준 필적을 모아 엮은 『만력동정제공서독(萬曆東征諸公書牘)』을 보았다. 이 서첩에 들어가 있는 명 장수들의 영웅다운 모습과 늠름한 기상이 글씨 사이에 살아있어 진기한 보물이라며 깊은 감동을 받았다.[42] 여기에 오유충의 간찰 1통이 들어가 있다.

한호는 우리에게 그의 호인 석봉(石峯)으로 널리 알려진 뛰어난 명필가이다. 선조 연간에 사자관으로 국가 문서를 도맡아 작성했고, 명나라에 사신으로 갔을 때 동방 최고의 명필로 칭송을 받았다. 선조가 한호가 쓴 글씨를 항상 벽에 걸어두고 감상했고, 명 사신 주지번(朱之蕃)이 한호의 서체가 왕희지(王羲之), 안진경(安眞卿)과 어깨를 겨눌만 하다며 높이 평가했다. 임진왜란 때 조선에 들어온 명 장수들이 한호와 교유하며 친필을 구해가기를 원했다. 제독 이여송(李如松)이 한호의 글씨가 몹시 뛰어나다며 시생 유여복(劉餘福)을 통해 여러 차례 구

---

41 『선조실록』 26년 8월 2일(계미)조 참조.

42 성해응, 『연경재전집』 외집 권55, 「萬曆東征諸公書牘」: "韓石峯濩, 舊藏『萬曆東征諸公書牘』一卷, 至今二百年, 其英風傑氣突突, 如在紙墨間, 眞可寶惜."

해갔다.[43]

아래에 성해응이『만력동정제공서독』에서 오유충의 간찰을 일부 초록한 내용을 적어본다. 오유충은 압록강에 도착했을 때 그의 인척 동양정(佟養正)을 통해 한호의 필체를 보고 높은 재주를 가졌던 사실을 알았고, 조선에 들어온 후 한호와 직접 만나 자신의 호가 들어간 서첩과 당시(唐詩)를 받아 보니 글씨가 굳세고 뛰어났다고 여겼다. 오유충은 한호에게 간찰을 보내어 한호의 글씨를 논평하고, 또한 자신은 명나라가 파견된 조선 원군에 나선 군사로서 녹봉을 받고 모든 물품을 가지고 있으니, 특별히 음식을 대접하고 술을 보내주는 것도 국비를 축내는 것이라 마음이 아프오니 다시는 보내주지 말라고 양해를 구하였다.[44]

오유충의 청렴한 행위는 앞서 언급했듯이 조선 조정과 문신들 사이에 널리 알려졌고, 조선 민초들이 청덕비를 세워주었다. 오유충의 인척 동양정도 청신한 절조를 지킨 인물로 알려졌다. 조선 원병에 나선 동양정이 철산에서 지역민으로부터 보내온 화문석을 받지 않았고, 나중에 조선 조정이 동양정의 청덕에 감복해서 미곡 150곡(斛)을 보내주어도 모두 가격을 따져 상환해주었다.[45] 오유충과 동양정은 모

---

43 성해응, 『연경재전집』 외집 권55, 「識小類·萬曆東征諸公書牘」: "韓石峯字甚佳, 提督老極喜. 因寫其號贈之外, 欲煩石峰書四紙, 生欲携還, 揭之壁間以增光也. 更望門下再賜一扇送韓石峯, 書一扇贈生, 須寫生號方好. … 昨悟提督公, 言及韓正郎善書, 卽以扇付生命送書, 又言寫有提督公尊號竝草書四紙,欲送不敢, 而提督公甚悅, 今若寫完, 可送生所, 生當轉致提督也. 扇後寫朝鮮工曹正郎韓某可也."

44 성해응, 『연경재전집』 외집 권55, 「萬曆東征諸公書牘」: "余幾千里, 提戈遠征, 東抵鴨綠, 會我姻家佟緫戎公, 見有朝鮮韓郎中書, 知其高才, 及抵朝鮮, 乃中郎又向我蒸蒸大書余號竝唐詩以呈, 體法遒勁, 出顥入素, 用是聊吟一律, 知所重云. 知生李如松, 爾國受慘, 國破人離, 天朝憫憤, 特發大兵, 恢復爾國, 雪爾之忿, 昨已論之, 不必供膳, 我有天朝俸祿, 百物自備, 今復進酒, 擾爾之國, 我心何忍, 爾國諒之, 毋再備貢."

45 신흠, 『상촌선생집』 권57, 「天朝詔使將臣先後去來姓名」: "佟養正, 字子忠, 號蒙

두 청덕을 신조처럼 지켜나갔던 무인이었다. 아쉽게도 오늘날『만력
동정제공서독』이 전해오지 않고 있다.

6. 결론

　임진왜란 때 의오군 출신 명 장수 오유충은 남병(주로 의오군으로 구
성됨)을 거느리고 두 차례 조선에 들어와서 참된 군인의 본보기를 보
여주었다. 오유충은 평양성 전투에서 선공에 나서 부상을 입으면서
도 일본군을 물리치고 성을 탈환하는데 혁혁한 전공을 세웠고, 또한
조선 체류기간에 높은 인품과 청렴한 행실을 보여주어 조선 조정과
민초들로부터 칭송을 받았다.

　당시 명군이 지나간 지역의 민초들은 명군의 극심한 침탈과 횡포
를 이기기 못하여 도망쳤으나, 오유충이 지나간 지역에는 조금의 민
폐라도 끼치지 않아 민초들이 스스로 모여들었고, 또한 오유충의 청
덕을 기리는 비석을 세워주었다. 오유충의 청덕비가 세워진 지역은
죽산, 충주, 단양, 풍기, 영천(榮川; 영주), 안동, 신녕 등 모두 7곳이
다. 이들 가운데 죽산 죽주산성에 세워진「천조부총병오유충덕청인
용비(天朝副摠兵吳惟忠德淸仁勇碑)」만 현존한다. 충주에 세워진 비석은
「청숙비(淸肅碑)」이고, 영천(榮川; 영주)에 세워진 비석은 오유충의 군
사를 뒤이어서 들어온 마군에 의해 깨뜨려졌다. 배용길의「천장오후

泉, 遼東衛人. 萬曆庚辰武進士, 壬辰之初出大兵也. 以欽差分守遼東·寬奠等處副摠兵
官都指揮使, 來住義州, 淸愼自將. 宋經略渡江, 令養正偕其中軍王承恩往審鐵山海岸可
設煙臺之地, 行到鐵山, 郡人以花席遺之, 養正却不受. … 我國服其淸德, 爲備百五十斛
助之, 養正悉以銀貨計直而還之.”

송덕비명(天將吳侯頌德碑銘)」과 손기양의 「오총병유충비명(吳總兵惟忠碑銘)」은 각각 안동과 신녕에 세워진 청덕비의 비명이다.

1598년(선조 31)에 명장 설호신이 세운 안동 관왕묘가 있다. 당초 부성 서문 안의 북쪽 기슭에 세워졌으나, 1666년(현종 7)에 서악사의 동쪽 언덕으로 옮겼다. 관왕묘 본전 안에는 명군이 무신 관우의 음덕을 빌려 일본군을 물리치고자 기원한 내용을 담은 「무안왕비(武安王碑)」가 세워져 있는데, 이 비석의 비음기에 새겨진 명 장수의 명단 가운데 '어왜부총병관오유충(禦倭副總兵官吳惟忠)'이라고 새긴 명문이 보인다. 또 1599년(선조 32) 10월경에 부산 자성대에 정유재란 때 명군이 일본군을 물리쳤다는 전승기념비인 「부산평왜비명(釜山平倭碑銘)」이 세워졌다. 1709년(숙종 35)에 절단된 「부산평왜비명」을 다시 세웠다는 기록이 보이나, 현재 전해오지 않는다. 기록에 의하면 「부산평왜비명」의 비음기에 오유충 이름이 들어가 있다.

1593년(선조 26)에 상주 처사 이경남(李景南)은 오유충을 도와 장부를 잘 처리해주자, 오유충으로부터 붓, 벼루, 술잔, 향로 등을 선물로 받았다. 1644년(인조 22)에 명 숭정제가 돌아가자, 이경남의 아들 이지원(李枝元)이 상주 동해사 뒤편 식산 정상부의 바위에 대명단을 짓고 오유충으로부터 받았던 술잔과 향로로 명 황실을 추념하는 제사를 지냈다.

임진왜란 때 도체찰사, 영의정 등을 지낸 유성룡이 명 장수들로부터 받았던 간찰과 그림을 모아 엮은 『당장서화첩(唐將書畵帖)』이 있다. 현재 풍산 유씨 집안의 위탁본으로 한국국학진흥원에 소장되어 있다. 이 책자 가운데 오유충이 유성룡에게 조선 요충지의 형세와 지도를 알려주기를 바라는 간찰 1통이 들어가 있다. 조선의 명필가 한호가 명 장수들이 보내준 필적을 모아 엮은 『만력동정제공서독(萬曆

東征諸公書牘)』이 있다. 이 필첩에 오유충이 한호의 필체가 굳세고 뛰어나고, 또한 자신은 녹봉을 받고 있으니 국비로 특별한 대접을 받는 것을 거절한다는 청렴한 모습을 보여준 간찰이 들어가 있다.

오늘날 임진왜란 시기 명군의 참전과 역할에 대해 많은 논쟁이 있다. 커다란 맥락에서 바라보면 전후 수십만 명에 이르는 대규모 명군의 참전으로 전쟁의 상황을 바꾸는데 상당히 큰 작용을 했던 것은 분명하다. 이와 달리 명군이 조선에서 장시일 체류하는 과정에서 오히려 조선에다 폐해를 가중시킨 부정적인 면모도 함께 드러났다. 특히 지원군이라는 명문 아래 펼쳐진 약탈과 만행은 조선 민초들에게 견디기 힘든 고통이었다. 민초들은 명군이 들어온다는 소식만 들으면 즉각 마을을 떠나 피난 갔다.

그렇지만 명 장수 가운데 그 숫자는 많지 않지만, 참된 군인의 명예와 표상을 제대로 지켜온 자들이 있었다. 도덕적 처신과 군인 정신을 굳게 지켜온 오유충이 바로 대표적인 인물이다. 오유충 군대가 지나간 곳곳의 민초들이 나서 오유충의 청덕을 기리는 비석을 세워주었다. 물론 오유충의 청덕 사적만으로 대규모 명군이 보편적으로 행한 폐해의 사실을 뒤엎을 수는 없지만, 폐해상만 강조하는 일부 편향된 선입견이 조금이나마 바로 잡아지기를 바란다.　　　[燁爀之樂室]

명 장수 오유충의 충주 「오총병청숙비」 고찰

1. 서론

임진왜란은 1592년(선조 25)부터 1598년(선조 31)까지 조선, 명, 일본 등 동아시아 삼국이 한반도에서 격돌한 국제 전쟁이었다. 일본이 조선을 차지할 목적으로 명나라를 공략하는데 길을 빌려달라는 구실을 대며 침공하면서 전쟁이 발발되었고, 명나라가 자국의 영토 바깥에서 일본군을 막는다는 목표로 대규모 군사를 지원하면서 동아시아 국제 전쟁으로 확산되었다.

당시 명군의 숫자가 전후 수십만 명에 달했다. 명군의 참전은 평양성 탈환, 직산전투의 승전으로 전쟁의 판도를 바꾸는데 결정적인 역할을 하였지만, 반대로 조선의 염원에 반하고 조야에 극심한 고통을 가져다주는 부정적인 면모도 함께 보여주었다. 명군이 강화 위주의 군사 운영, 조선군에 대한 작전 통제로 전쟁이 길어졌고, 조선 내정을 간섭하여 국왕의 권위를 크게 실추시켰다. 특히 지원군이라는 구실로 민초에게 자행된 폐해상은 사실상 약탈과 만행에 가까웠다. 명군 주둔지의 조선 민초들이 오히려 명군을 피해 멀리 도망치는 일이 빈번했다.

명군 가운데 그 숫자는 드물지만, 참된 군인의 표상을 보여준 몇몇 장수가 있었다. 절강 의오(義烏) 출신의 오유충(吳惟忠)은 전장에서 강한 전투력을 보여주었고, 대민 활동에 대해 바른 행실을 보여주었다. 항상 몸가짐을 바르게 하고 조선 민초들에게 해를 끼치는 일을 하지 않도록 부하들을 잘 단속하였다. 조선 조정은 오유충의 뛰어난 전공과 바른 행실에 대해 여러 차례 언급했고, 조선 실록사관도 명나라 장수 가운데 오유충과 같은 사람이 실로 드물다는 사평을 남겼다.[1]

필자는 바로 직전에 한반도에 소재한 명장 오유충과 관련된 제반 문물을 고찰한 바가 있다.[2] 조선 민초들이 오유충의 청덕을 기리기 위해 세운 비석이 죽산(竹山), 충주(忠州), 단양(丹陽), 풍기(豊基), 영천(榮川; 영주), 안동(安東), 신녕(新寧) 등 총 7곳이나 된다. 이들 가운데 죽주에 세워진 비석만 현존해있고, 나머지 비석은 산실되어 문헌 기록만 남아 있다. 논문 발표 직후 일본 경도대학(京都大學)에서 금석문을 조사하다가 충주에 세웠던 오유충 「오총병청숙비(吳總兵淸肅碑)」(이하 「청숙비(淸肅碑)」로 약칭함)의 탁본을 찾았다. 이에 따라 지난 논문을 보완하고자 충주 오유충 「청숙비」를 중심으로 비석의 유래와 오유충의 청덕에 대해 자세히 분석해본다.

2. 임진왜란 시기 오유충의 전공

먼저 오유충의 생애부터 약술해본다. 원 이름은 간(澗), 자는 여성(汝誠), 호는 운봉(雲峰)이다. 금화부(金華府) 의오현(義烏縣; 현 절강 의오

---

1 『선조실록』 30년 6월 14일(계유), 32년 4월 20일(기사)조.
2 朴現圭, 「임진왜란 명 장수 吳惟忠의 한반도 소재 문물 고찰」, 『石堂論叢』 64집, 東亞大學校 石堂學術研究院, 2016.3, 1~31쪽.

의오 오감두촌 오씨종사

시) 오감두촌(吳坎頭村) 사람이다. 1533년(가정 12)에 오체사(吳棣四)의 차자로 태어났다. 어려서부터 머리가 총명하고 기개가 강건했다. 시사 서적을 즐겨 읽었고, 특히 병서인『도략(韜略)』에 정통했다. 1559년(가정 38)에 척계광(戚繼光)이 모집한 의오군에 들어갔다. 1561년(가정 40)에 왜구를 토벌한 공으로 태주파총(台州把總)에 올랐다. 1562년(가정 41)에 척계광을 따라 복건 영덕(寧德)으로 옮겨 왜적들을 물리치고 나포된 백성을 구출하여 해문위지휘첨사(海門衛指揮僉事)에 올랐다. 1569년(융경 3)에 다시 척계광을 따라 하북으로 옮겨 북방 방어와 장성 수축에 나섰다. 1573년(만력 1)에 준화표화좌영유격(遵化標化左營遊擊)이 되었고, 1577년(만력 5)에 산해관참장(山海關參將)이 되었다.

1592년(만력 20) 12월에 흠차통령절병유격(欽差統領浙兵游擊)의 직함으로 보병 4천 명을 거느리고 조선으로 들어왔다.[3] 1593년(만력 21) 1

월에 평양성 탈환에서 탄환을 맞아 가슴을 다쳤는데도 군사들을 독려하여 성곽을 먼저 오르는 혁혁한 전공을 세웠다. 1594년(만력 22) 1월에 귀국하여 어위부총병(御衛副總兵)에 올랐다. 1597년(만력 25) 5월에 흠차비왜중익부총병(欽差備倭中翼副總兵)의 직함으로 보병 3,997명을 거느리고 다시 압록강을 건너왔다. 곧장 남하하여 충주를 지키며 일본군의 북상을 막았다. 이후 동로군에 편입되어 울산 도산성 전투에 나섰다. 1599년(만력 27) 4월에 귀국하여 좌군도독부도독첨사(左軍都督府都督僉事)가 되었다. 1600년(만력 28)에 고향으로 돌아가 하연(夏演; 현 의오 소속) 금암곡(金岩谷)에 은거했다. 1613년(만력 41)에 작고했다.

아래에 임진왜란 시기 오유충이 군인의 직분으로 행한 활약상을 정리해본다. 첫째, 전투에서 용맹함을 보여주었다. 1593년(선조 26) 1월에 조명연합군이 거둔 평양성 탈환은 전쟁의 판세를 뒤집은 역사적 사건이었다. 오유충은 제독 이여송(李如松)의 지휘 아래 남병(南兵)을 이끌고 북쪽 모란봉에서 출발하여 외성 보통문과 칠성문 공략에 나섰다. 선봉에 나섰다가 불의에 일본군이 쏜 총탄이 가슴에 맞는 큰 부상을 입었으나 상처를 동여매고 곧장 일어나 부하들을 격려하며 다시 전투에 나서 끝내 성곽을 먼저 오르는 혁혁한 전공을 세웠다. 이때 입은 부상의 정도가 한때 크게 심해져서 장차 자신의 유해를 고향으로 운반해갈 관판(棺板)까지 마련해놓았다.[4]

---

3 1592년(선조 25)에 오유충이 거느린 군사의 숫자에 대해 문헌 기록에 따라 크게 차이가 난다. 『선조실록』(선조 25년 12월 14일)에는 4천 명, 『象村先生集』(권57 「天朝詔使將臣先後去來姓名, 記自壬辰至庚子」)에는 1천 5백 명이다.

4 『선조실록』26년 1월 24일(기묘)조: "左議政尹斗壽馳啓曰: 臣留平壤, … 吳惟忠爲鐵丸所中, 皆爲落後, 留在軍馬, … 吳則鐵丸正中中心, 病勢危急, 臥而見臣, 亦爲功高, 不錄於首功, 心裏快快, 以此病勢尤緊, 卽令家人, 書小紙示臣, 其言亦多有憾恨之意. … 吳·李兩將, 病勢深重, 吳則至於欲得栢子棺板, 屢發於言辭. 大槩駱·吳二將, 攻破此

나중 평양성 탈환에 대한 논공행상을 하는 자리에서 오유충은 혁혁한 전공을 세웠음에도 불구하고 명 군부로부터 합당한 대우를 받지 못했다. 당시 명군은 북병과 남병으로 나누어져 있었다. 북병과 남병은 서로 견제하며 심한 마찰을 일으켰다. 요동 철령위 출신 이여송은 집안 대대로 북병을 이끌어온지라 남병 오유충이 세운 전공에 대해 차별 대우를 했다. 오유충은 자신이 합당한 대우를 받지 못한 것에 대해 불만을 표출했다.[5] 훗날 오유충 부하들이 귀국한 후에 지난 평양성 전투에서 합당한 대우를 받지 못한 불만이 고조되어 소요 사태를 일으켜 많은 이들이 살해되는 사건으로 비약되었다.

반면 조선 조정은 평양성 탈환에서 오유충이 세운 전공에 대해 합당한 평가를 내렸다. 선조는 오유충에게 평양성 전투에서 돌격을 감행하여 성곽에 먼저 올라 전공이 삼한에 길이 전해질 것이라며 높게 평가했다.[6] 또 윤두수(尹斗壽)도 오유충이 낙상지(駱尙志)와 함께 평양성을 공략한 전공이 다른 이들과 비할 바가 없다며 높게 평가했다.[7]

물론 오유충이 모든 전투에서 승전을 거둔 것은 아니다. 1593년(선조 26) 11월에 오유충은 경주 안강(安康)에서 일본군이 온다는 정보를 접하고 진격했다가 오히려 미리 매복한 일본군으로부터 불의의 습격을 당해 부하 227명을 잃는 큰 손실을 입었다. 나중에 조선 조정은 안강전투에서 많은 명군이 전사했다며 전사자를 위한 위령제를 지내

城, 功無與伍."

5　『선조실록』27년 1월 14일(계사)조: "惟忠厲聲曰: 朝廷以俺安康之戰, 爲捕殺亂民, 乃至參劾麾官, 李提督輩, 報以賊退. 前者攻平壤時, 俺之一軍, 皆上牧丹峯, 得以獻捷, 平壤之收復, 咸我績也."

6　『선조실록』32년 4월 20일(기사)조: "上曰: 大人前於平壤之戰, 先登突擊, 功在三韓."

7　『선조실록』26년 1월 24일(기묘)조: "左議政尹斗壽馳啓曰: 臣留平壤, …大槪駱·吳二將, 攻破此城, 功無與伍."

오유충 화상

주었다.[8] 오유충은 안강전투에서 패전의 책임을 지고 강등되어 본국으로 소환되었다.

둘째, 전황 판단이 정확했다. 1598년(선조 31) 1월에 오유충은 동로군에 편입되어 경리 양호(楊鎬)와 제독 마귀(麻貴)가 이끈 울산 도산성 전투에 참전했다. 명군이 사방으로 성을 포위하며 연이어 여러 개의 영책을 빼앗고 성곽 밑까지 치고 들어갔다. 반면 일본 가등청정(加藤淸正)은 명군의 거센 공격을 간신히 막으며 오로지 방어 전술로 임하였다. 성문을 굳게 잠그고 모든 군사력을 성곽 방어에 집중시켜 완강하게 버티면서 지원군이 오기를 기다렸다.

이때 남쪽 성곽의 공략을 맡으며 용맹하게 싸우던 오유충이 전황의 흐름을 정확히 판단하고 양호에게 일본군이 채 정비를 마치기 전에 속전속결로 공략하기를 주장했다.[9] 그러나 양호는 오유충의 건의를 받아들이지 않고 오히려 공격 속도를 늦추다가 때마침 겨울비가 연이어 내리고 북풍이 불어 군사들이 추위와 피로에 지쳐 사기가 떨

---

8 『선조실록』 28년 1월 27일(경자)조: "參贊官李德悅進啓曰: 癸巳年城中焚蕩時, 見死之人致祭事, 其意至矣. 亦可通諭外方矣, 而晋州戰亡將士及慶州吳遊擊[惟忠]之軍, 亦多戰死. 此兩處, 各別致祭何如? 上曰: 晋州則曾已致祭矣, 議于備邊司爲之."

9 『선조실록』 31년 2월 3일(무오)조: "右副承旨鄭經世曰: 吳惟忠言: 楊老爺性急, 雖欲一擧而滅之, 實不知兵力之不能當也. 且曰: 攻島山之時, 吳惟忠遂入于經理曰: 當及今日未備之時, 急攻之則可卽下也. 則經理割其來人之耳, 如是至再云云. 而今見李好閔狀啓, 則史世用曰: 麻提督忌李如梅專其功, 故爲遲緩而不急攻云云."

어져 군용(軍容)이 크게 무너졌다. 설상가상으로 과도직무(鍋島直茂)가 필두로 한 대규모 일본 지원군이 들이닥치자 명군이 급속히 무너지며 후방으로 급거 퇴각했다. 명군이 퇴각하는 과정에서 사실상 패전에 가까울 정도로 많은 군사를 잃어버리는 큰 손실을 입었다.

나중에 양호는 명 조정에 올리는 주첩에서 사상자의 수를 속이고 전황을 거짓으로 꾸몄고, 또한 남병 오유충을 희생양으로 삼아 패전의 책임을 떠넘겼다. 이에 대해 오유충은 자신의 억울함을 호소하며 명 군부에다 사직을 표방했다. 한동안 명 군부와 실랑이를 벌이다가 끝내 장수 직을 버리고 본국으로 돌아갔다. 여기에 대해 조선 실록사관은 패전의 책임이 양호에 있다며 공정한 사평을 남겨놓았다. 즉, 도산성 전투에서 양호가 오유충의 말을 따르지 않는 바람에 끝내 패전을 당했다고 했다.[10]

3. 조선에서 세운 오유충의 청덕비

임진왜란 시기 명군의 조선 주둔과 전쟁을 바라보는 시각은 각 주체마다 크게 다르다. 전쟁이 고착화된 이후 명 군부는 일본군과 강화하는 방향으로 몰아가며 전투에는 적극적으로 나서지 않았다. 명 군부의 입장에서 본다면 자국의 안위와 한 걸음 떨어진 조선에서 전개되고 있는 전쟁이었고, 또한 강력한 세력을 갖춘 일본군을 단숨에 제압하여 특출한 전공을 세우기도 현실적으로 어려움에 봉착했다.

조선 조정이 명군을 바라보는 시각은 미묘했다. 명 군부가 강화 위

---

10 『선조실록』32년 4월 20일(기사)조 사평: "副摠浙江老將, 島山之圍, 經理不從其言故敗."

주로 움직이는 것에 대해서는 하루라도 빨리 일본군을 조선에서 몰아내고 싶은 심정인지라 불만이 팽배했지만, 그렇다고 하더라도 대놓고 불만을 토로할 수도 없었다. 명군의 참전이 국가 존속에 꼭 필요한 존재인지라 어쩔 수 없이 명 군부의 결정을 받아들여야만 했다.

반면 조선 민초들이 명군의 주둔을 바라보는 시각은 확연히 달랐다. 민초들은 명군을 조선 방어를 위해 지원해온 우방국 군사로 받아들이고는 있지만, 명군이 자신들에게 끼친 폐해가 심각해서 이들의 주둔이 마냥 반가운 것만은 아니었다. 전후 수십만에 달하는 명군에게 각종 물자들을 제공해야하는 것은 말할 것도 없고, 걸핏하면 명군이 지원군이라는 명분으로 재산을 약탈하고 부녀자들을 겁탈하는 만행도 잦았다. 심지어는 자신들의 전공을 내세우기 위해 조선 민초들의 머리를 베어 일본군의 머리로 바꾸는 일도 있었다. 조선 민초들은 명군이 온다는 소식만 들으면 공황상태에 빠져 멀리 도망치는 일이 비일비재했다. 명군의 폐해상이 오죽이나 심했으면 당시 조선 민초들 사이에 일본군이 얼레빗이라면 명군은 참빗이라는 말이 전해오기도 했다.[11]

이와 달리 명군 장수 오유충은 조선에서 도덕적으로 높은 인덕과 깨끗한 행실을 보여주었다. 오유충이 조선 민초들에게 보여준 인덕과 행실은 당시 조선에 들어온 다른 명군 장수들과 확연하게 달랐다. 아래에 오유충의 청덕비에 대해 지난번에 고찰한 내용을 간략하게 정리해본다.[12]

---

11 柳成龍, 『西厓先生文集』 권16, 「記癸巳冬司天使事」: "司又書曰: 吾聞朝鮮人言, 倭賊梳子. 天兵篦子, 信乎?"
12 朴現圭, 「임진왜란 명 장수 吳惟忠의 한반도 소재 문물 고찰」, 앞의 서지, 1~31쪽.

오유충의 성품은 자상하고 화락하였으며 몸가짐을 청간하게 하여 유자의 기상을 갖추었다. 군사들을 거느리고 주둔지를 옮겨간 곳마다 조선 민초에게 조금이라도 폐해를 끼치지 않도록 부하들을 엄하게 단속하고, 모든 사항을 민의에 따라 행하도록 했다. 말에게 먹일 꼴이나 불을 때는 땔감이라도 반드시 시세에 따라 비용을 지불했다. 교역을 허락받지 못한 자가 물건을 가져오거나 지역민들이 명군을 위로하고자 술과 안주를 가져와도 모두 거절하고 받지 않았다. 한 번은 안동에서 한 군졸이 말안장이 해어지자 관급 이부자리를 찢어 보수를 했는데, 이 사실을 안 오유충은 군졸을 엄하게 다스리고 자신의 돈으로 이부자리의 값을 치러주었다. 민초들이 오유충의 군사가 온다는 소식을 들으면 자발적으로 모여들어 한 촌락을 형성하였다.[13]

일찍이 오유충과 만난 적이 있는 정탁(鄭琢)은 오유충이 조선 민초들에게 행한 청덕 활동에 대해 논평을 가했다. 오유충이 군심을 얻고 호령이 엄하여 지나간 곳에 풀 하나라도 건들지 아니하고, 외나 채소같이 하찮은 물품도 반드시 가격을 지불하였다. 명군을 피해 산속으로 숨은 연로의 민초들이 오유충의 군사가 온다는 소식을 듣고 모두 마을로 내려와 힘을 다하여 공양했다. 영남 일로에 모두 오유충의 청덕비를 세워주었다.[14] 조선 실록사관도 오유충의 몸가짐이 청간하고 하졸들을 잘 단속하여 쉽게 얻을 수가 없는 장수였다고 높이 평가했다.[15]

---

13 裵龍吉,『琴易堂集』권6,「天將吳侯頌德碑銘」참조.
14 鄭琢,『龍灣聞見錄』: "(오유충)丁酉來駐忠州, 性淸嚴, 與士卒同甘苦. … 故能得軍心, 號令明肅, 所過不折一草, 雖瓜菜之微, 必出其價而買之. 嶺南一路皆立碑頌之, 年老之民避大兵于山上, 聞吳軍之來, 則必下來盡力供頓."
15 『선조실록』32년 4월 20일(기사)조 사평: "副摠浙江老將, … 持身淸簡, 鈐束下卒, 亦難得之將也."

그래서인지 조선 민초들이 세운 오유충의 청덕비가 죽산, 충주, 단양, 풍기, 영천(榮川: 영주), 안동, 신녕 등 무려 7곳이나 되었다. 죽산에 세워진 오유충의 청덕비는 「천조오유충덕청인용비(天朝副摠兵吳惟忠德清仁勇碑)」이다. 1597년(만력 25)에 세웠다. 19세기 초 실학자 성해응(成海應)이 오유충의 서찰과 청덕비를 살펴보고 그의 인품과 행실에 반했다.[16] 현재 안성시 죽산면 매산리(梅山里) 죽주산성의 입구에 실물이 전해오고 있다. 충주에 세워진 오유충의 청덕비는 「오총병청숙비(吳總兵清肅碑)」인데, 여기에 대해서는 아래에 자세히 논한다.

단양, 풍기, 영천(榮川: 영주)에 세워진 오유충의 청덕비는 이시발(李時發)의 『벽오선생유고(碧梧先生遺稿)』에 기술되어 있다. 이들 가운데 영천(榮川: 영주)에 세워진 비석은 오유충의 군사를 뒤따라 들어온 마군(馬軍)에 의해 깨뜨려졌다.[17] 마군은 기마를 탄 북병을 지칭한다. 당시 명군 진영 가운데 북병과 남병 사이의 관계가 좋지 않아 크고 작은 충돌이 있었다. 오유충을 뒤따라 들어온 북병이 남병 오유충을 싫어하여 의도적으로 비석을 깨뜨렸다.

안동에 세워진 오유충의 청덕비는 「천장오후송덕비(天將吳侯頌德碑)」이다. 이 비석은 오늘날 전해오지 않지만, 1597년(선조 30)에 배용길이 지은 「천장오후송덕비명(天將吳侯頌德碑銘)」에 자세히 적혀 있다. 배용길은 1593년(선조 26)에 상주에 주둔한 오유충의 행실을 살펴본 적이 있었고, 1597년(선조 30)에 안동에서 다시 한 번 오유충의 행실을 면밀히

---

16 成海應, 『研經齋全集』 권55, 「萬曆東征諸公書牘」: "韓石峯濩, 舊藏萬曆東征諸公書牘 一卷. 至今二百年, 其英風傑氣奕奕, 如在紙墨間, 眞可寶惜. … 此爲遊擊吳惟忠書. 『懲毖錄』稱吳公最廉操. 余嘗過竹山, 見道傍有碑, 書曰: 天將吳公惟忠清勇之碑, 意其留鎭忠州也. 我人立碑頌德也. 今見此書, 良然."

17 『선조실록』 31년 2월 8일(계해)조: "吳摠兵接伴使尹河馳啓曰: … 摠兵之見忤於兩衙門, 凡事皆爲過失, 立碑之事, 亦是不平之一端, 榮川之碑則馬軍仆而破之."

살펴보았다. 오유충이 높은 인품과 맑은 덕행을 펼쳐 민초들을 자상하게 보살펴주자, 안동 민초들이 오유충을 잘 아는 배용길에게 부탁하여 오유충의 인품과 청덕을 기리는 비명을 짓게 했다.[18]

신녕에 세워진 오유충의 청덕비는「오총병유충비(吳總兵惟忠碑)」이다. 이 비석은 오늘날 전해오지 않지만, 1597년(선조 30)에 신녕현감 손기양(孫起陽)의「오총병유충비명(吳總兵惟忠碑銘)」에 자세히 적혀 있다. 오유충이 신녕에 들어와서 민폐를 끼치지 말도록 병졸들에게 군령을 내려 엄격히 단속했고, 또한 군영 물자를 절약하여 민초들이 편안하게 살아갈 수 있도록 해주었다. 일전에 다른 명군 진영이 신녕에 들어왔을 때 많은 공물을 요구하는 바람에 민초들이 이것으로 인하여 생업을 포기할 지경이었다. 손기양은 지역민의 중의에 따라 오유충의 청덕을 기리는 비석을 세웠다고 했다.[19]

4. 오유충의 충주 체류와 청덕비 내용

먼저 오유충과 충주의 관계부터 살펴본다. 1593년(선조 26) 1월에 오유충은 평양성 수복에 큰 공적을 세웠고, 얼마 후 한양으로 옮겼다. 명 군부는 동남 일대에 주둔하고 있는 일본군을 공략하기 위해 소속 군사들의 주둔지를 대폭 조정하였다. 영남 상주로 배치된 오유충은 소속 남병을 거느리고 한양을 떠나 남하했다. 당시 충주는 한양에서 상주로 가는 길목에 위치하고, 오늘날 충주와 상주로 연결되는 중부내륙고속도로가 개통되어 있다. 오유충이 군사를 거느리고 상주

---

18 裵龍吉,『琴易堂集』권6,「天將吳侯頌德碑銘」참조.
19 孫起陽,『聱漢先生文集』권3,「吳總兵惟忠碑銘并序」참조.

로 갈 때 충주를 경유했던 것으로 보이는데, 아직까지 여기에 관한 기록을 찾지 못했다. 아래에서 살펴보겠지만 오유충이 영남에서 한양으로 올라갈 때 충주를 지나갔다.

오유충이 상주에서 한동안 머물다가 명 군부의 명에 따라 일본군을 공격하기 위해 진영을 선산, 대구, 경주 등지로 연이어 옮겼다. 11월에 경주 안강전투에 나섰다가 일본군의 매복 공격을 받아 많은 병사를 잃어버리는 패전을 당했다. 얼마 후 대구 팔거(八莒)로 옮겼다. 12월에 명 군부로부터 패전 책임을 지고 한양으로 소환되었다. 이때 오유충은 충주를 지나 한양으로 올라갔다. 이덕형은 명군의 동태를 말하면서 팔거에 있는 오유충 군사가 충주에 도착해서 3~4일을 지낸 다음 한양으로 향할 것이라고 했다.[20] 이때 오유충이 충주에 머물렀던 일자가 짧아 특별한 활동을 하지 않았던 것으로 추측된다.

1597년(선조 30)에 일본군의 재침으로 전황이 다시 격렬하게 일어났다. 오유충은 흠차비왜중익부총병(欽差備倭中翼副總兵)의 직함으로 명군의 선발대가 되어 다시 한 번 조선에 파병되었다. 5월에 남병 3,997명을 거느리고 압록강을 건넜고, 6월에 한양에 도달했다. 8월에 일본군이 남원, 전주를 잇달아 점령한 뒤 북상해오자, 오유충은 명 군부의 방어 전략에 따라 영남에서 곧장 한양으로 올라올 길목인 충주로 내려가 진영을 쳤다.[21]

당초 명 군부는 총병 양원(楊元)을 충주로, 오유충을 남원으로 배치할 계획이었다. 오유충보다 1달 남짓 먼저 조선에 들어온 양원이 선

---

20 『선조실록』 26년 12월 29일(무인)조: "兵曹判書李德馨啓曰: 臣昨夕, 見邵應忠問: 吳、駱兩將, 何故撤回, 劉總爺許其還耶? [吳惟忠、駱尚志. 劉總爺 劉綎也.] … 吳、駱則在八莒, 兵已到忠州, 過三四日, 方入京城."

21 『大東地志』 권6, 「忠州」: "三十年八月, 經理楊鎬以吳惟忠統南兵四千守忠州."

조로부터 충주성이 이미 많이 파괴되어 방어하기 힘들고 남원성이 온전하다는 말을 듣고 오유충과 맞바꾸어 남원으로 옮겼다. 남원으로 옮긴 양원은 나중에 일본군의 대규모 공격을 받아 성이 함락되는 운명을 맞이했고, 끝내 그 자신도 패전의 책임을 지고 처형당했다.[22] 당시 오유충이 충주에 머물렀던 시기는 1597년(선조 30) 8월부터 11월까지로 추정된다.「청숙비」가 세워진 시점이 1597년(선조 30) 11월이다.

11월에 오유충은 제독 마귀가 이끄는 동로군에 편입되어 충주에서 나와 단양, 풍기, 영주, 안동, 신녕 등으로 옮겼고, 12월에 일본 가등청정(加藤淸正)이 주둔한 도산성을 공략하기 위해 울산으로 옮겼다. 곧이어 경리 양호와 제독 마귀가 총괄한 조명연합군이 도산 공략에 나섰다. 조명연합군이 한때 성곽 밑까지 쳐들어가 승전을 목전에 두었으나, 양호의 작전 실패, 가등청정(加藤淸正)의 완강한 방어, 일본 지원군의 도착 등으로 인하여 화급히 후방으로 퇴각했다. 이때 퇴각하는 과정에서 일본군의 추적에 의해 오히려 많은 병사를 잃는 큰 손실을 입었다. 양호와 마귀가 패전의 책임을 오유충에게 떠넘기자, 오유충은 억울함을 호소하며 장수 직을 내놓고 본국으로 귀환하고자 했다. 2월에 소속 군사를 거느리고 충주에 들어왔고,[23] 3월에 한양으로 올라갔다.[24]

다음으로 충주에 세워진 오유충의 청덕비에 대해 알아본다. 이시

---

22 『선조실록』30년 5월 8일(무술), 8월 15일(계유)조. 『象村先生集』권57「天朝詔使將臣先後去來姓名, 記自壬辰至庚子」참조.

23 『선조실록』31년 2월 3일(무오)조: "軍門派分兵馬, 使之速赴信地. … 副摠兵吳惟忠, 原部官兵, 分住忠州."

24 『선조실록』31년 3월 19일(갑진)조: "上往見吳惟忠, 大駕到總兵下處, 差備通事來告曰: 總兵云: 俺以留駐忠州事, 得罪楊經理, 今又國王來見, 則是重吾之過. 俺在下處, 不得不見. 騎馬獨行, 馳往漢江之路, 使其旗牌, 陳達此意爾."

발은『벽오선생유고(碧梧先生遺稿)』에서 오유충이 충주에서 베푼 청덕
에 대해 기술해놓았다. 1597년(선조 30)에 충주에 머물고 있는 오유충
의 성품이 검약하고 소속 부하들을 엄격하게 단속하여 조선 민초들
에게 해를 끼치는 일을 추호라도 범하지 않으니, 민초들이 크게 좋아
하고 따랐다. 조선에 들어온 명 장수 가운데 이와 같은 이가 없었다.
충주 사람들이 오유충의 청덕을 기려 비석을 세웠다.[25]

　오유충의 조선 접반사 윤형(尹泂)은 충주에 체류할 때 일어났던 사
항을 선조에게 치계했다. 오유충이 충주에 도착하자 조선 민초들이
모두 청포를 입고 모여들어 절로 저자가 만들어지고 촌락이 형성되
었다. 군병들이 물자를 사고파는 것을 모두 민의에 따라 행하였다.
뒤이어 마군이 뒤따라 들어오자 조선 민초들이 모두 처소를 버리고
달아나 숨고 집과 천막이 없어져 난리를 겪은 것과 같았다.[26]

　충주에 세워진 오유충「청숙비」실물은 현재 전해오지 않는다. 필
자가 일전에 오유충의 문물 논문을 작성할 때 문헌 기록을 통해「청
숙비」의 존재 사실을 알았으나, 실물을 찾지 못해 비문 내용을 고찰
할 수 없었다. 논문 발표 직후에 일본 경도대학(京都大學) 중앙도서관
(中央圖書館) 귀중도실(貴重圖室)에 소장된 오유충「청숙비」탁본을 찾
았다. 오유충「청숙비」탁본은『김석집첩(金石集帖)』중 제174책에 들
어가 있다.

　여기에 잠시『금석집첩』에 대해 약술해본다. 『금석집첩』은 정조

25　李時發,『碧梧先生遺稿』권7,「謾記」: "吳副摠惟忠, 浙江金華府義烏縣人也. … 丁
酉, 再來鎭守忠州, 性簡約, 馭衆嚴整, 秋毫無所犯, 民甚悅服, 東征諸將之中, 未見其
比, 忠人立石而頌之."
26　『선조실록』31년 2월 8일(계해)조: "吳摠兵接伴使尹泂馳啓曰 … 而摠兵來到忠州之
日, 忠州之民, 自爲一市, 軍兵買賣, 一從民情, 皆著靑布, 來集成村, 而馬軍下來之後,
民皆奔竄失巢, 家幕蕩盡, 有同經亂."

때 조인영(趙寅永) 등이 당시 전국에 소재한 고비석을 탁본한 것을 모아 성책했다. 한 질은 왕실에 비장시키고, 다른 한 질은 조인영이 보관하였다.[27]『금석집첩』원집은 1760년(영조 30)~1795년(정조 19) 사이에 편찬되었고, 속집은 1795년(정조 19) 이후에 편찬되었다. 전체 책수는 속집을 포함해서 총 264첩으로 알려졌다. 훗날 조인영 집에 보관된 탁본이 유출되었다. 1912년(명치 44)에 경도대학 문과대 동양사학교실(東洋史學敎室)이 219첩을 구입했다. 이밖에 서울대 규장각에 1첩이 소장되어 있다.[28]

『금석집첩』제174첩에 수록된 오유충「청숙비」내용에 대해 알아본다. 첩자 겉표지의 우상단에 물목들이 기술되어 있다. 첫 번째 물목이「천장오유충거사비(天將吳惟忠去思碑)」이다.「천장오유충거사비」는「청숙비」의 별칭이다. '천장(天將)'은 임진왜란 때 조선 인사들이 명군 장수를 부르는 명칭이다. '거사비(去思碑)'는 피전자가 베풀어 준 선정에 감사하고 떠나가는 것을 사모하며 세운 비석을 말한다.

이밖에 영조 연간에 영의정 김재로(金在魯)가 전국에 소재한 고비석을 탁본한 것을 모아 성책한『금석록(金石錄)』이 있다.『금석록』의 책수는 총목에 의거해보면 원편 226책, 속편 20책, 총 246책으로 이

---

27 1912년(명치 44) 11월에 작성된『以文會友』(44호)에 의하면 정조조에『금석속첩』편찬을 주도한 조인영의 관직을 大提學으로 적고 있다. 그런데 조인영이 대제학을 역임한 조대는 정조조가 아니고, 헌종조이다. 조인영은 1836년(헌종 2)과 1838년(헌종 4)에 두 차례 대제학에 임명되었다. 조인영은 형 趙萬永과 함께 풍양 조씨 세도의 기반을 구축한 왕실의 외척이었다. 일찍이 김정희와 함께 금석문에 좋아하여「진흥왕북한산순수비」를 찾아 비문을 고증했고, 청 유희해와 교유하면서 많은 탁본을 보내주어『海東金石苑』을 편찬하는데 큰 도움을 주었다.

28 朴眞完,「京都大學 부속도서관 소장『金石集帖』자료 현황」,『일본소재 한국사 자료 조사보고Ⅲ』, 국사편찬위원회, 과천, 2007.12, 169~245쪽.; 고려대학교 해외한국학자료센터,「京都大本『金石集帖』」, 사이트본.

루어졌다. 현재 고려대 육당문고에 29책(총목 1책 포함), 규장각에 39책, 개인장서에 5책이 남아 있다. 총목에 적힌 기록을 보면 원래「천조(天朝)」에 편입되었다가 나중에「산실(散失)」로 옮겨놓은「천장오유충거사비(天將吳惟忠去思碑)」가 있다.[29] 여기의「천장오유충거사비」가『금석집첩』제174책 겉표지에 기술된 물목「천장오유충거사비」와 일치한다.『금석집첩』「천장오유충거사비」도 충주에 세워진 오유충「청숙비」일 것으로 추정되는데, 아쉽게도「천장오유충거사비」가 들어간『금석집첩』「산일」첩이 발견되지 않아 사실 여부를 확인할 수 없다.

오유충「청숙비」에서:

吳總兵淸肅碑(비액)

公名惟忠, 浙江金華府義烏人也. 壬辰倭賊, 陷京城, 至箕都, 皇帝遣兵討賊, 賊敗遁時, 公以遊擊先登功最著. 丁酉賊再熾, 公以總兵來鋪敦忠州, 以守要害, 將多于前功也. 公性簡令嚴, 入境簞壺不受, 入邑草具自奉. 所部皆浙兵奉公, 法度惟謹, 秋毫無所犯, 樵牧者不害苗, 采果者必以直, 公猶慮一卒之厲民, 大書其榜, 聽民來齕, 忠之民子遺創殘, 加以師旅縷騷, 幾不能保.

尙賴公之威德, 人皆按堵受賜多矣. 咸願刻諸石, 著厥美. 嗚呼. 公之名已滿於天下, 亦將炳汗靑而銘彝鼎也. 海隅一片石, 何與於公, 而民之愛公之誠, 自不能已, 則頌其德, 而寄去後思, 惡可已也. 公之身雖隔於萬里之外, 公之名尙皆於一石之上, 目其石而思其人, 則餘風遺澤, 愈久而愈不忘矣. 銘曰:

公在在東, 淸風東兮,

公歸于西, 西悲同兮,
石可轉也, 思不窮兮.
前正郎柳德種撰
晉陽人姜姬望書
萬曆二十五年十一月日立
堤川□□貞刻, □□□□

[吳總兵淸肅碑(비액)]

공의 이름은 유충이고, 절강 금화부 의오 사람이다. 임진년 때 왜적들이 경성(京城; 한양)을 함락시키고, 기도(箕都; 평양)에 들어왔다. 황제가 병사를 보내어 적을 토벌하였다. 적이 패하여 도망칠 때 공이 유격 장수로 먼저 올라 전공이 가장 뛰어났다. 정유년에 적의 침략이 다시 치열해지자, 공이 총병으로 충주에 들어와 진을 치고 요해지를 지켜서 장차 지난번 전공보다 더 많이 세우고자 했다. 공의 성품이 간결하고 군령을 엄하게 하여 지경에 들어와서 광주리와 병을 받지 않았으며, 읍내에 들어와서 초구를 스스로 마련했다. 소속 부하들은 모두 절강 병사인데, 奉公하고 법도를 지킴에 있어 근신하여 추호도 범한 바가 없었다. 땔감이나 방목하는 자가 묘를 해치지 않았고, 채소나 과일을 사는 자가 반드시 바르게 했다. 공이 한 병졸이라도 민초들을 괴롭힐까봐 염려하여 방을 크게 써놓았다. 민초들이 와서 호소하는 것을 들어라. 충주 민초들이 전란으로 겨우 살아남고 상처를 입은 자들이다. 군사들이 소요를 일으키면 거의 보전할 수 없다.

공의 위엄과 덕망에 힘입어 민초들이 모두 안도하고 많은 혜택을 받았다. 모두들 돌에 새겨 그 아름다움을 밝히기를 원했다. 아아, 공의 이름은 이미 천하에 빠르게 드러났고, 또한 장차 청사에 빛나고 제기에 새길 것이다. 바다 한 곁에 한 조각의 비석이 공에게 무슨 도움이 되리오. 하나 민초들이 공을 사랑하는 정성을 스스로 멈출 수가 없어 그 덕을 칭송한다. 떠난 뒤 그리움에 부치려고 하오니 어찌 그만둘 수 있으리오. 공의 몸이 비록 만 리 바깥에 있지만, 공의 이름은 모두 이 한 돌에 있으리오. 돌을 보면 그 사람을 사모하는 옛 풍속이 남아 후대에 끼치는데,

오래가면 갈수록 잊을 수가 없도다. 명에 말하기를

　　공이 해동에 와 있으니, 청풍이 동쪽으로 불었도다.

　　공이 서쪽으로 돌아가니, 서쪽 슬픔이 같도다.

　　돌은 굴릴 수 있지만, 사모함은 다함이 없도다.

　　전전랑(前正郞) 유덕종(柳德種)이 짓고,

　　진양인(晉陽人) 강희망(姜姬望)이 썼다.

　　만력 25년 11월 모일에 세웠다.

　　제천(堤川) □□정(貞)이 새겼다. □□□□]

　오유충 「청숙비」는 1597년(선조 30; 만력 25) 11월에 작성되었다. 비문 작성자는 전랑 유덕종(柳德種)이다. 유덕종은 임진왜란 초기 일본군에 함락된 한양으로 잠입하여 아군이 들어오면 내응하여 봉기하는 임무를 맡았다. 하지만 유덕종이 펼친 내응작전이 이렇다 할 성과를 거두지 못하자, 조선 조정은 유덕종이 거짓으로 행한다며 파직하라는 논쟁이 잇달았다.[30] 다만 충주 지역민들이 유덕종에게 오유충 「청숙비」를 짓게 한 점으로 보아 유덕종도 전란 때 나라를 위해 활동했던 사람으로 보인다.

　오유충의 고향은 현 행정구획으로 절강성 의오시 오감두촌이다. 금화부는 명나라 때 행정 지명인데, 예나 지금이나 의오의 상급 행정지이다. 임진왜란이 발발하자 명 신종제가 대규모 군사를 편성하여 조선으로 보냈다. 오유충이 유격장수의 신분으로 조선에 들어와서 평양성 수복에서 성곽을 가장 먼저 오른 큰 전공을 세웠다. 명군 수뇌부가 평양성전투에서 오유충의 전공을 의도적으로 깎아내렸지만, 조선 조정과 충주 인사들은 모두 오유충이 평양성 탈환에서 혁혁한

---

30 『선조실록』 26년 5월 9일(임술), 28년 1월 27일(경자), 29일(임인)조 참조.

전공을 세웠던 사실을 잘 알고 있었다.

전황이 다시 불붙은 정유재란이 발발하자, 명나라는 다시 한 번 대규모 군사를 편성하여 조선으로 보냈다. 「청숙비」 비문에서 오유충이 총병의 신분으로 들어왔다고 했는데, 실은 부총병, 좀 더 정확히 적자면 흠차비왜중익부총병(欽差備倭中翼副總兵)이다. 당시 오유충이 충주로 들어온 것은 일본군의 북상을 막기 위해 자국의 대군이 조선으로 파견될 때까지 군사 요충지를 지키기 위해서였다. 충주 인사들이 오유충에게 바라는 기대 심리는 매우 컸다. 이들은 오유충이 장차 전장에서 평양성 수복보다 더 큰 전공을 세울 것이라며 굳게 믿었다.

조선 민초들의 입장에서 본다면 전쟁에서의 승전이 학수고대하는 기쁜 일이지만, 실생활에서는 전란 속에 어떻게 살아갈 수 있는지가 더 큰 걱정이었다. 당시 충주는 더 이상 파괴될 것이 없을 정도로 아주 피폐했다. 전란이 발발한 초기에 조선 신립(申砬)이 충주성을 파괴하고 탄금대로 물러나 소서행장(小西行長)이 이끄는 일본군과 싸우다가 대패했다. 일본군이 충주 지역을 돌아다니며 분탕질했고, 뒤이어 명군이 충주로 들어온 이후에도 전란의 혼돈과 고통이 계속 이어졌다. 「청숙비」의 기록이 당시 충주 민초들이 겪고 있던 실상을 대변해 주고 있다. 충주 민초들은 전란으로 겨우 살아남고 상처를 입은 자들이니, 군사들이 조금이라도 소요를 일으키면 살아남기가 아주 힘들었다.

오유충은 충주에 들어와서 즉시 민심을 안정시키는 조치를 취하였다. 민초들이 안심하고 생활할 수 있도록 거리에다 포고문을 내걸고, 또한 부하들에게 민의에 어긋나는 일을 하지 말라고 엄명을 내렸다. 오유충이 거느린 병사들은 오유충과 동향인 절강 의오 또는 그 부근 출신으로 구성되었다. 의오군은 원래 명 척계광이 의오 지역에서 모집한 병사 집단이다. 용맹하고 싸움에 임해서는 물러남이 없었다. 오유충의 부하들은 나라를 위해 충정을 바치고 법도를 준수하며 장수의 명을 잘 따랐다. 땔감을 구하거나 방목하는 부하들이 민간인이 심은 모를 밟지 않았고, 시장에서 채소나 과일을 사는 부하들도 민의에 따라 행하였다. 오유충 자신도 청간한 마음을 견지하고 초구라도 스스로 마련했으며, 충주 민초들이 보내준 물품을 하나도 받지 않았다.

충주 민초들은 그동안 명군들이 들어오면 도망칠 정도로 큰 우환으로 여겼으나, 오유충이 내려온 이후로 편안하게 살아갈 수 있었다. 오유충이 보여준 청덕은 충주 민초들에게 위안과 보탬이 되었다. 충주 민초들은 오유충이 부친 포고문에 따라 안도하고 전란의 어려움을 조금씩 극복해나갔다. 그래서 오유충의 청덕을 기려야 한다는 중의를 받들어 「청숙비」를 세웠다. 비명 '청숙(淸肅)' 두 글자가 바로 오유충의 맑은 덕행과 엄숙한 영을 말해준다.

임진왜란 때 조선 관아가 명군을 기리거나 명군이 직접 세운 비석들이 꽤나 있다. 이들 비석의 면모를 살펴보면 상당수가 명군의 전공 과시, 무신 관우(關羽: 관운장)에 대한 숭배 사상과 밀접한 관련이 있다. 당시 명 장수들이 군인인지라 전장에서 탁월한 전훈을 세웠다며 자신의 존재를 널리 알리기를 좋아했다. 조선 관아에서도 전쟁 수습, 사기 진작 등 보국 차원에서 명 장수의 전공을 칭송하는 비석을 세워주었다. 관우는 본래 삼국 시대의 실존 인물이다. 훗날 신의 영역으로 들어간 길흉, 화복, 재물, 의약 등 여러 방면을 관장하는 인격신으로 승격되었다. 특히 무장들에게는 관우가 전장에서 큰 업적을 세운 장수인지라 무신으로 널리 받들었다. 조선에 명군 또는 명군의 청에 따라 세운 관우 사당만 하더라도 서울의 남묘와 동묘, 안동의 관왕묘, 성주의 관왕묘, 남원의 관왕묘, 고금도의 관왕묘 등이 있다.

반면 명 장수의 청덕을 기린 비석
은 사뭇 드물다. 충남 오천에 명장
계금(季金)의 청덕을 기린 비석인「흠
차통령절직수병유격장군계공청덕
비(欽差統領浙直水兵遊擊將軍季公淸德
碑)」가 현존한다. 이밖에 양호, 오종
도(吳宗道) 등을 기리는 거사비가 있
지만, 비문의 성격상 청덕비보다 전
공비에 가깝다. 청덕비는 피전자의
덕행과 밀접한 관련이 있다. 청덕비
를 세우는 주체는 해당 지역의 민초
들이다. 청덕비를 세우는 것은 민초

경도대학 소장「오유충청숙비」

들의 중의를 모아야만이 이룰 수 있지, 명 장수가 자의적으로 이룰
수 있는 것이 아니다. 오유충의 청덕비는 충주 이외에 죽산, 단양,
풍기, 영천(榮川: 영주), 안동, 신녕 등 무려 7곳이나 있다. 이것만 보더
라도 오유충이 얼마나 조선 민초들을 위해 청덕을 베풀었고, 또한 민
초들로부터 얼마나 많은 인심을 얻었는지를 잘 알 수 있다.

충주 관련 각종 지방지에 오유충「청숙비」기록이 보인다. 1757년
(영조 33)부터 1765년(영조 41) 사이에 성책된『충원현지(忠原縣誌)』가
있다. 이 책자에 청숙비가 무학당(武學堂) 남쪽에 소재하며, 총병 오
유충이 왜적을 평정하고 지역민들을 보살펴주어 세운 것이라고 했
다.[31] 1780년(정조 4)경에 편찬한『충청도읍지(忠淸道邑誌)』, 1871년(고

---

31 『忠原縣誌』(『輿地圖書』본) 중「古跡」: "淸肅碑 在武學堂南. 摠兵吳惟忠討平倭寇,
撫恤土民云."

종 8)에 편찬한『호서읍지(湖西邑誌)』, 1928년에 이병연(李秉延)이 편찬에 착수하여 1934년에 충주 부분이 간행된『조선환여승람(朝鮮寰輿勝覽)』등에서도 이와 비슷한 내용이 실려 있다.[32]

오유충의「청숙비」는 어디에 세워졌던가?『충원현지(忠原縣誌)』를 비롯한 각종 충주 관련 지방지에 모두「청숙비」가 무학당 남쪽에 있다고 했다. 무학당은 조선시대 각 거점 지역에 군사들이 무예를 연마하는 연병장에 세운 관청 건물이다. 충주 무학당은 1713년(숙종 39)에 전면 6칸의 규모로 세워졌고, 1893년(고종 30)에 폐지되었다. 무학당은 현 행정구획으로 무학 3길 일대(옛 봉방동 7번지 일대)에 세워졌다. 오늘날 충주에는 옛 무학당의 이름을 취한 고유명사가 많이 있다. 예를 들면 충주의 전통재래시장인 무학시장, 충주천 양편 둑에 조성된 무학천변길 등이 있다.

무학시장에서 무학천변길을 따라가면 대봉교와 마주하는 곳에 1991년 11월 11일에 마을사람들이 세운「무학당」기념비가 보인다. 「무학당」기념비에 적힌 기록을 정리해본다. 무학당 주변에 수령방백의 선정비가 다수 세워져 있었다. 매년 가을이면 삼원초등학교 부근에 단을 설치하고 무학당 좌우에 기치, 창검을 나열한 후에 충주영장과 연원찰방이 갑옷을 갖추어 입고 말을 타고 달리며 일본 장수 가등청정(加藤淸正)의 허수아비를 효수하는 무예 시범을 보여주었다.

오유충의「청숙비」는 언제 없어졌던가? 오유충의「청숙비」기록이 보이는 충주 지방지 가운데 성책년이 가장 늦은 책자가 1928년에

---

32 『忠淸道邑誌』(忠州牧) 중「古跡」: "淸肅碑, 在武學堂南, 摠兵吳惟忠討平倭亂, 撫恤士民云.";『湖西邑誌』(忠州牧) 중「古跡」: "淸肅碑, 在武學南, 摠兵吳惟忠討平倭亂, 撫恤士民云.";『朝鮮寰輿勝覽』(忠州郡) 중「竪碑」: "淸肅碑, 壬辰倭亂, 明朝摠兵吳惟忠, 討平撫恤士民."

이병연이 편찬 착수하여 1934년에 충주 부분이 간행된 『조선환여승람』이다. 편자 이병연이 오유충의 「청숙비」 기록을 전대 지방지의 기록을 그대로 옮겨놓았는지는 알 길이 없지만, 여러 정황으로 보아 오유충의 「청숙비」가 일제강점기에 멸실되었을 가능성이 높다. 오유충 「청숙비」에 임진왜란 때 명군 오유충이 일본군을 물리쳤다는 기록이 들어가 있다. 따라서 일제 당국이 오유충의 「청숙비」에 적힌 배일 내용을 못마땅하게 여기고 비석을 없앴을 것으로 추측된다. 다행히도 정조 연간에 만든 「청숙비」 탁본이 남아있어 비석 전문을 온전하게 확인할 수 있다.

5. 결론

전쟁이 가져다 준 이미지는 살상, 파괴, 혼돈 등 부정적인 단어가 우선적으로 떠오르겠지만, 그 속에서 생존, 복구, 희망 등 긍정적인 단어가 사라지지 않고 한 곁에서 조용히 싹을 틔우고 있었다. 임진왜란은 16세기말에 조선, 명, 일본 등 삼국이 한반도에서 격돌한 동아시아 국제 전쟁이었다. 당시 명나라는 조선을 지원하기 위해 대규모 군사를 편성하여 조선으로 보냈다.

오늘날 명군의 참전과 역할에 대해 많은 논쟁이 있다. 큰 맥락에서 본다면 명군은 전쟁의 판도를 바꾸는데 큰 역할을 하였지만, 지원군이라는 명분아래 조선 조정과 군사에 대한 통제와 간섭, 조선 민초들에게 만행과 폐해를 일삼아 부정적인 모습도 함께 보여주었다. 조선 민초들이 오죽했으면 명군이 들어온다는 소식을 들으면 멀리 도망치곤 했다.

이와 달리 명군 가운데 참된 군인의 표상을 보여준 장수가 몇 몇 있었는데, 그 중의 한 명이 오유충이다. 오유충은 평양성 탈환에서 성곽을 가장 먼저 올라 군인으로서 용맹성을 보여주었고, 또한 도탄에 빠진 조선 민초들을 보살펴주는 도덕심을 보여주었다. 조선 조정이 여러 차례 오유충의 공적에 대해 높이 평가해주었다. 조선 민초들이 오유충의 청덕을 기려 세운 비석이 7곳이나 된 것도 이러한 사실을 잘 반영해주고 있다.

충주는 임진왜란 시기에 여러 차례 크고 작은 전투를 치렀던 전쟁터였다. 전란 통에 겨우 살아남은 충주 민초들이 공물과 만행을 일삼은 명군으로 인하여 고통이 더욱 가중되었다. 오유충은 전후 4차례 충주를 체류하거나 지나갔다. 1597년(선조 30) 충주에 체류할 때 청간한 마음으로 지역민들을 대하고 부하들에게 민폐를 끼치지 않도록 엄명을 내리고 모든 일에 민의에 따라 행하였다. 바로 이러한 연유로 충주 민초들이 오유충의 청덕을 기리는「청숙비」를 세웠다.

「청숙비」의 비문은 전정랑 유덕종이 작성했고, 글씨는 진양 강희망이 적었다. 1597년(선조 30) 11월에 충주 감영의 군사들이 훈련하는 무학당 남쪽에 세워졌다. 오유충의「청숙비」는 비문의 배일 내용을 못마땅하게 여긴 일제 당국에 의해 훼멸된 것으로 추측된다. 오유충의「청숙비」를 세웠다는 사적이 충주 각종 지방지에 계속 수록되어 오다가, 일제강점기에 이병연이 편찬한『조선환여승람(朝鮮寰輿勝覽)』을 마지막으로 더 이상 보이지 않는다. 다행히도 일본 경도대학 중앙도서관에 정조 연간에 조인영 등이 제작한『금석집첩(金石集帖)』에 오유충「청숙비」 탁본이 수록되어 있다. 「청숙비」의 '청숙(淸肅)' 두 글자는 오유충이 맑은 덕행과 엄숙한 영으로 충주 민초들을 보살펴주었다는 의미가 담겨 있다. [燁爀之樂室]

임진왜란 명 의오군 출신 장해빈과
한국 절강장씨 고찰

1. 서론

한국민은 다민족으로 구성되었다. 예로부터 많은 외래 민족이 한국의 옛 강역인 한반도와 만주 지역으로 끊임없이 들어와 정착했다. 조선 시대 대표적인 외침의 수난시기인 임진왜란과 병자호란 시기만 하더라도 조선으로 들어와 정착한 중국인과 일본인들이 꽤나 많다. 본 논문에서 다룬 한국 절강(浙江) 장씨(張氏)의 시조 장해빈(張海濱)도 임진왜란 시기에 조선에 들어와 정착한 인물이다.

1592년(선조 25)부터 1598년(선조 31)까지 7년 동안 조선에서 전개된 임진왜란은 동아시아 역사에서 커다란 한 장을 차지하는 일대 사건이었다. 전쟁이 끝난 지 5백여 년이 지난 오늘날에도 임진왜란은 동아시아에서 계속해서 뜨거운 화제로 떠오르고 있다. 동아시아 각국은 학술, 영화, 소설, 정치, 외교 등 여러 분야에서 임진왜란을 주제로 역사적 사건과 현대적 의의를 매우 활발하게 조명하고 있다.

필자는 일전에 동아시아 국제 전쟁인 임진왜란을 다양한 각도로 살펴보고자 중국 대륙으로 들어간 조선 유민과 등자룡(鄧子龍), 계금(季金), 장양상(張良相), 왕사기(王士琦), 오유충(吳惟忠), 진린(陳璘), 남방위(藍芳威), 오명제(吳明濟) 등 조선에 파견된 명 장수들의 임진왜란 시기의 활동상과 국내외 유적들을 살펴본 적이 있었다.[1] 이번에 조선에 정착한 또 한 명의 장수, 즉 오유충의 부장 출신 장해빈에 대해 살펴보려고 한다.

한국 절강 장씨는 관향 절강에서 보듯이 중국대륙에서 한반도에 들어온 성씨이다. 집안은 장해빈을 해동 시조, 그의 고향인 절강을 관향으로 삼았다. 시조 장해빈은 임진왜란 때 명 장수 오유충의 부장으로 조선에 들어와 울산 도산성 전투에서 일본군과 맞붙어 용맹하게 싸우다가 심한 부상을 당하여 끝내 고국으로 돌아가지 못하고 군위 북산에 들어와 정착했다. 현 경북 군위군 군위읍 대북 1리가 절강 장씨의 세거지이다. 이곳에 절강장씨 문중과 지역 사람들이 장해빈의 공적을 기리기 위해 세운 북산서원(北山書院)이 있다.

본 논문에서는 장해빈의 활동과 명 의오군(義烏軍)의 관계,[2] 좀 더

---

1   朴現圭, 「임진왜란 시기 명나라로 건너간 조선 유민 고찰」, 『東北亞歷史論叢』 41집, 東北亞歷史財團, 2013.09, 253~298쪽.; _____, 「明將 鄧子龍의 활약과 죽음」, 『韓中人文學研究』 22집, 韓中人文學會, 2007.12, 237~257쪽.; _____, 「임란시기 明 水將 季金의 군사 행적 고찰」, 『이순신연구논총』 21호, 순천향대학교 이순신연구소, 2014.08, 347~381쪽.; _____, 「明 水將 季金의 유적과 조선 문사의 수창 시편」, 『이순신연구논총』 23호, 순천향대학교 이순신연구소, 2015.08, 229~257쪽.; _____, 「명 張良相의 南海 「東征磨崖碑」 고찰」, 『東亞人文學』 38집, 東亞人文學會, 2017.03, 143~166쪽.; _____, 「『(嘉慶)章安王氏宗譜』에 수록된 宣祖, 李德馨, 李舜臣 간찰 고찰」, 『軍史』 101호, 國防部 軍史編纂研究所, 2016.12, 1~39쪽.; _____, 「임진왜란 명 장수 吳惟忠의 한반도 소재 문물 고찰」, 『석당논총』 64집, 동아대학교 석당학술연구원, 2016.03, 1~31쪽.; _____, 「明將 吳惟忠의 충주 「吳總兵淸肅碑」 고찰」, 『이순신연구논총』 28집, 순천향대학교 이순신연구소, 2017.12, 77~101쪽.; _____, 「조선에서 활약한 명나라 장수 진린」, 『한중연사』, 부민문화사, 서울, 2017.12, 261~276쪽; (중문)「活躍在朝鮮明將陳璘」, 『中韓緣史』, 富民文化社, 首爾, 2017.12., 87~98쪽.; _____, 「중국에 조선 시문을 알린 명나라 관인 남방위와 오명제」, 『한중연사』, 부민문화사, 서울, 2017.12, 277~289쪽; (중문)「活躍在朝鮮明將陳璘」, 『中韓緣史』, 富民文化社, 首爾, 2017.12, 87~98쪽.

구체적으로 적자면 장해빈이 조선에서 활동한 제반 사항, 절강장씨의 유래와 유적, 장해빈이 소속된 의오군의 성격, 상급 장수 오유충과의 관계와 활동 등을 자세히 분석해본다. 한국 절강장씨의 세거지인 군위 대북리는 동년 8월, 9월에 두 차례 이루어졌고, 중국 절강 의오(義烏), 포강(浦江)에 대한 현지 조사는 2015년 6월, 11월에 두 차례 이루어졌다. 특히 중국 언론매체를 통해 절강장씨의 고향을 찾는다는 보도를 내기도 했다.[3]

2. 장해빈 사적과 한국 절강장씨 유래

절강장씨 집안은 지금까지 모두 6차례 족보를 편찬했다. 무인보는 1758년(영조 34), 경오보는 1810년(순조 10), 병진보는 1856년(철종 7), 경자보는 1960년, 신유보는 1981년(서문 작성년: 1980년), 경인보는 2010년(서문 작성년: 2009년)에 편찬되었다. 아래에 『절강장씨세보』에 적힌 기록에 의거하여 절강장씨의 시조인 장해빈의 사적에 대해 적어본다.

장해빈의 호는 화헌(華軒)이고, 절강 금화부(金華府) 오강현(烏江縣) 출신이다. 뒤에서 자세히 언급하겠지만, 오강현(烏江縣)은 금화부 소속의 의오현(義烏縣) 또는 포강현(浦江縣)으로 수정해야 한다. 장해빈의 후손들은 시조 고향 금화부의 상급지인 성의 지명(省名)을 따서 관

---

2   중국에서는 義烏兵으로 적고 있으나, 소속 인원 가운데 장수 출신도 많이 있기 때문에 義烏軍으로 부르는 편이 더 합당하다.

3   王志堅, 「韓國大學敎授朴現圭千里迢迢來義烏⋯爲兩千多在韓"義烏兵"後裔尋根」, 『浙中新報』, 2015.11.12.；「金華、義烏、浦江等地讀者來電爲朴現圭敎授支招⋯張海濱可能不是義烏人?」；『浙中新報』, 2015.11.14.

향으로 정했다. 조선에 정착한 절강 출신 명 장수의 집안, 즉 절강시
씨(浙江施氏; 施文用), 절강서씨(浙江徐氏; 徐海龍의 증손 徐鶴), 절강팽씨
(浙江彭氏; 彭友德과 아들 彭信古), 절강편씨(浙江片氏; 片碣頌)들도 절강을
관향으로 삼았다.

　절강장씨는 한나라 승상 유후(留侯) 장양(張良)에서 나왔다고 한다.
아쉽게도 장해빈이 조선 원병에 나설 때 중국 족보를 가져오지 않는
바람에 증조부 이상의 계보를 상고할 수가 없다. 증조 장맹경(張孟慶)
은 진사 출신이다. 조부 장충원(張忠源)은 34세에 문과 급제하여 통주
(通州; 현 南通), 양주(楊州; 현 揚州), 온주(溫州) 등 자사(刺史)를 역임했
다. 부친 장응화(張應華)는 태의원감(太醫院監)을 역임했고, 모친은 주
씨(朱氏)이다.[4]

　장해빈은 1575년(만력 3; 선조 8) 4월 2일에 태어났다. 소싯적부터
용맹하고 담력과 지략이 있었다. 23세가 되는 해, 즉 1597년(선조 30)
에 부총병 오유충의 좌부이사파총(左部二司把摠)이 되어 조선에 들어
왔다. 11월 29일에 죽산(현 안성 죽산면)에서 일본군과 맞붙자 앞장서
서 싸웠다. 이때 왼쪽 옆구리에 총상을 입었음에도 불구하고 상처를
동여매고 힘껏 싸워 적을 물리쳤고, 연이어 충주전투에서도 전공을
세웠다. 뒤에서 언급하겠지만『절강장씨세보』에 적힌 장해빈의 죽산
기록은 약간의 문제가 있다.

4　『(경자보)浙江張氏世譜』, 朴慶龜,「察訪公行狀」:"察訪張公諱海濱, 皇明浙江省抗
(杭의 오유)州道金華府烏江縣人也. 曾祖諱孟慶, 皇明進士. 祖諱忠源, 行三十四, 登文
科, 行通州·楊州·溫州等刺史. 考諱應華, 行太醫院監. … 公乃西漢留侯之後, 而負羽行
軍之日, 未得袖來先代系譜, 故曾祖以上不可詳考." 朴慶龜가 1744년(영조 20)에 장해
빈 행장을 작성했다.『(신유보)浙江張氏世譜』와『(경인보)浙江張氏世譜』는 박경귀의「察
訪公行狀」을 고종 때 장해빈이 병조참판으로 추증 받았던 사실을 근거로 편명을「參判公
行狀」으로 고쳤음.

　이후 장해빈은 울산 증성(甑城), 즉 도산성 전투에서 앞장서서 일본
군과 대적하다가 왼쪽 다리에 적이 쏜 유탄을 맞아 부상당했으나, 곧
장 상처를 동여매고 다시 일어나 용맹하게 싸웠다.[5] 그러나 부상 정
도가 심하여 더 이상 본진과 함께하지 못하고 홀로 낙후되어 군위 북
산(北山)으로 들어와 정착했다. 훗날 조선 조정으로부터 혜민서참봉
(惠民署參奉), 율봉찰방(栗峰察訪)의 직첩을 받았으나, 모두 부임하지
않았다.[6]

　장해빈의 키는 9척 장신이다. 말 타기를 좋아했고, 천문지리와 관
상을 잘 보았으며, 특히 의약에 정통했다. 한번은 군위현감이 심한
질환으로 여러 약을 썼으나 효과를 보지 못했는데, 장해빈이 나서 올
바른 처방을 내리니 곧바로 치유되었다. 또 안동부사가 괴질을 앓았
는데, 장해빈이 처방한 약을 먹고 병이 나았다. 당시 사람들은 장해
빈이 황실 태의감인 부친 장응화의 가업을 이어받아 의술에 뛰어났
다고 여겼다.[7]

5　『(신유보)절강장씨세보』, 申海 집안, 『龍蛇日記』: "十二月, 麻提督·吳游擊領騎步
兵數萬, 進攻蔚山賊時, 賊將清正築城蔚山郡東海邊斗絕處, 提督與游擊相議欲出, 其不
意掩之, 以海濱爲先鋒, 奉鐵騎馳擊之, 賊披靡不能支. 轉輾于釜山, 海濱爲流丸所中, 深
入肩胛二寸, 拔刀挑出, 血流滿地, 猶裹瘡再戰, 一軍皆驚歎."여기에서 장해빈이 총상
을 입은 장소를 부산전투라고 했는데, 이는 울산전투로 수정할 필요가 있다. 임진왜란
시기에 부산에서는 명군과 일본군이 전투한 적이 없었다. 오유충이 부산으로 내려갈
때는 사실상 임진왜란이 사실상 끝난 이후이다. 또 장해빈이 총상을 입은 신체에 대해
서도 『용사일기』는 어깨라고 했고, 박경귀의 「찰방공행장」은 왼쪽 다리라고 했다.
6　『(경자보)절강장씨세보』, 朴慶龜, 「察訪公行狀」: "(장해빈)公生于嘉靖乙亥四月初
二日, 勇健有膽略, 又精於醫藥, 善於學數, … 逮至丁酉三月初三日, 又遣吳游擊惟忠,
領兵來救, 公乃左部二司把, 時年二十三也. 同年十一月二十九日, 與倭遇於竹山縣, 公
身先士卒, 上馬疾呼, 以短兵相接之時, 左脅傷於流丸, 裹瘡力戰, 則倭寇退散. … 追至
于蔚山甑城, 公輕敵先驅, 交兵之際, 亦爲流丸所中, 重傷左脚, 不形痛色, 策馬揮戈, 多
斬首級, 則倭寇乘間, 越海而走. 及其吳游擊竣事振旅之日, 公累傷流丸瘡痕, 久而未完,
難與俱去. 雅喜東方風土之厚, 占地於本道軍威北山里, 因居焉. … 自本朝特除惠民署參
奉, 栗峰察訪, 公行此數職, 亦不喜從仕致仕而止. 享年八十三矣."

군위 북산에 정착한 이후에도 장해빈은 가지 못하는 머나먼 고향을 몹시 그리워하였다. 마을 뒷산 북산에 대명단을 짓고 매번 북쪽을 향해 네 번 절하고 고향의 정을 잊지 못했다.[8] 현재 마을 뒷산에 '대명단(大明壇)'이라고 새긴 석조 제단이 남아 있다.

아래에 장해빈이 말년에 지었던 시를 감상해본다.[9]

비린내 풍진에 떨어져 만사가 그르고	一落腥塵萬事非
六朝의 문물은 꿈속에 아른거리네	六朝文物夢依依
강남 출신 庾信은 한 평생 한이 되고	江南庾信平生恨
塞北에 간 蘇武는 언제나 돌아갈까	塞北蘇郎何日歸
삼십 년간 풍토가 다른 곳에	三十年間風異土
팔천 리 바깥에도 달빛은 다 같도다	八千里外月同輝
華音이 이미 변했고 명나라 갖옷도 해어지고	華音已變明裘弊
누가 양자강의 옛 포의를 알 것인가	誰識楊江舊布衣

이 시에서 장해빈이 고향을 그리워하는 마음을 잘 읽을 수 있다. 장해빈은 살육의 피 비린내가 나는 전장에서 부상을 입는 바람에 본진과 떨어져 고향으로 돌아갈 수가 없었다. 꿈속에서 희미하게나마 고향에 세워진 육조 문물들이 아른거렸지만 갈 수가 없었다. 그 자신은 유신(庾信)과 소무(蘇武)처럼 타국에서 오랫동안 살아가야만 했다.

---

7 南泰普, 『赤羅誌』 권1, 「事實」 중 장해빈조: "身長九尺, 善騎射, 如天文·地理·治病·相人之法, 亦皆精透, … 嘗到邑邸, 適主倅病, 欲服藥無效. 海濱問證與藥, 曰: 此藥非對證之劑, 病不可已也. 傍聽者走告于縣衙, 衙客出迎使視病, 投藥卽愈. 時安東府伯有怪疾, 服其藥, 亦愈, 自是病家相邀, 其所劑活甚衆云. 海濱之父應華爲皇朝太醫監, 抑應華精於醫, 海濱世其業歟? 至若占候堪輿等術, 俗傳其善解而未有信徵."

8 『(경자보)절강장씨세보』, 朴慶龜, 「察訪公行狀」: "(장해빈)而公一自留東之後, 不忘首丘之情, 每朝北望四拜, 噓唏咄嗟, 是乃不耐, 懷土之意也."

9 장해빈의 시편은 山雲 李紫巖의 遺草에 수록되었다.

남조 양나라 문인 유신은 서위(西魏)로 사신으로 갔다가 조국이 망해 북조에 머물며 평생 돌아가지 못했고, 한 문제 때 소무는 흉노에 사신으로 갔다가 볼모가 되어 19년간 억류생활을 하며 갖은 고생을 하였다. 자신은 풍토가 다른 조선에 정착한지 삼십년이 되었지만, 늘 고향 생각이 간절하였다. 북산 하늘에 밝게 비치는 달빛이 팔천 리나 떨어진 고향 하늘에도 비친다며 긴 한숨을 내쉬었다. 조선에 정착한 지 오래되어 중국어로 듣고 말할 기회가 없어 말투조차 변했고, 전쟁 때 입고 있었던 갖옷이 오랜 시일이 지나 너덜너덜 해어져 어느 누구도 자신이 중국 강남 사람인줄 몰라주었다.

1657년(효종 8) 11월 19일에 장해빈이 별세하니 향년 83세였다. 장해빈이 죽기 7일 전에 자신의 죽음을 예견하고 마을 사람들에게 잔치를 열어 고마움을 표시하고, 죽는 당일에 목욕재계하고 새 옷을 갈아입고 북쪽과 서쪽을 향해 사배한 뒤에 세상을 떠났다고 전해온다.[10] 북쪽 사배는 명나라 황실이 소재한 북경을 표방하고, 서쪽 사배는 고향 의오 또는 포강을 그리워하는 마음에서 나온 것으로 보인다. 묘소는 장해빈이 생전에 지목한 마을 남쪽 을좌(乙坐) 둔덕에 묻혔다.

부인은 의녕(宜寧) 남평삼(南平三)의 따님이고, 5남 1녀를 두었다. 장남은 장덕례(張德禮)로 통덕랑(通德郎)이 되었다. 차남은 장덕지(張德智)이고, 삼남은 장덕제(張德悌)이며, 사남은 장덕신(張德信)이며, 오남은 장덕안(張德安)으로 통정대부(通政大夫)가 되었다.[11] 딸은 정계룡(鄭

---

10 李致均編輯, 金翼鉉檢閱 『軍威郡誌』 권3, 「事實」 중 張察訪條: "生於乙亥, 歿於丁酉, 壽八十三. 歿前七日, 戒子孫, 具遠行衣物, 且買兩牛多釀酒, 先宰一牛飼子孫, 又宰一牛饗鄕里, 曰: 吾以某日將死, 從此訣矣. 其日平朝沐浴, 着新衣, 北向四拜, 又西向四拜, 訖, 命侍子設席而臥, 倏然而逝, 云西向, 似出首丘之情." 『軍威邑誌』는 1936년에 간행되었다.

11 통덕랑의 품계는 정5품 상계이고, 통정대부는 정3품 상계이다.

繼龍)에게 출가했다. 장해빈의 후손들은 대대로 북산에 집단으로 거주했다. 영조 중엽에 북산에 장해빈의 자손 1백여 명이 수십 호를 형성하며 선대의 업을 고수하며 살고 있었고, 마을 이름을 성씨를 따서 장촌(張村)이라고 불렀다.[12]

1717년(숙종 43)에 조선 조정은 절강장씨를 향화인(向化人)으로 여기고 징포세역(徵布稅役) 처분을 내렸다. 향화인은 타국인이 조선에 들어와 국적을 얻은 자이다. 조선 시대에 간간이 중국인들이 조선으로 들어와 정착했고, 특히 명청교체기에 난리를 피해 이입한 중국인이 매우 많았다. 숙종은 향화인을 관리하고 세수를 확대하자는 민진후(閔鎭厚)의 건의를 받아들여 향화인에게 부역을 부과시키는 조치를 시행했다.[13]

여기에 대해 손자 장천익(張天益)은 시조 장해빈이 임진왜란 때 조선을 도와주러 온 명 장수이므로 자신들은 향화인이 아니고 화인(華人)이라며 이여백(李如栢) 후손의 경우처럼 징포세역을 면해주기를 바란다는 상소문을 올렸다.[14] 이여백은 1592년(선조 25)에 형 이여송(李如松)과 함께 조선 원병에 나선 장수이고, 1619년(광해군 19)에 사르후 전투에서 전사했다. 이여백의 손자 이성룡(李成龍)이 후금의 추적을 피해 조선에 들어와 정착했다.

1748년(영조 24)에 군위현감에 부임한 남태보(南泰普)가 고을의 역사를 담은 『적라지(赤羅誌)』 편찬 작업에 나섰다. 적라(赤羅)는 군위의 별

12　南泰普,『赤羅誌』권1,「事實」중 장해빈조: "娶宜寧南氏, 生七(五자의 오류)男, 內外孫曾無慮百餘人, 至今同居一里, 稱張村. … 今見其地, 在於山谷中, 決非豪右所宜居, 至今子孫累十戶同居, 保守先業."

13　『숙종실록』43년 11월 22일(임신)조.

14　『(경자보)절강장씨세보』, 張天益,「上言疏」참조. 장천익은 장해빈의 고손자이며, 경신년(1680)에 작성되었다.

칭으로 군위 남쪽에 소재한 산명에서 나왔다. 『적라지』「사실(事實)」
에는 남태보가 조사한 장해빈의 사적이 자세히 기술되어 있다. 1751
년(영조 27)에 남태보가 장해빈의 사적을 동생인 승지 남태기(南泰耆)
를 통해 영조에게 아뢰자,[15] 영조는 화인과 향화인의 정의를 새롭게
규정한 뒤 향화인으로 잘못 편입된 화인들에게 징포세역을 면해주라
는 조치를 내렸다.[16] 곧이어 예조와 해당 관아가 장해빈의 사적을 조
사한 보고서를 올려 보내자,[17] 영조는 장해빈의 후손들을 화인으로
편입시키고 세거지인 북산 마을을 중화촌이라는 칭호를 내렸다.[18]

1796년(정조 29) 3월 2일 정조가 황단(皇壇)에 올라 황조인과 본조
충신들을 위해 제향을 지낸 뒤에 「황단친향일(皇壇親享日), 경차양조
어제운(敬次兩朝御製韻)」을 지어 황조인과 충신 자손, 초계문신(抄啓文
臣)들에게 나누어주어 화답시를 지어 바치도록 했다.[19] 이때 장해빈
후손들도 군위관아를 통해 어제시를 받았다. 오늘날 북산서원에는
정조 어제시를 새긴 편액이 걸려 있다.[20] 1892년(고종 29) 10월에 조정

---

15 남태보, 『赤羅誌』 권1, 「事實」 중 장해빈조, 『절강장씨세보』 「軍威縣監報狀」 참조.

16 『(경자보)절강장씨세보』, 「筵話」[英廟朝]: "辛未(1751년)十月八日: 上率世子幸於義
洞本宮. … 承旨南泰耆啓曰: … 我國所謂向化, 卽指倭人·胡人之在於我國者, 而聞慶尙
道有以皇明人屬於禮曹, 向化收布云. 豈以皇明人而謂之向化乎? 上曰: 然乎. 豈有此事?
承旨曰: 臣兄泰普方爲軍威縣監, 而是邑亦有之云. … 上曰: 野人·倭人外, 名以向化, 其
名不可. … 此外, 野·倭子孫外, 其除向化之名, 稱以華人子孫, 屬禮曹, 勿捧其布, 亦除役
名爲可, 以此分付."

17 『(경자보)절강장씨세보』, 「禮曹關文」 신미(1751) 10월 22일, 11월 28일조 등 참조.

18 『(경자보)절강장씨세보』, 李建發, 「有明金華府張公遺蹟後識」: "(장해빈)公之後嗣,
遺落玆土者, 不幸零替, 曾無聞知於世. 南侯泰普之知縣也, 張某雲仍之在治內, 轉達于
朝. 英廟聞而異之, 特賜華人之號, 而存恤焉. 以所居里名中華村, 數百年湮沒之跡, 於是
乎始著矣." 이건발 후지는 1846년(헌종 12)에 작성되었다.

19 『弘濟全書』 권7, 「皇壇親享日, 敬次兩朝御製韻」: "玉輅東巡悅見親, 依依壇木寄王
春, 山河極北淪諸夏, 牲醴吾東享肆陳, 數十鑠經淹日月, 三千鰈域葆冠巾, 齋衣肅穆監
明水, 萬折餘誠志事遵." 『日省錄』 정조 20년 3월 2일(무신)조 참조.

은 장해빈을 가선대부(嘉善大夫) 병조참판(兵曹參判) 겸 동지의금부훈
련원사(同知義禁府訓練院事)로 추증하고, 부인 의령 남씨를 정부인(貞夫
人)에 추증한 교지를 내려 보냈다. 현재 이 교지는 절강장씨 집안에
보존되어 있다.

경북 군위군 군위읍 대북 1리가 절강장씨의 집성촌이다. 대북 1리
가운데 큰마을(일명 큰마아, 張村, 中北, 中華村, 中村)에 절강장씨 일족이
가장 많이 거주하고 있다. 마을 입구에는 '절강장씨 입향마을, 북산
서원(北山書院)'이라는 비석이 세워져 있다. 대북리 대북길 211-1(구
34번지)에는 절강장씨의 묘우인 북산서원이 있다. 1846년(헌종 12)에
절강장씨의 후손들이 시조가 살았던 집터에다 조상의 유덕을 기리고
자 경화사(景華祠)를 창건했다.[21] 고종 초에 흥성대원군의 서원철폐령
에 따라 훼철되었다가, 1887년(고종 24) 훼철된 재실을 다시 중건하고
대명단을 보수했다.[22] 1926년에 경화사를 보수했고,[23] 1958년에 문종
과 사림의 뜻을 모아 사당을 서원으로 승격했다.[24]

북산서원은 총 5개의 건물로 구성되어 있다. 정면은 강당이다. 강
당 중앙은 명선당(明善堂), 오른편은 양정재(養正齋), 왼편은 풍천재(風
泉齋)이다. 강당 바깥에는 '북산서원(北山書院)' 현판이 걸려있고, 안쪽
명선당에는 정조 어필시, 「대보단(大報壇) 삼황제기일(三皇帝忌日)」,

---

20 『(신유보)절강장씨세보』, 정조, 「御詩」: "正祖癸丑, 上親享皇壇, 以御詩四韻, 宣賜
爲皇朝立節人子孫." 정조 계축년은 1793년(정조 17)에 해당되는데, 이는 1796년(정조
20)의 오류이다.
21 『(경자보)절강장씨세보』, 張應奎, 「景華齋」. 張應奎는 9대손임.
22 『(경자보)절강장씨세보』 정해년(1887), 李元英, 「追遠感慕錄」 참조.
23 『(경자보)절강장씨세보』 병인년(1926), 洪在吉, 「景華祠重建上樑文」 참조.
24 『(경자보)절강장씨세보』 무술년(1958), 洪鐘億, 「北山社陞院奉安文」 참조. 李泰能
의 「華軒張先生略史」(1960)와 『軍威文化遺蹟誌』(1992)에는 경화사를 사당으로 승격한
연도를 1959년(기해)으로 기술되어 있음.

군위 북산서원

홍재길(洪在吉)의 「경화사중건상량문(景華祠重建上樑文)」, 이천영(李天英)의 「추원감모록(追遠感慕錄)」, 김익현(金翼鉉)의 「북산서원향로기(北山書院香爐記)」, 이가원(李家源)의 「선덕향로명(宣德香爐銘)」 등 편액이 걸려있다. 서재(西齋)는 청숙재(淸肅齋)이고, 뒤편은 두 개의 사당, 즉 불조묘(不祧廟)와 경화사가 병렬되어 있다. 외삼문은 의정문(義正門)이다. 마당에는 병인년(1926)에 이중철(李中轍)이 짓고 최항묵(崔恒默)이 쓰고, 1996년에 후손 장응무(張應武)가 추기한 「행선무랑율봉도찰방(行宣務郎栗峯道察訪), 증가선대부병조참판겸훈련원사(贈嘉善大夫兵曹參判兼訓練院事), 화헌장선생신도비(華軒張先生神道碑)」가 세워져 있다. 또 뒤편 왼쪽에는 커다란 회나무가 있는데, 이는 시조 장해빈이 심었던 것으로 전해져오고 있다.

마을 입구 오른편 언덕에 절강장씨의 가족묘소가 있다. 가장 위쪽이 장해빈과 부인 의녕남씨의 쌍분묘이다. 분묘 오른편에 병인년(1926)에 유도귀(柳道龜)가 비문을 짓고 2012년에 김창회(金昌會)가 추

기하고, 또 같은 해 추진위원회의 후기를 담은 「증병조참판화헌장선
생지묘(贈兵曹參判華軒張先生之墓), 증정부인의녕남씨부(贈貞夫人宜寧南氏
祔)」가 세워져 있다. 그 아래에 차남 장덕지(張德智)와 부인 풍산유씨
(豊山柳氏), 오남 장덕안(張德安) 분묘가 있다. 이밖에 장남 장덕례(張德
禮) 분묘와 부인 경주이씨(慶州李氏), 사남 장덕신(張德信) 분묘는 마을
주변에 각각 따로 분포되어 있다.

오늘날 절강장씨 집안에 가보로 대대로 전해오는 청동향로가 보존
되어 있다. 향로 뒤편에는 '대명선덕년제(大明宣德年製)'라고 새긴 명
문이 있다. 명 선덕제는 1425년(세종 7)~1435년(세종 17)에 해당된다.
이가원의 「북산서원향로기」에 의하면 조부 장충원이 명 선종제로부
터 받았던 보물이고, 임진왜란 때 장해빈이 가져온 것이라고 기술되
어 있다. 다만 향로의 출처에 대해서는 달리 생각해볼 여지가 있다.
장해빈이 조선에 들어올 때 전쟁을 수행하기 위해 집안 족보조차도
가져오지 않았는데, 조부의 보물인 향로를 가져왔다고 한 점이 의아
스럽다. 만약 이 향로가 장해빈이 남긴 유품이라면, 전장에서 사용했
던 군수용품 또는 대명단에서 사용했던 제기일 가능성이 있다.

절강장씨 집안에서는 예전에 2월과 8월 중사일에 향사를 지냈으
나, 요즘은 정월 초하루, 9월 9일 중양절, 10월 18일 묘사를 지내고
있다. 매년 집안 어른들을 중심으로 유사 3명을 선발하여 북산서원
관리와 제사 진행을 맡는다.

3. 장해빈 고향과 명장 오유충 사적

『절강장씨세보』를 비롯한 각종 기록에는 장해빈이 절강 금화부(金

華府) 오강현(烏江縣) 출신이고, 1597년(선조 30) 정유재란 때 명 부총병 오유충(吳惟忠)의 좌부이사파총(左部二司把摠)으로 조선에 들어왔다고 했다. 절강장씨 집안에서는 관향 절강이 중국 동남 연해안에 위치한 성급 행정명이고, 그 가운데에 전당강(錢塘江)이 흐르고 있으며, 성회(省會: 성소재지)가 항주(杭州)라는 사실만 파악하고 있었다.

금화부 소속의 오강현(烏江縣)은 어디에 있는가? 현존 자료에는 금화부 소속의 오강현이라는 지명을 찾아볼 수 없다. 안휘 마안산시(馬鞍山市) 화현(和縣) 동쪽에 역사상에 초패왕 항우(項羽)가 자살한 곳으로 유명한 오강(烏江)과 오강진(烏江鎭)이 있지만, 오강과 오강진은 절강 금화부 소속이 아니다.

장해빈 관련 자료를 면밀히 분석해보면 오강현(烏江縣)은 의오(義烏)와 포강(浦江)에서 각각 1자씩 따왔을 것으로 보인다. 첫째, 의오와 포강은 명대 이후에 줄곧 금화 소속의 행정지이다. 의오는 절강성 중부, 금화시의 동북부에 위치하고 있다. B.C. 222년(진시황 25)에 처음으로 오상(烏傷)이라는 현이 건립되었는데, 지명은 효자 안오(顔烏)에서 따왔다. A.D. 9년(新莽 2)에 오효현(烏孝縣)으로 바뀌었다가, 동한 건립 후 다시 오상현으로 회복되었다. 621년(당 武德 7)에 오상현을 오효현과 화천현(華川縣)으로 분할되었다가 624년(무덕 7)에 두 현이 다시 합병되면서 의오현(義烏縣)이 되었다. 1988년에 의오시(義烏市)로 승격되었다. 포강은 금화의 북쪽, 의오 서북쪽과 연접해 있다. 195년(동한 興平 2)에 손책(孫策)이 태말(太末)과 제기(諸曁)의 일부를 나누어 풍안현(豊安縣)을 만들었다. 754년(당 天寶 13)에 포양현(浦陽縣)으로 불렀다가, 910년(오월 天寶 3)에 다시 포강현으로 바뀌었다.

둘째, 장해빈이 모신 장수 오유충의 고향은 절강 금화부 의오현(義烏縣) 오감두촌(吳坎頭村; 현 義烏市 城西街道 吳坎頭村)이다. 임진왜란 때 두 차례 오유충이 거느리고 온 군사들의 주력은 의오군 이다. 의오군은 이름 그대로 의오 출신들로 구성된 부대이며, 포강 출신도 일부 포함되어 있었다. 장해빈이 23세의 젊은 나이에 파총 직책에 올랐던 것은 여러 원인이 있겠지만, 의오 출신 오유충과 밀접한 관련이 있는 것은 분명하다. 따라서 장해빈의 고향은 오유충의 고향 오감두촌과 가까운 지역일 가능성이 높다.

현재 의오에 거주하는 장씨는 크게 5개 파가 있다. 첫째, 북송 때 장림(張林)이 금화에서 용기향(龍祈鄉) 금봉산(金峰山) 아래로 이주해와 의동(義東) 장씨의 시조가 되었다. 둘째, 남송 때 동양(東陽) 장인(張仁)이 의오 불당(佛堂) 용피(龍陂)에 들어와 장택(張宅)에 데릴사위가 되어 장택(張宅) 장씨의 시조가 되었다. 셋째, 원나라 때 장위(張衛)가 금화 금동(金東)에서 의오 운계(雲溪)로 들어와 운계 장씨의 시조가 되었다. 넷째, 1338년(원 지원 4)에 장종유(張宗惟)가 금화 장당(蔣堂)에서 의오 조강(稠江) 팔림교(八林橋)로 이주해왔다. 다섯째, 송 소흥 연간에 엄릉(嚴陵) 장륭(張隆)이 금화 영지(蓮池) 반앙(潘昻)의 데릴사위가 되었고, 11대손 장당(張堂)이 의오 쌍림사(雙林寺) 전가(前街)로 들어왔다.[25] 의오와 연접한 포강에도 장씨들이 대략 3만 명이 거주하고 있다. 특히 평안일촌(平安一村; 2천 7백 명), 평안이촌(平安二村; 1천여 명)을 비롯한 평안군(平安鄉; 현 浦南街道 소속)에 장씨들이 집성촌을 이르고 있다.[26] 필자는 2015년 11월에 의오 의정진(義亭鎭) 장가촌(張家村), 신반촌(新攀村), 불당진(佛堂鎭), 포강 평안촌(平安村) 등지를 다녀보았으나,

---

25 陳杰, 『義烏姓氏文化』, 上海人民出版社, 上海, 2015.6, 97~98쪽.

26 王志堅, 「金華、義烏、浦江等地讀者來電爲朴現圭敎授支招…張海濱可能不是義烏人?」, 『浙中新報』, 2015.11.14.

아쉽게도 절강장씨와 관련된 족보를 찾지 못했다.

다음으로 장해빈과 의오군의 관계를 살펴본다. 의오군은 16세기에 의오 출신으로 구성된 병사 집단으로 중국에서 통상 의오병이라고 부른다. 당시 왜구들이 대규모로 편성하여 중국 연해안을 침공하여 백성들을 살육하고 재물 약탈을 일삼자, 명나라 조정은 국가 기반을 흔들 정도로 폐해가 막심하다며 대대적으로 군사를 동원시켰다. 이 때 중국 동남연해안에서 활개를 치던 왜구들을 토벌하는데 혁혁한 공적을 세운 장수가 척계광(戚繼光)이다. 척계광은 강한 왜구들을 대적하기 위해 절강 의오에서 병사 4천 명을 모집하여 척가군(戚家軍), 즉 의오군으로 편성했다. 당시 의오 사람들은 씩씩하고 사나워 싸움에 임해서는 물러남이 없었다. 의오군으로 구성된 척가군은 태주(台州) 전투에서 대첩을 거둔 이래 절강, 복건, 광동연해안에서 크고 작은 전투에 참여하여 왜구들을 완전 소탕하는데 결정적인 역할을 하였다.

1569년(융경 41)에 척계광이 임지를 하북으로 옮길 때 의오군을 함께 데리고 북상했다. 의오군은 구문구(九門口), 노룡두(老龍頭), 금산령(金山嶺), 동가구(董家口) 등지의 장성을 수축하고 변방을 수비하는 임무를 맡았다. 최근 하북 무녕현(撫寧縣) 주조영진(駐操營鎮) 동가구(董家口), 성자욕(城子峪), 판엄욕촌(板ㄷ峪村) 등지에 의오군의 후예들이 살고 있던 소식이 전해져 화제가 되었다. 1771년(건륭 36)에 세운 누부(婁府) 고분의 비석에 '원적금화부이무[의오]현인씨(原籍金華府易武[義烏]縣人氏)'라는 비문이 있고,[27] 1965년에 오씨(吳氏) 집안이 작성한 『가보만세전(家譜萬世傳)』에 원적이 금화부 의오현이고, 명 만력 연간

---

27 「義烏兵墓碑」 사진(『千古長城義烏兵』, 人民文學出版社, 北京, 2014.6, 150쪽).

에 장성을 지키기 위해 왔다가 동가구(董家口)에 머물렀다고 했다.[28]

조선에서 임진왜란이 발발하자, 의오군은 명 지원군의 일원으로 참전했다. 의오 출신 오유충, 진잠(陳蠶), 누대유(樓大有), 호대수(胡大受), 섭방영(葉邦榮), 섭사충(葉思忠), 황유손(黃惟遜) 등이 의오군을 거느리고 평양, 순천, 남해, 안강 등지에서 크고 작은 전투에 참전하여 많은 공을 세웠다. 절강장씨의 시조 장해빈도 오유충의 부장으로 의오군을 거느리고 조선에 들어왔다.

왜구 토벌, 변방 수비, 조선 원병 등에 참전한 의오군의 숫자는 매우 많았다. 척계광이 여러 차례 모집한 의오군만 1만 6천 명이다. 여기에다 의오 장수들이 자체적으로 모집한 의오군을 더하면 총 수만 명이 된다. 출정한 의오군 가운데 고향으로 돌아온 자가 겨우 10분의 3 정도로 전장에서 죽음을 무릅쓰고 용맹하게 싸워 막대한 희생을 치렀다. 당시 의오현은 사망 또는 부상당한 의오군의 가족들로 넘쳐났고, 또한 전체 인구가 대폭 감소되어 사회 기반이 흔들릴 정도로 폐해가 막심했다.

임진왜란 때 참전한 의오군 장수 가운데 육지에서 뛰어난 공적을 세운 자가 의오 오감두촌 출신의 오유충이다. 오유충의 원래 이름은 감(澗)이고, 자는 여성(汝誠)이며, 호는 운봉(雲峯)이다. 일찍이 의오군을 거느리고 척계광을 따라 왜구들과의 여러 전투에서 공을 세웠고, 또 장성을 수축할 때 공을 세워 우영유격(右營遊擊), 산해관참장(山海關參將) 등에 올랐다. 1592년(선조 25)에 임진왜란이 발발하자 계진참장(薊鎭參將)으로 의오군이 주력이 된 남병 1천 5백 명을 이끌고 제독

---

28 吳氏, 『家譜萬世傳』: "原籍絕江金華府義烏縣, 於明萬曆年間拔山海關, 護守長城各口門, 次後落在董家口." (『千古長城義烏兵』, 동전서, 143~144쪽)

이여송이 이끄는 대군에 편입되어 조선에 들어왔다. 1593년(선조 26) 1월에 조선·명 연합군이 평양성 탈환에서 빗발치는 총탄 속에서 선봉에 나서 대첩을 거두는데 혁혁한 전공을 세웠다.[29] 이때 오유충은 가슴에 총탄을 맞아 부상 정도가 심했으나, 상처를 동여매고 다시 일어나 부하들을 독전하여 용맹하게 싸워 참된 군인의 표상이 되었다. 오유충 소속에 천총을 포함하여 많은 의오군이 전사했다.[30] 그 후 남하하여 상주, 경주 등지로 옮겨 주둔했다. 동년 11월에 안강전투에서 일본군의 침공을 받아 부하 227명의 목숨을 잃어 좌절을 맞이하기도 했다.[31] 1594년(선조 27)에 본국으로 귀국했다.

1597년(선조 30)에 정유재란으로 전쟁이 격화되자, 명 조정은 다시 대규모 원병을 조직하여 속속들이 조선으로 보냈다. 동년 5월에 오유충은 흠차비왜중긔부총병(欽差備倭中翼副摠兵)으로 절강과 복건 출신의 보병 3,997명과 노새·말 325필을 거느리고 다시 압록강을 건너왔다.[32] 6월에 한양으로 들어왔고, 7월에 한양을 떠났다. 얼마 후 다시 한양으로 돌아왔다가 9월경에 남하하여 죽산, 충주, 상주, 안동(安東) 등지에 옮겨 주둔했다. 12월부터 이듬해 1월까지 경리 양호(楊鎬)가 이끄는 대군에 편성되어 일본 가등청정(加藤淸正)이 주둔한 울산 도산성 공략에 참전하여 용맹하게 싸웠으나, 양호의 작전 실패, 겨울철의 기상 이변, 대규모 일본 지원군의 등장 등으로 실패했다.

---

29 『선조실록』 26년 2월 19일(갑진)조.
30 『선조실록』 26년 정월 14일(기사)조.
31 『經略復國要編』 권12, 「參失事將官疏」(만력 21년 윤11월 28일) 참조.
32 정유재란 때 오유충이 압록강을 건넌 시점에 대해 신흠의 『상촌선생문집』에는 1597년 (만력 25: 선조 30) 6월로 적고 있으나, 『선조실록』에 의하면 1597년 5월 16일이다. 『선조실록』 30년 5월 25일(을묘)조 참조.

그 후 선산, 안동, 영천, 신녕, 하양 등지에 주둔했다.[33] 일본군이 조
선에서 철수한 뒤에 부산으로 옮겨 주둔했다.[34] 1599년(선조 32)에 한
양으로 왔다가, 4월에 본국으로 귀국했다.

오유충의 고향 의오 오감두촌은 유계(柳溪) 오씨들의 집단촌이다.
오씨 집안에서 편찬한 『유계오씨종보(柳溪吳氏宗譜)』에 오유충 일대기
를 담은 「운봉오장군전(雲峯吳將軍傳)」이 기술되어 있다. 마을 곳곳에
는 오유충 사적을 찾아볼 수 있다. 마을 동편 입구에는 오유충의 호
를 딴 운봉정(雲峰亭)과 기념비가 세워져 있다. 기념비 전면에는 2005
년 5월에 오감두촌이 작성한 「오운봉전기(吳雲峰傳記)」가 기술되어 있
고, 후면에는 동년 6월에 만든 「오운봉상(吳雲峰像)」이 새겨져 있다.
또 서편 입구에는 '천년고도(千年古都) 오감두(吳㘦頭)'라는 커다란 비
석이 세워져 있는데, 마을 명인으로 오유충을 꼽고 있다. 또 마을 동
서로 연결되는 주통로에 소재한 가옥의 벽면에 오유충의 일대기를
담은 벽화가 그려져 있다. 또 마을 연못 곁에 소재한 오씨종사(吳氏宗
祠)를 오유충 초상화, 석상과 그의 일대기를 담은 전람관으로 꾸며져
있다.

정유재란 때 장해빈은 오유충의 부장, 즉 좌부이사파총(左部二司把
摠)으로 활동했다. 장해빈이 조선에서 활동한 군사 행적은 동일집단
에 속해있는 오유충과 함께 활동했다고 할 수 있다. 『절강장씨세보』
에는 장해빈과 오유충의 관계를 엿볼 수 있는 내용이 곳곳에 기술되
어 있다. 1744년(영조 20)에 작성된 박경귀(朴慶龜)의 「찰방공행장(察訪
公行狀)」에 1597년(선조 30) 11월 29일에 장해빈과 오유충이 일본군과

---

33 『선조실록』 31년 3월 29일(갑인)조, 8월 3일(병진)조.
34 『선조실록』 32년 1월 13일(갑오)조.

맞붙어 싸운 죽산(현 안성 소속)전투를 언급한 대목이 있다. 장해빈은 죽산전투에서 앞장서서 말을 타고 호령했고, 또 단병으로 적과 맞붙어 백병전을 펼칠 때 왼쪽 어깨에 유탄을 맞아서도 상처를 싸매고 사력을 다하여 싸워 승전을 거두었다. 이번 전투에서 대첩을 거둔 공적을 새긴 비석을 죽산에 세우고, 그 비석에 "천조부총병오공유충덕청인용비(天朝副摠兵吳公惟忠德淸仁勇碑)"라고 새겨놓았다. 이때 장해빈이 큰 공을 세웠으나 상관을 높이고자 비석에 오유충의 이름이 들어갔다고 했다.[35]

아래에 박경귀가 기술한 죽산전투 기록이 얼마만큼 정확한지를 검토해본다. 결론부터 도출하자면 박경귀가 기술한 죽산전투 기록은 약간의 착오가 있다. 임진왜란 때 죽산승첩이라고 불리는 사건이 있었지만, 정유재란 때 조선에 처음 들어온 장해빈과 무관하다. 1593년(선조 26)에 충청도병마절도사 황진(黃進)이 죽산에서 복도정칙(福島正則)이 이끄는 일본군과 맞붙어 승첩을 거두었다.

정유재란이 격화된 이후 일본군이 북상하여 죽산과 가까운 직산(稷山)까지 쳐들어온 적이 있었지만, 죽산은 끝끝내 전쟁터에서 벗어나 있었다. 1597년(선조 30) 9월에 일본군의 주력이 호남지역을 유린한 뒤 파죽지세로 북상하다가 직산 소사평(素沙坪; 현 천안 소속)에서 마귀가 파견한 해생(解生), 양등산(楊登山), 우백영(牛伯英) 등의 명군과 맞붙어 대패를 당했다. 일본군은 직산패전으로 더 이상 북진하지 못하고 끝내 대군을 이끌고 동남과 남해연해안 지역으로 철수했다. 혹시 직산전투에서 도망친 일본 패잔병이 죽산으로 들어왔던 경우를 생각

---

35 『(경자보)절강장씨세보』, 朴慶龜, 「察訪公行狀」: "(1597년)同年十一月二十九日, 與倭遇於竹山縣, 公身先士卒, 上馬疾呼, 以短兵相接之時, 左脅傷於流丸, 裹瘡力戰, 則倭寇退散. 吳游擊大捷立碑於其縣, 銘曰: 天朝副摠兵吳惟忠淸德仁勇碑, 盖銃於尊也."

해볼 수가 있지만, 이 또한 박경귀가 말한 전투 시점이 11월이라 이미 두 달이 넘었기에 설득력이 떨어진다.

하지만 박경귀의 기록처럼 정유재란 때 오유충이 죽산에 주둔했고, 또한 오유충 비석이 죽산에 세워졌던 것은 사실이다. 1597년(선조 30) 7월에 오유충은 군사를 거느리고 한양을 떠났다. 당초 명 장수들의 주둔지를 나눌 때 오유충을 남원에 주둔시키고, 양원(楊元)을 충주에 주둔시킬 작정이었으나, 먼저 한양에 들어온 양원이 충주성이 크게 파괴되었다는 소식을 접하고 갑자기 주둔지를 바꾸어 남원으로 내려가고 뒤따라 들어온 오유충이 충주으로 내려갔다.[36] 오유충이 충주로 내려가기 전에 잠시 죽산에 머물렀다. 이때 지역민들은 오유충의 청덕을 기린「천조부총병오유충덕청인용비(天朝副摠兵吳惟忠德淸仁勇碑)」를 세웠다. 조선 후기 실학자 성해응(成海應)은 2백 년 전에 오유충이 한호(韓濩)에게 준 친필 편지를 보고난 뒤에 자신이 일찍이 죽산을 지났을 때 길가에서 지역민들이 세웠던 오유충의 비석을 보았다.[37]「천조부총병오유충덕청인용비(天朝副摠兵吳惟忠德淸仁勇碑)」는 오늘날 안성시 죽산면 매산리, 즉 죽주산성으로 올라가는 입구의 우측에 세워져 있다.

또 박경귀는「찰방공행장」에서 장해빈이 충주에서도 전승비를 세웠다고 했다.[38] 이 전승비는 충주에 세워진 오유충의 청덕비를 지칭한다. 오유충의 인품이 뛰어나고 행실이 바르며 유자의 기상이 있었

---

36 申欽, 『象村先生文集』 권57, 「天朝詔使將臣先後去來姓名」 참조.

37 成海應, 『研經齋全集』 권55, 「萬曆東征諸公書牘」: "韓石峯濩, 舊藏萬曆東征諸公書牘一卷. 至今二百年, 其英風傑氣奕奕, 如在紙墨間, 眞可寶惜. … 此爲遊擊吳惟忠書. 『懲毖錄』稱吳公最廉操. 余嘗過竹山, 見道傍有碑, 書曰: 天將吳公惟忠淸勇之碑, 意其留鎭忠州也. 我人立碑頌德也. 今見此書, 良然."

38 『(경자보)절강장씨세보』, 朴慶龜, 「察訪公行狀」: "又於忠州戰捷立碑."

으며, 또한 주둔지 민초들에게 폐해를 끼치지 않도록 부하들을 엄격하게 통제했다. 그래서 오유충이 지나가는 지역마다 민초들이 오유충의 청덕을 기리는 비석을 세웠다. 당시 이시발(李時發)은 오유충 청덕비가 세워진 지역이 죽산, 충주, 안동 등 모두 5곳이라고 했다.[39] (실제는 모두 7곳) 안동 선비 배용길(裵龍吉)은 가까이에서 오유충의 행실을 지켜본 뒤에 그의 청덕을 기린 비명, 즉 「천정오후송덕비명(天將吳侯頌德碑銘)」을 지었다.[40] 따라서 죽산, 충주에 세웠던 오유충 비석은 박경귀가 말한 전승비가 아니고 오유청의 높은 품행을 기리는 청덕비이다.

그렇다면 박경귀가 장해빈이 죽산과 청주에서 일본군을 물리쳐서 승전을 거두었다고 했을까? 『적라지』를 비롯한 각종 장해빈 사적에도 죽산과 청주에 세워진 전승비라고 적혀 있는 점으로 보아 절강장씨 집안에서 장해빈의 공적을 일부 잘못 전해 들었던 것으로 추측된다. 그렇다고 하더라도 장해빈이 뛰어난 전공을 세우지 않았던 것은 아니다. 이러한 사실은 장해빈이 울산 증성(甑城), 즉 도산성 전투에서 용맹하게 싸우다가 부상을 당했던 점만 보더라도 알 수 있다.

울산 도산성 전투는 한마디로 격전이었다. 도산성은 정유재란 때 태전일길(太田一吉)의 감독 아래 모리수원(毛利秀元), 천야행장(淺野幸長), 가등청정(加藤淸正) 등이 축성한 왜성이다. 조명연합군은 성이 위

39　李時發, 『碧梧先生遺稿』 권7, 「漫記」: "吳副摠惟忠, 浙江金華府義烏縣人也. 癸巳之役, 攻平壤, 先登功最. 丁酉, 再來鎭守忠州, 性簡約, 馭衆嚴整, 秋毫無所犯, 民甚悅服, 東征諸將之中, 未見其比. 忠人立石而頌之. 及移鎭安東, 安東人亦服其淸德立碑. 其他所過處亦立碑, 凡五處, 同列有爭名者忌之, 言于監軍陳御史曰: 吳某要市名譽於外國, 到處私餽白金五兩于地方官, 立碑五處, 老爺可察焉. 陳知其誣, 卽應之曰: 然乎. 吾且餽你五十兩, 你可優給十兩, 立碑五處而來何如? 毁者慙服而退."

40　裵龍吉, 『琴易堂集』 권6, 「天將吳侯頌德碑銘」 참조.

치한 산명을 따서 도산이라 불렀고, 조선 후기에는 성의 모습이 시루와 같다고 하여 증성(甑城)이라 불렀으며, 근자에는 학처럼 생겼다고 해서 학성이라고 불렀다. 지금은 울산왜성이라고 부른다. 1597년(선조 30) 12월 22일부터 이듬해 1월 4일까지 경리 양호, 제독 마귀가 거느린 조명연합군은 가등청정(加藤淸正)이 지키고 있는 도산성을 정복하고자 맹렬하게 공격하여 한때 승전을 목전에 두는 듯하였으나, 양호의 작전 실패, 겨울철의 기상이변과 가등청정의 완강한 방어로 시일이 지체되며 공격 시점을 놓쳤다. 그러다가 과도직무(鍋島直茂) 등이 거느린 일본 구원군이 들어오는 바람에 오히려 역공을 받아 많은 사상자를 내고 퇴각했다. 오유충은 울산 도산성 전투에서도 지난 평양성 전투처럼 사력을 다해 용맹하게 싸웠다. 장해빈도 오유충의 부장으로 도산성 전투에서 선봉으로 나서 싸우다가 유탄을 맞아 커다란 부상을 입었으면서도 다시 일어나 용맹하게 싸워 많은 적들을 사살하였다.

4. 결론

한국 절강장씨의 시조 장해빈은 임진왜란 때 조선에 들어왔다가 정착한 명 장수 출신이다. 정유재란이 발발한 1597년(선조 30)에 명 장수 오유충의 부장, 즉 좌부이사파총(左部二司把摠)이 되어 조선 원병에 나섰다. 동년 5월에 오유충과 함께 압록강을 건넜고, 6월에 한양으로 들어왔다. 9월경에 남하하여 죽산, 충주, 안동 등지에 옮겨 다니며 주둔했다. 12월부터 이듬해 1월까지 경리 양호가 이끄는 명 대군의 일원으로 가등청정이 주둔한 울산 증산성, 즉 도산성을 공략하는 작전에 참전했다. 장해빈은 앞장서서 싸우다가 유탄을 맞아 부상을 당했어도 상처를 동여매고 다시 일어나 용맹하게 싸웠다.

1598년(선조 31) 봄 오유충의 군사들이 안동으로 퇴각하였으나, 장해빈은 부상이 더욱 심해져 더 이상 본진과 함께 움직이지 못하고 군위 북산에 들어와 요양하였다. 요양 후에도 계속 살았다. 조선 조정으로부터 혜민서참봉(惠民署參奉), 율봉찰방(栗峰察訪)의 직첩을 받았으나, 모두 부임하지 않았다. 1657년(효종 8)에 별세하니 향년 83세이다. 묘소는 생전에 지목한 마을 남쪽 을좌(乙坐) 둔덕에 묻혔다.

장해빈의 후손들은 대대로 군위 북산에서 살며 시조의 고향 절강을 관향으로 삼았다. 1717년(숙종 43)에 조정은 후손들을 향화인(向化人)으로 여기고 징포세역(徵布稅役) 처분을 내렸다. 1751년(영조 27)에 군위현감 남태보를 통해 장해빈의 사적이 조정에 알려졌고, 영조는 이들을 화인(華人)으로 편입시켜 징포세역에서 면제시키고 세거지를 중화촌이라 명명했다. 1892년(고종 29)에 장해빈을 가선대부(嘉善大夫) 병조참판(兵曹參判) 겸 동지의금부훈련원사(同知義禁府訓練院事)로 추증했다. 현 군위군 군위읍 대북 1리가 절강장씨 세거지이다. 이곳에 문중과 사림들이 장해빈을 향사하는 북산서원이 세워져 있다.

절강장씨에서 장해빈의 고향으로 적고 있는 절강 금화부 오강현(烏江縣)은 당시 금화부 소속의 의오(義烏)와 포강(浦江)으로 추정된다. 장해빈이 모셨던 오유충은 의오 오감두촌 사람이고, 오유충이 거느린 남병의 주력은 의오군이다. 의오군은 명 척계광에 의해 처음 모집되었으며 용맹하고 싸움에 임해서는 물러남이 없는 의오 출신의 군사집단이다. 이때 의오와 연접해있는 포강 출신들도 의오군의 일부로 참여했다. 오유충은 1592년(선조 25)에 명 지원군의 일원으로 참여했고, 이듬해 평양성 탈환에 커다란 전공을 세웠다. 1597년(선조 30) 정유재란이 발발한 이후에 다시 조선에 들어와 여러 전투에서 나섰다. 당시 죽산, 충주, 안동 등지에 오유충의 청덕을 기리는 비석이 세워졌다. 오늘날 의오에서는 오유충을 항왜애국장수로 널리 칭송하고 있다.

장해빈은 지금까지 잘 알려지지 않았던 명 부장급 장수이다. 국내외에서 임진왜란을 새롭게 조명하려는 움직임이 활발한 현 시점에서 장해빈과 한국 절강장씨의 사적을 짚어보고, 또한 명 의오군과의 관계를 규명한 점이 의의가 크다고 할 수 있다. 조선 후기 때 절강장씨가 한때 향화인으로 치부되어 불이익을 받았으나, 나중에 다시 화인(華人)으로 분류되어 조정으로부터 조선을 도와준 집안으로 칭송받았다. 오늘날에도 한국을 도와준 많은 외국인들이 많이 있다. 훗날 이들이 한국을 도와주었던 역사를 영원히 잊지 않기를 바라면서 본 논문을 마친다.   [玄風科學]

중국 간행 박은식『이순신전』의
전문 발견과 분석

1. 서론

이순신(1545~1598), 우리 민족이라면 이름만 들어도 영웅이라고 모두가 말할 정도로 높은 지명도를 가지고 있다. 선조 연간에 동방 삼국이 격돌하는 임진왜란 속에서 절체절명의 위기로 치닫던 조국을 구해내었다. 바다에서 연전연승이라는 눈부신 전과를 이룩했고, 최후의 결전에서 자신의 생명까지 조국에 바쳤다. 이순신의 영웅적인 삶과 정신은 후대에 널리 귀감이 되어 숭앙 사업이 끊임없이 이루어졌고, 또한 앞으로도 영원히 우리 민족의 위대한 인물로 남을 것이다.

박은식(朴殷植)은 또한 우리가 잘 알고 있는 독립 운동가이다. 우리 민족의 시련기였던 한말과 일제강점기에서 살면서 일본제국주의의 침략에 항거하며 민족의 자주자강을 부르짖으며 애국계몽활동을 적극적으로 전개하였다. 끝내 조선에서 자신의 뜻을 이루지 못하자 우리의 옛 영토인 만주 지역으로 떠났고, 여기에서 또 다시 중국 내륙으로 들어가 임시정부에서 제2대 대통령을 지내면서 독립운동에 온몸을 바쳤다.

이 두 인물을 연결하는 고리에 박은식의『이순신전(李舜臣傳)』이 있다. 박은식은 우리 민족들에게 민족의식을 고취시키고 애국계몽 활동을 전개하는데 역사가 지니고 있는 사회적 효능을 십분 활용했다. 그 실례로 우리 민족과 타민족의 건국 역사나 영웅 인물을 찾아서 실기(實紀)와 전기(傳記)로 편찬 출판하여 널리 유통시켰다.[1] 그 중에서도 가장 심혈을 기울어 편찬한 책자가 바로『이순신전』이었다. 국내외 사람들에게 조선의 이순신이 있다는 점을 널리 알렸다. 일찍이 조선의 이순신이 일본군 침략에 맞서 바다에서 대승을 거둔 역사 사실에서 보듯이 앞으로 우리가 이순신의 자세와 정신을 배운다면 머지 않은 시기에 일제의 강압에서 벗어나 조국 독립의 길을 맞이할 수 있다는 역사적 교훈을 가르쳤다.

그동안 국내외 학계는 박은식의『이순신전』에 대해 잘 알고 있으나, 아직까지 책자 전문이 발견되지 않아 제대로 된 분석 작업이 없었다. 예를 들면 1975년에 편찬한『박은식전서(朴殷植全書)』, 2002년에 편찬한『백암박은식전집(白巖朴殷植全集)』에 모두 박은식『이순신전』을 전재한 책자 중 일부 분량만 다시 전재해 놓았다.

근자에 필자는 우리 민족의 뛰어난 문화유산의 세계화를 위해 중국에 남겨져있는 우리 민족의 문화유산을 발굴하는데 힘을 쏟고 있다. 근 20년 전에 이러한 작업의 일환으로 중국 절강 항주(杭州)에 소재한 절강성도서관 고적부에서 한국 관련 자료를 조사하다가 국내에서는 이미 찾아볼 수 없는 박은식의『이순신전』책자가 있다는 사실을 발견했다.[2] 당시 필자가 재직하고 있는 본교에 이순신을 기리기

---

1   예를 들면『東明王實記』,『渤海太祖建國誌』,『泉蓋蘇文傳』,『李儁傳』,『安重根傳』, 『夢拜金太祖』,『瑞士建國誌』등이 있다.

위한 이순신연구소가 창립된 것을 계기로 박은식의『이순신전』을 분석한 문장을 내놓았다. 이후 이와 관련된 새로운 자료들을 입수했다. 이번에 그동안 새로 나온 자료를 가지고 지난 문장을 수정 보완하는 작업을 하였다.

2.『이순신전』의 서지와 전재 사항

여기에서 박은식의『이순신전』은 여러 종류가 있다. 현재까지 알려진 것은 1923년판 단독본『이순신전』, 1921년판 신문『사민보(四民報)』에 연재된『이순신전』, 1941~42년판 잡지『광복(光復)』에 연재된『이순신전』이 있다. 이밖에『사민보』와『광복』연재본을 다시 영인한 1975년판『박은직전서』, 2002년판『백암박은식전집』이 있다.

아래에 전문이 모두 남아있는 단독본『이순신전』의 서지사항부터 알아본다. 단독본『이순신전』은 현재 절강성도서관 고적부에 유일본으로 소장되어 있다. 청구번호는 920.05/ 4324이고, 등록번호는 69498이다.

전 1책이며, 총 쪽수는 43쪽 분량(본문 36쪽과 기타 7쪽 분량)이다. 책 크기는 18.5 × 13.1 ㎝이다. 표지에는 "이순신(李舜臣)"이라는 제목과 그 옆에 "고금 수군의 제일 위인, 세계 철함의 발명 시조(古今水軍之第一偉人, 世界鐵艦之發明始祖)"라는 부제가 있다. 본 내용에 들어가면 먼

---

2   절강성도서관의 본관은 항주시 曙光路에 소재하고, 고적부는 본관과 西湖 孤山에 소재한 별관으로 나누어져 있다. 별관은 원 절강성도서관이 있었던 곳이고, 또한 청 건륭연간에 편찬한『四庫全書』중 한 질을 보관한 文瀾閣이 있었던 곳이다. 문란각본『사고전서』는 한때 고산 백루에 보관해두었다가, 최근 절강성도서관 본관으로 옮겼다.

현충원 박은식 묘소

저 책표지와 동일한 제목과 함께 "백암(白巖) 박은식(朴殷植) 찬(撰)"이라는 저자명이 기술되어 있다.

단독본 『이순신전』은 크게 서론, 본론, 결론 등 3부분으로 구성되어 있다. 서론 부분은 저자명과 함께 적혀 있다. 박은식은 서문을 을묘년(1915) 겨울에 중국 상해 신강(申江)에 소재한 한 객사(客舍)에서 기초했다(歲乙卯冬在中國申江旅舍起草)고 적었다.[3] 서문 다음에 「이순신전목록(李舜臣傳目錄)」이 있고, 그 다음에 군복을 입은 이순신의 인물상과 거북선 전경이 담겨 있다. 거북선 전경 그림은 박은식의 『한국통사(韓國痛史)』에 나오는 그림과 동일하다. 그림에 적힌 화가명을 보면 '어린석린추모(石鱗追摹)'이고, 제목은 「철갑귀선(鐵甲龜船)」이다.

<hr />

3   申江은 상해의 한 지역이다. 지금도 상해에는 申江路가 있다.

아래에 본문 부분에 적힌 장절을 정리해보면 다음과 같다.

제일장(第一章) 이순신지유년수양(李舜臣之幼年修養)
제이장(第二章) 이순신지둔건시기(李舜臣之屯蹇時期)
제삼장(第三章) 일본풍신수길가도문제(日本豊臣秀吉之假道問題)
제사장(第四章) 이순신지어왜주략(李舜臣之禦倭籌略)
제오장(第五章) 이순신창조철갑귀선(李舜臣創造鐵甲龜船)
제육장(第六章) 풍신수길대거입구(豊臣秀吉大擧入寇)
제칠장(第七章) 이순신지제일회전첩(李舜臣之第一回戰捷)
제팔장(第八章) 이순신통곡서사(李舜臣痛哭誓師)
제구장(第九章) 이순신지제이회전첩(李舜臣之第二回戰捷)
제십장(第十章) 이순신지제삼회전첩(李舜臣之第三回戰捷)
제십일장(第十一章) 이순신지제사회전첩(李舜臣之第四回戰捷)
제십이장(第十二章) 이순신해전대첩지영향(李舜臣海戰大捷之影響)
제십삼장(第十三章) 이순신통제삼도수군(李舜臣統制三道水軍)
제십사장(第十四章) 이순신피참입옥(李舜臣被讒入獄)
제십오장(第十五章) 이순신곡모급종군(李舜臣哭母及從軍)
제십륙장(第十六章) 왜구재범원균패사(倭寇再犯元均敗死)
제십칠장(第十七章) 이순신재임통제대파왜군(李舜臣再任統制大破倭軍)
제십팔장(第十八章) 이순신거절화의(李舜臣拒絶和議)
제십구장(第十九章) 명제독진린지교제(明提督陳璘之交際)
제이십장(第二十章) 노량대전장성운(露梁大戰將星隕)
제입일장(第卄一章) 이순신문학지일반(李舜臣文學之一斑)

본문 다음에 결론 부분이 있다. 결론 부분은 박은식의 결론, 김창숙(金昌淑)의 「후서(後序)」, 김승학(金承學)의 「발(跋)」의 순으로 되어 있다. 김창숙은 후서를 1921년(신유년) 음 11월 신강(申江) 후덕려사(厚德旅舍)[歲辛酉仲冬金昌淑書於申江之厚德旅舍]에서 적었고, 김승학은 발문을 1922년 음 5월[紀元四千二百五十五年仲夏金承學跋]에 적었다.

책 끝에 신식 간행기록이 있다. 인쇄년은 1923년 1월 28일(大韓民國五年一月二十八日印刷)이다. 저작자는 백암 박은식, 발행자는 희산(希山) 김승학, 발행소는 상해 중국 사서함 100호(上海中國郵箱百號金希山), 인쇄소는 삼일인서관(三一印書館), 감인자는 한산(漢山) 고준택(高峻澤)이다. 정가는 양(洋) 3각(角)이며, 운송비는 따로 부가되었다. 또 신식 간기의 상단에는 저작권 표시인 '번인필구(翻印必究: 도판 인쇄 시에는 반드시 추구한다)'라는 문구가 적혀있다.

절강성도서관장본의 책표지에 「민국십이년십월장(民國十二年十月藏)」(무란장방형)과 「절강성도/서관지검기(浙江省圖/書館之鈐記)」(주장방형), 서문에 「절강성도/서관지검기(浙江省圖/書館之鈐記)」, 목록 부분에 「□□□□도/서관갑신□/리관서지장(□□□□圖/書館甲申□/理館書之章)」(주장방형)과 「64년청점(64年淸点)」(주편장형)이 각각 찍혀있다. 이들 인장은 모두 절강성도서관의 인장이다.

박은식의 단독본 『이순신전』이 출판된 직후 출판 소식이 국내에도 잇달아 전해졌다. 『동아일보』 1923년 2월 26일자에 「이순신전발행(李舜臣傳發行): 박은식 씨의 신저술」이라는 부제 아래 단독본 『이순신전』이 소개되었다. 박은식이 노심초사하며 순한문본 『이순신전』을 편찬하였다. 예전에 『안중근전』, 『대한독립운동사』 등을 편찬하여 많은 중국인들로부터 환영을 받았고, 이번에 중국인들에게 이순신이 전후(前後)에 없는 발명가, 하회도덕의 모범가인 점을 알게 해주었다. 발행인은 김희산(金希山; 김승학)이고, 정가는 은 3각이다.[4]

또 『독립신문』 1923년 2월 17자에 박은식의 단독본 『이순신전』이

---

4 『동아일보』 1923년 2월 26일자 「李舜臣傳發行 : 박은식 씨의 신저술」.

출간되었다는 광고가 실려 있다. 박은식이 편술했다. 순한문이고, 정가는 양(洋) 3각이다. 박은식 선생이 다년간 고심하며 편찬한 우리 충무공『이순신전』이 나오게 되었으니, 조속히 구하기를 바란다. 발행소는 상해 우무신상(郵務信箱) 282호 김희산(金希山; 김승학)이다.[5]『독립신문』이후 동년 3월 14일, 5월 2일, 6월 13일, 7월 21일에도 똑같은 광고가 게재되었다.

　아래에 박은식의 단독본『이순신전』이 절강성도서관으로 들어가게 된 과정을 살펴본다.『동아일보』1923년 11월 4일자에 박은식이 지은「사고전서(四庫全書)에 대한 감상(感想)」이 게재되었다. 중국 역대에 3개의 위대한 업적이 있다. 첫째는 만리장성이고, 둘째는 천리운하이고, 셋째는『사고전서(四庫全書)』이다.『사고전서』는 문운이 전승한 강희, 건륭 시대에 5천 년 문헌을 빠짐없이 수집하여 편찬한 것으로 세계 서림의 제일 보고이다. 한 본은 북경, 한 본은 봉천(심양), 한 본은 항주에 안치했다. 자신이 편술한 충무공 이순신전(『이순신전』을 지칭함)이 비록 작은 저술이나 우리 위인의 완사(完史)가 됨으로 해당 기관과 각 도서관에 보낸다고 했다.[6] 여기의 해당 기관은 문란각『사고전서』가 소장된 절강성도서관을 지칭한다. 절강성도서관 장본에「민국십이년십월장(民國十二年十月藏)」이라는 인장이 찍혀있는 것으로 보아 박은식이 보낸 단독본『이순신전』이 1923년 10월에 입고되었음을 알 수 있다.

　다음으로『이순신전』을 연재한 신문과 잡지에 대해 알아본다. 아래에서 언급하겠지만 박은식은『이순신전』을 1915년 겨울에 집필했

5　『獨立新聞』1923년(大韓民國 5) 3월 14일자「朴殷植先生編述, 李舜臣傳」.
6　『東亞日報』1923년 11월 4일자 박은식「四庫全書에 대한 感想」.

다. 그러나 곧장 인출되지 못하고 1921년에 이르러 처음으로 활자화
되었다. 1921년 10월에 광동 공교회장(孔敎會長)을 맡고 있는 부호 임
택풍(林澤豊)이 상해 망평가(望平街)에서 『사민보(四民報)』를 창간했
다.[7] 당시 박병강(朴炳彊: 朴景山) 등 많은 한인들이 참여하며 한국 독
립의 운동을 전개했다. 박은식은 창간 당시에 번역,[8] 나중에 주필로
활동했다.[9] 동년 11월 20일부터 12월 말일까지 신문 「학편(學篇)」에
박은식의 『이순신전』이 연재되었다. 필명은 '백치(白癡)'이다.[10] 『백
암박은식전집』 책4에는 『사민보』에 연재된 박은식의 『이순신전』이
수록되어 있는데, 아쉽게도 본문 제5장에서 제9장까지가 결호되었
다. 『백암박은식전집』 사민보본 『이순신전』과 김승학 단독본 『이순
신전』을 비교해보면 다음 도표와 같다.

『백암박은식전서』 중 사민보본 『이순신전』	김승학 인쇄 단독본 『이순신전』
서론	서론
제1장 李舜臣之幼年修養	제1장 李舜臣之幼年修養
제2장 李舜臣之屯蹇時期	제2장 李舜臣之屯蹇時期
제3장 日豐臣秀吉之假道問題	제3장 日豐臣秀吉之假道問題
제4장 李舜臣創造鐵甲龜船	제5장 李舜臣創造鐵甲龜船
제10장 李舜臣之第四回戰捷	제11장 李舜臣之第四回戰捷
제12장 李舜臣統制三道水軍	제13장 李舜臣統制三道水軍
제13장 李舜臣被讒入獄	제14장 李舜臣被讒入獄

7 裵京漢, 「中國亡命 시기(1910-1925) 朴殷植의 언론활동과 중국인식: 『향강잡지』·
『국시보』·『사민보』의 분석」, 『동방학지』 121권, 2003.9, 253~255쪽.

8 『四民報』 1921년 10월 1일, 「繙譯 名單」.

9 『독립신문』 1925년 11월 11일 「白岩先生略歷」.

10 尹炳奭, 「(白巖朴殷植全集 제4권)해제」, 『白巖朴殷植全集』, 동방미디어, 서울,
2002.8, 26~27쪽.

제13장 續	제14장에 포함
제14장 李舜臣哭母及從軍	제15장 李舜臣哭母及從軍
제15장 倭寇再犯元均敗死	제16장 倭寇再犯元均敗死
제16장 李舜臣再任統制大破倭軍	제17장 李舜臣再任統制大破倭軍
제16장 續	제17장에 포함
제18장 明倡(提의 오타)督陳璘之交際	제19장 明提督陳璘之交際
제19장 露梁大戰將星隕	제20장 露梁大戰將星隕
결론	결론

　사민보본 『이순신전』과 단독본 『이순신전』 사이에 약간 차이가 있다. 우선 장회 부분에 손질이 있다. 사민보본을 단독본으로 옮겨가면서 본문 19장을 20장으로 늘렸다. 예를 들면 단독본에는 사민보본에 없는 제4장 「이순신지어왜주략(李舜臣之禦倭籌略)」을 추가했다. 또 내용면에 있어서도 새로운 것이 대폭 추가되었다. 예를 들면 단독본 제5장 「이순신창조철갑귀선(李舜臣創造鐵甲龜船)」은 사민보본에 비해 귀선(거북선)의 선체 구체에 대해 자세한 수치를 나열하여 독자들에게 이순신이 만든 귀선이 구체적으로 어떤 형태인가를 설명해주고 있다. 이밖에 세부 내용에 있어서도 많은 부분을 새롭게 다듬어 놓았다. 사민보본에서 단독본으로 옮기면서 한마디로 상당 부분을 수정 보완했다고 할 수 있다.

　박은식 사후에 『이순신전』은 잡지 『광복』에 다시 한 번 연재되었다. 『광복』은 1941년부터 한국광복군총사령부(韓國光復軍總司令部) 정훈처(政訓處)가 서안에서 발간했던 한국독립운동 잡지이다. 원래 정기간행물로 매월 1회 발행함을 원칙으로 삼았으나, 실제로는 여러 가지 사정으로 인하여 출간 기일이 다소 들쭉날쭉했다. 그 후에 나온 기간물은 한어본(漢語本)만 발간되었다. 광복본 『이순신전』의 저자 부분에 '박은식유저(朴殷植遺著)' 또는 '박은식유전(朴殷植遺傳)'으로 적었는데, 이는 박은식의 유작임을 밝혀놓았다.

아래에 박은식의 『이순신전』이 수록된 부분을 도표로 만들어본다.

『광복』	단독본 『이순신전』	비고
제1권 제3기(1941.5)	서론, 제1장~제6장	표점본
제1권 제4기(1941.6)	제7장~제9장	비표점본
제1권 제5·6기(1941.8)	제10장~제13장	표점본
제2권 제1기(1942.1)	제14장~제16장	표점본

상기 도표처럼 박은식의 『이순신전』은 제1권 제3기부터 제2권 제1기까지 연재되었으나, 그 후 잡지 발간이 중단되는 바람에 끝까지 연재되지 못했다. 처음(제1권 제3기)에는 단독본 『이순신전』 중 7장 정도의 분량을 수록했고, 이 이후로는 3장~4장 정도씩 나누어 실었다. 사민보본은 독자들의 편의를 위해 표점을 가했다. 광복본도 이에 준하여 표점을 가했는데, 어찌된 영문인지 모르겠으나 제1권 제4기만 표점이 없다. 광복본 『이순신전』을 단독본 『이순신전』과 비교해보면, 전반적으로 원본에 충실하게 옮겨놓았으나 일부 전재 오류도 보인다.[11]

필자의 조사에 의하면 『광복』 전질은 현재 중국 중경시도서관, 남경도서관, 대만 국민당(國民黨) 당사편찬위원회(黨史編纂委員會) 등에 각각 소장되어 있다. 1975년에 단국대 동양학연구소가 편찬한 『박은식전서』(冊中)에 『광복』(제1권 제3기)에 전재된 『이순신전』을 수록했다.

---

11 박은식 「서문」 부분만을 택하여 원본 삼일인서관 『이순신전』과 『광복』 「이순신전」의 원문 차이를 대조해보자. 『광복』에선 원본 '甚危'를 '遭國難'으로, 원본 '飽食宴寢'을 '飽食晏寢'으로, 원본 '士大夫之所慕'를 '士大夫所慕'로, 원본 '奮興'을 '興奮'으로 고쳐놓았다. 이외에 『광복』에선 원본 '尤係至要'를 재차 기술했고, 원본 '李舜臣'을 '李舞臣'으로 잘못 기재해 놓았다.

또 1987년에 독립기념관 한국독립운동
사연구소가 편찬한 『한국독립운동사자
료총서(韓國獨立運動史資料叢書)』(제1집)에
대만 국민당 당사편찬위원회로부터 입수
한 『광복』 전질을 영인 수록했다.[12] 또
2002년에 백암박은식선생전집 편찬위원
회가 편찬한 『백암박은식전집』(제4권)에
『광복』에 전재된 『이순신전』을 영인 수
록했다.

중경시도서관 소장 『광복』 창간호

3. 『이순신전』의 저술 동기와 목적

일제강점기의 문화정책이란 우리 민족의 정신과 문화를 소멸시키
는 데에 그 목적을 두고 있었다. 이때 우리 민족의 선각자들은 시대
가 가져다준 고통을 자기의 고통으로 받아들이며 대한독립을 울부짖
으며 애국사상을 고취시켰다. 박은식은 선각자 중의 한 분으로 국혼
을 부활시키려고 역사 교육에 힘을 쏟았다. 역사 사례를 통해 우리
민족들에게 민족의 역사와 문화에 대해 자부심과 희망을 갖도록 했
고, 또한 타민족들에게 우리 민족의 존재와 우수성을 알리려고 노력
했다. 그래서 역사 서적을 저술하는 작업에 몰두했다. 한말 시기에
역사 저술 몇 종을 편찬했고, 중국으로 옮긴 이후에 그 종수가 대폭

---

12 대만 국민당 당사편찬위원회장본 제1권 제5·6기 합본 중 『이순신전』이 있는 원문
일부분(제10장과 제11장 일부분)이 어찌된 영문인지 모르나 찢겨져 있다. 필자는 중경
도서관에 소장된 『광복』에서 완벽한 상태의 원본을 확인했다.

증가했다.

1915년에 박은식은 상해 신강(申江)에 머물고 있었다. 어느 날 우리 나라가 망한 사실을 통탄하며 망국의 원인이 무엇인지 골몰하게 생각하다가 이순신이라는 인물을 떠올린다. 이순신은 우리 모두가 잘 알고 있는 구국의 영웅으로 임진왜란 때 막강한 일본군의 침략에 맞서 연전연승하며, 또한 거북선이라는 철갑선을 개량하여 일본전선을 격파하는 전과를 거두었다. 이순신이야 말로 우리 민족을 다시 일으킬 수 있는 가장 적합한 인물이었다. 그래서 박은식은 이순신의 역사 행적을 자세히 알려줄 『이순신전』을 저술하게 되었다.

김승학은 상해에서 박은식과 자주 만났다. 한 번은 박은식으로부터 『이순신전』을 저술한 목적에 대해 직접 전해 들었다. 즉, 역사라는 것은 바로 국혼이 위탁되어 있는 바이다. 나라가 망해도 국혼이 살아있다면 언젠가는 반드시 나라가 다시 일어날 날이 있다. 박은식이 해외에서 유랑한지 10년이 넘는 동안에 역사저술 몇 종을 집필하였는데, 그 중에서도 『이순신전』에 정열을 가장 많이 쏟았다고 토로했다.[13]

박은식이 『이순신전』을 짓게 된 동기에 대해 좀 더 구체적으로 살펴보기 위해 「서문」 전문을 살펴보자. 「서문」 전문을 국역해보면 다음과 같다.

---

13 박은식 『이순신전』 김승학 「발」: 「於是先生歎曰: 歷史者, 國魂之所托也. 國雖云亡, 而國魂不滅, 則必有復活之一日, 而今乃倂此不存耶? 吾雖欲從事收輯, 而處此密網之中, 何能爲役哉? 是以決計走海外, 漂泊南北, 已逾十稔, 所至輒下筆於歷史多種, 傳佈內外, 務使吾族不失其國魂, 而是傳尤爲其最所着力.」 여기에서 박은식이 해외에서 유랑한지 이미 10년이 지났다고 한 점으로 보아, 김승학과 『이순신전』을 말한 시점은 김승학이 발문을 저술한 1922년 직전으로 추정된다. 박은식은 1911년에 고국을 떠나 해외 유랑이 시작되었고, 1915년에 『이순신전』을 저술했다.

오호! 충무공(忠武公) 이순신이 죽은 후 3백여 년 만에 한국이 망했다. 한국이 망하니, 중국 또한 심히 위태로워 굴욕의 날에 이르렀다. 내가 종적을 감추고 중국 땅을 유랑했다. 객점 탁자의 까물거리는 등잔에 잠을 이루지 못하고 골몰히 생각하다가, 이내 탄식하기를 "우리가 어찌하여 여기에 이르렀나? 우리 인민이 우리의 이순신을 잊어버렸기 때문이다." 무릇 이순신은 임진왜란의 으뜸 공훈자로서 부녀자나 어린아이도 모두 알고 제사를 지내고 있다. 기념을 금석같이 드리며 서로 우러러 쳐다봄이 명백한데, 어찌하여 이를 잊어 버렸다고 하는가? 즉 그 정신이 계승되지 않는 터라 이를 잊어버렸다고 말한 것이다.

이순신을 칭하여 고금 수군의 제일 위인이라고 말하고, 또 영국의 넬슨보다 현명하다고 불리는 것은 즉 일본 사람이 공공이 전하는 말이다. 또 철갑 거북선(龜船)이 세계 최고(最古) 전함이라고 것은 영국 해군이 기록한 바이다. 이 당시에는 세계 각국이 철함과 신식 대포라는 이기(利器)가 없었는데, 우리가 이를 먼저 창제했다. 용머리 거북꼬리가 해면을 질주하니, 적의 목선(木船)이 양이 호랑이를 만나듯 이에 부딪히기만 하면 반드시 분쇄되었으며 쳐다보기만 하고 퇴각하였다. 우리가 이것으로 천하를 가로지르고 수만 리의 땅을 다니며 해양 패권을 점거했으니 또한 어찌 인근 왜구를 물리치는 데에만 그치겠는가? 바로 후대 사람이 게으름이 심하여 그것을 전쟁터에 썩게 내버려두고 묻지를 않았다. 오호! 거북선이 썩자 우리나라 또한 썩게 되었으니, 이것이 천고의 큰 한이 아니겠는가?

무릇 병사를 운용함이 신출하여 백전백승을 이루었으니 누가 그 지혜와 용기에 같을 수 있으랴? 충성하고 효성스러운 대절(大節), 지극히 공정하고 사사로움이 없는 지성, 교제와 응접에 세세한 행동 절차가 순결하여 흠이 없으니 또한 누가 그처럼 온전한 자가 있으리오? 오로지 우리 민족이 임진왜란 후 3백여 년간에 저 학자·관인·농부·상인이 포식하고 편안히 잠자고 승평을 구가할 수 있음이 누가 베푼 것이요? 후세 사람으로 하여금 그 정신을 계승하고 인재를 교육하며 인민 사기를 진작하면 3백년의 복락(福樂)이 무궁히 연장될 수 있다.

그러나 지금 그 반대가 된 것은 바로 사대부의 허물이다. 사대부가 흠모하는 것을 인민이 흠모한다. 우리나라의 사대부가 평생 동안 분투하고 이기기를 바라는 것은 당쟁이다. 종신동안 숭배하고 충복이 되기를 구하는 것은 송유(宋儒)이다. 대대로 강연하고 의발을 전하는 것은 보학(譜學)이다. 당쟁에서 승리를 획득한 것이 우리 국민에게 이롭게 하는 것인가? 송유(宋儒)에 충복하는 것이 우리 국가를 강하게 하는 것인가? 보학(譜學)에 의하는 것이 우리 국가의 순수함을 보전하는 것인가? 어떻게 우리 국민이 우리 이순신을 사모하여 호걸·충효·군략가·제조가가 될 수 있단 말인가? 얼마나 사모하는 바가 온당치 않는가?

아! 우리 국민이 우리 이순신을 스승으로 삼지 않고, 저 일본인이 이를 스승으로 삼았도다. 구본(舊本) 『이순신전(李舜臣傳)』이 그 나라에 통행되어 군인의 모범이 되었는지 이미 수백 년이다. 지금 그 해군이 날로 강대해졌으며, 또 해군성(海軍省)에서 새로이 편찬한 『이순신전(李舜臣傳)』이 있다. 이것으로 보건대 일본 군사계의 교육이 실로 그 혜택 받은 것이 많은데, 우리 국민은 이를 갑자기 잊어버렸는가? 지금 우리 민족의 부활을 구하는 데에는 또한 다른 방도가 없고, 오로지 국민이 부지런히 배움을 구하며 우리 이순신을 추념하고, 우리 이순신을 모형으로 삼아 정신 기초를 세우고 사업에 분투를 가해야 한다. 또한 중국의 현 상태로 보건대, 또한 오직 교육이 위기를 구하여야 강대함을 도모할 수 있으며, 군사 교육이 더욱 중요하다. 내가 이것을 기술하는 것은 또한 중국 군사계를 위해 고지하는 바이다.[14]

---

14 박은식의 단독본 『이순신전』 「서문」: "嗚呼, 李忠武舜臣歿後三百餘年而韓亡, 韓亡而中國亦甚危, 屈辱日至矣. 余以連踪, 漂泊中土, 殘燈客榻, 耿然以思, 乃歎曰: 吾何以至此, 以吾國人忘吾李舜臣也. 夫李舜臣爲壬辰元勳者, 婦人孺子皆能知之, 俎豆之: 享金石之紀, 磊磊相望, 何以謂之忘耶? 卽其精神不續, 故曰忘之耳. 夫稱李舜臣謂古今水軍之第一偉人, 且謂其賢於英之納爾遜者, 卽日人所公傳道之也. 又其鐵甲龜船, 爲世界最古戰艦者, 英國海軍之攸記也. 當是之時, 世界各國未有鐵艦及新式大礮之利器, 而我先創之. 龍頭龜尾, 馳騁海面, 敵之木船, 如羊逢虎, 觸之必碎, 望而却走, 我其以此橫行天下, 拓地累萬里, 佔海洋之覇權, 亦可奚止攘却隣寇已哉? 乃後人怠甚, 任其朽於沙場而不問. 嗚呼. 龜船之朽, 而吾國亦朽, 此非千古大恨耶? 夫其用兵如神, 百戰百勝, 熟如其智勇, 而忠孝之大節, 至公無我之血誠, 與夫交際辭受之微行細節, 純潔無瑕, 又孰有

박은식은 이순신의 행적에 대해 우리 모두가 다 아는 사실이고, 당대에도 금석 같은 제사까지 모시고 있는데, 어찌하여 그의 정신을 계승하지 못하고 망국의 길로 빠져들었는지 통탄했다. 이순신이 이룩해놓은 업적이야말로 임진왜란을 승리로 이끈 당대에만 그치는 것이 아니한다. 이순신이 보여준 힘과 정신이 그의 사후 3백 년 동안 계속 전해져서 우리 민족이 승평(昇平)을 구가할 수가 있었고, 또한 이 이후에도 후세 사람들이 이순신의 정신을 계승하고 인재 양성과 인민 사기 진작에 나선다면 이와 같은 복락(福樂)이 영원히 계승될 수 있다고 보았다.

그러나 조선 조정은 이순신을 망각하여 스스로 복락을 저버리고 일본에 의해 한반도가 강점되는 수모를 겪게 되었다. 왜 조선 조정이 이순신을 망각했는가? 박은식은 그 허물을 조선 사대부에게 두었다. 조선 사대부들은 백성을 위한 정치를 펼치지 아니하고 사리사욕을 위해 당쟁만 일삼는 바람에 국가의 근간을 흔들어놓아 끝내 사직이 통째로 뿌리 뽑히는 망국의 비운을 맞이했다.

사대부들이 숭상한 학문이 무엇인가? 박은식은 송유(宋儒)와 보학

如其完全者? 惟吾族經壬辰後三百餘年之間, 爾學爾仕, 爾農爾商, 飽食晏寢, 歌舞昇平, 伊誰之賜? 使後之人接續其精神, 敎育人才, 振作民氣, 則三百年之福樂可延至無窮, 而今乃得其反者, 士大夫之過也. 士大夫之所慕, 人民慕之. 吾國士大夫畢生奮鬪, 期獲勝利者, 黨爭也; 終身崇拜, 求爲忠僕者, 宋儒也; 世世講演, 傳爲衣鉢者, 譜學也. 獲勝於黨爭而可利吾國民乎? 忠僕於宋儒而可强吾國家乎? 衣鉢於譜學, 而可保吾國粹乎? 曷若使吾國民師慕吾李舜臣, 求其爲豪傑, 爲忠孝, 爲軍略家·製造家乎? 何其所慕之失當也. 噫, 吾國人不能師吾李舜臣, 而彼日人乃師之, 有舊本『李舜臣傳』之行于其國, 爲軍人之範者, 已數百年. 今其海軍日益强壯, 而復有海軍省之新撰『李舜臣傳』. 以此觀之, 日本軍界之敎育, 實受其賜者多, 而吾國人乃遽忘之耶? 今欲求吾族之復活, 亦無他法, 惟是國人孜孜求學, 羹牆我李舜臣, 模型我李舜臣, 樹其精神之基礎, 加以事業之奮興耳. 且以中國現狀觀之, 亦惟敎育可以救危圖强, 而軍事敎育, 尤係至要. 余之述此, 倂欲爲中國軍界告也."

(譜學)을 들었다. 송유(宋儒)는 조선 사대부들이 정신적으로 지탱하고 있는 성리학을 지칭하고, 보학(譜學)은 자기 집안의 혈통을 중심으로 한 가문학을 지칭한다. 물론 성리학이나 가문학이 우리 민족의 고유 문화와 사상 체계를 발전시키는데 커다란 공훈을 한 것은 사실이지만, 그 말엽에 이르러 폐단이 발생하여 민족발전을 저해하는 요소가 없지 않았다. 당시 조선 사대부들이 공리적인 성리학만 치중하고 실용적인 학문을 등한시했다는 폐단이 있었고, 또한 사사로이 족당을 만들고 문호를 세워 자기편 사람의 이익만 생각하여 정략에 따라 다른 편의 사람들을 척결했던 일이 비일비재했다. 조선말기와 일제강점기는 바로 성리학과 가문학의 폐단이 두드러지게 나타난 시기였다. 이 시기에 살았던 박은식은 이와 같은 비평이 어쩌면 당연한 지적이라고 할 수 있다. 당시 역사학자이자 독립운동가인 신채호(申采浩)도 당시 사대부들의 폐단들을 몸소 겪어온지라 여기에 대해 맹렬하게 비판했다.[15]

한편 이순신에게 참혹한 패배를 당한 일본은 어떠했는가? 우리와 정반대의 길을 걷고 있었다. 박은식은 일본이 일찍이 구본(舊本) 『이순신전』을 발간했고, 근자에 들어와서도 일본 해군성에서 새로이 『이순신전』을 편찬했던 사실에 주목했다. 이처럼 일본 사람들이 이순신의 전기를 통해 이순신의 삶과 정신을 배워 나라 발전을 도모했으며, 특히 일본 군사계가 그의 혜택을 그대로 잘 받았다. 일본 군사계는 이순신을 군인의 모범으로 삼아 자국의 군사력을 키워 위세를 만방에 떨치고 있었다.

박은식은 우리나라와 일본의 상호 비교에서 보듯이 이순신을 배우

---

15 신채호, 『水軍第一偉人; 李舜臣傳』 제1장 「서론」 참조.

느냐 배우지 않느냐에 따라 정반대의 결과가 나올 수 있다는 사실을
깨달았다. 그래서 우리의 국권을 되찾고 우리 민족을 부활시키는 길
이 바로 이순신을 배우는데 있다는 결론을 내렸다. 즉, 우리 민족들
이 모두가 잘 알고 있는 민족영웅인 이순신을 모범으로 삼아 정신 기
초를 세우고 인재를 양성하며 교육을 시킨다면, 머지않은 장래에 반
드시 우리나라가 광복되고 다시 우리 민족의 앞날이 밝아온다고 믿
고 있었다.

　『이순신전』「결론」에도 박은식은 이러한 사실을 다시 한 번 강조
하고 있다. 임진왜란이 평정된 이후에 조선 조정은 이순신의 정신과
유업을 잊어버리고 다시 거론한 자가 없었다. 당시 조선의 사대부들
이 당리당략에 따라 움직이고 공허한 문자나 사사로운 문호를 내세
우고 있었고, 백성들도 이러한 썩은 훈습을 받아들여 취생몽사하여
나라가 망하게 되었다. 박은식은 이것을 타파하기 위해 우리 민족들
이 이순신의 정신을 계승하여 물질의 실용과 군사의 책략을 강구해
나아간다면 나라를 되찾을 수가 있고, 또한 이러한 것이 바로 우리의
이순신을 만대에 영생하는 길이라고 했다.

　『이순신전』「후서」를 적은 김창숙도 박은식과 비슷한 견해를 갖고
있었다. 일찍이 조선이 망한 후 실의에 빠져 강호를 유람하다가 한산
도(閑山島)의 충렬사(忠烈祠)를 참배한 적이 있다. 충렬사 경내에 서있
는 이항복(李恒福)의 「전라좌수영대첩비(全羅左水營大捷碑)」[일명 충렬묘
비(忠烈廟碑)]를 읽다가, 이순신이 아니었다면 우리가 검은 이빨에 있
었을 것이라는 대목에서 멈추고 더 이상 읽어내려 가지 않았다.[16]

---

16 「全羅左水營大捷碑」(일명 忠烈廟碑)는 광해군 6년(1614)에 이항복이 저술했고, 현
재 경남 유형문화재 113호로 지정되었다.

김창숙은 이 대목에서 이순신과 우리 민족의 운명이 상관관계가 있다는 사실을 깨우쳤다. 이순신은 천하의 위인이요, 거북선은 천하의 이기이다. 우리 민족이 우리의 이순신과 거북선을 잊어버리는 바람에 나라가 만대의 원수인 일본에게 강점되었다. 당시 우리 민족들이 이완용(李完用)·송병준(宋秉畯)을 매국 역적의 우두머리로 삼고 있었는데, 그것보다도 근본 원인은 이순신 사후에 사대부들이 승평에 빠져 사욕을 위해 권력 투쟁만 일삼고 국가 대계를 망각했기 때문이다. 그렇기에 김창숙은 우리가 다시 한 번 이순신의 업적을 기리고 그의 정신을 계승한다면 우리나라가 광복할 수 있다고 여겼다.

박은식은 중국과의 관계를 어떻게 정립하고 있는가? 한국과 중국은 상호이해가 같아 떼어버릴 수 없는 순망치한(脣亡齒寒)의 관계라는 점을 강조했다. 「서문」의 첫머리에서 한국이 망하면 중국도 심히 위태로워지고 앞으로 굴욕의 날이 온다고 상관성을 제시했다. 이러한 논법은 박은식 개인뿐만 아니라 당시 중국 인사나 중국 거주 외국인들도 모두 공통적으로 생각하고 있었던 바였다. 청일 전쟁 이후에 조선과 관련된 각종 중국인 저술에서도 청나라가 일본에게 패하고 조선이 일본에 의해 강점되는 과정을 언급하면서 조선과 중국 양국의 전통 관계가 무너진 여파가 중국에까지 미친다고 경고했다.[17] 그들은 조선의 멸망으로 중국 동북(만주 지역)이 위태롭게 되고, 또한 중국 동북이 점거되면 중국 대륙이 위태롭게 된다는 논리를 펼쳤다.

이처럼 당시 한중 인사들은 일본의 침략에 대항하는 한중 목적이 일치된다고 생각하고 있었다. 박은식은 고국을 떠나 중국 대륙에서

---

17 예를 들면 洪興全의 『中東大戰演義』, 무명씨의 『繪圖掃蕩倭寇紀要初集』, Dugald Christie의 『Thirty Years in Moukden, 1883-1913』(중역본 陳德震, 『甲午戰時遼居憶錄』, 冷血生의 『英雄淚』 등이 있다.

유랑하고 있고, 장차 독립운동을 전개하려는 데에 중국으로부터 도움이 필요하다는 현실을 반영한 것이라고 할 수 있다. 『이순신전』을 한문(漢文)으로 저술하고 중국 대륙에서 출판한 이유도 바로 이러한 현실 바탕이 깔려있지 않았을까 한다. 중국 인사들에게 『이순신전』을 보여주면서 임진왜란 때 조선과 명이 힘을 합쳐 일본군에게 대항했듯이 현 국제정세에서도 한국과 중국이 힘을 합쳐 일본 침략에 대항해야 한다는 논리를 펼쳤다.

일본 수군의 함대를 격파한 조선의 이순신과 프랑스 나폴레옹(Napoléon Bonaparte)의 함대를 격파한 영국의 넬슨(Horatio Nelson)은 동서 세계의 수군을 대표하는 역사 영웅이다. 그렇다면 이 두 위인 중에 누가 더욱 뛰어났는가? 이러한 질문에 대해 당시 국내외 많은 사람들이 피력할 정도로 관심의 대상이었다. 신채호는 1908년에 대한매일신보(大韓每日申報)에 연재한 『수군제일위인(水軍第一偉人); 이순신전(李舜臣傳)』에서 이 두 위인의 공통점과 차이점을 비교하면서 이순신이 넬슨보다 더 위대하다는 견해를 밝혔다. 일본 해군도 이순신을 칭하여 고금 수군의 제일 위인이고, 또 프랑스 대함대를 격파한 영국의 넬슨보다 위대한 인물이라고 평했다. 일본 해군장군 동향팔랑(東鄕八郎)도 이순신을 닮아도 넬슨을 닮지 않겠다고 했다.[18] 박은식도 『이순신전』「서론」에서 일본 사람의 말을 빌려 이순신이 고금 수군의 제일 위인이며, 넬슨보다 현명하다고 했다. 이와 경우가 좀 다르지만, 박은식은 영국 해군이 철갑 거북선을 세계 최고(最古)의 전함이라고 얘기한 사실을 기술하면서 간접적으로 영국 해군이 이순신을

---

18 최근 선행학자들이 일본 기록에서 이순신을 닮아도 넬슨을 닮지 않겠다고 말한 東鄕八郎의 출전 근거를 찾지 못했다고 함.

숭상하고 있는 점을 암시했다.

박은식은 「결론」에서 많은 지면을 할애해가며 이순신과 넬슨 두 위인을 비교해 놓았다. 이순신과 넬슨 두 위인의 공통점으로 초년에 미관직에서의 곤궁함, 육군에서 시작하여 수군에서 끝낸 과정, 죽음으로 맞이한 최후 모습, 강인한 인내력과 용맹성·충성심, 적과 더불어 공생하지 않는 자세 등을 들었다. 이어서 두 위인의 차이점도 언급했다. 첫째는 조선과 영국의 국력 차이이다. 당시 조선은 오랫동안 태평 속에 지내고 있어 군사력 준비가 매우 미약한 반면에 영국은 구라파의 강국으로 온 인민들이 전쟁 준비와 방어 태세가 잘 되어 있다. 둘째는 주위 인물들의 역할 분담과 모함이다. 당시 이순신은 군비 준비를 전적으로 혼자 도맡아했으며, 또 그 주변 인사들은 오히려 이순신을 죽이려고 모함을 일삼고 있었다. 넬슨에게는 이러한 것이 없었다. 셋째는 군사 승리의 차이이다. 이순신이 다시 복위했을 때 군선 12척이라는 매우 미미한 군사력으로 강대한 적군 전함을 무찔렀다. 만약 넬슨으로 하여금 이를 대신했다면 반드시 이순신처럼 승리하지 못했을 것이다. 이러한 분석은 박은식의 새로운 견해이기보다는 당시에 이미 내려진 결과를 옮겨놓은 것으로 보인다.[19]

4. 『이순신전』의 내용 특징과 분석

박은식의 『이순신전』은 「서론」과 「결론」, 그리고 총 21장의 본론 부분으로 구성되어 있다. 서론과 결론을 따로 둔 삼분법 형식은 당시

---

19 예를 들면 신채호은 『수군제일위인; 이순신전』 제19장 「결론」에서 이순신과 넬슨과 비교하면서 이미 박은식이 내린 닮은 내용으로 자세히 분석해 놓았다.

문단에 유행했던 논술법이다. 물론 우리나라의 고대 문장에도 이와 비슷한 형태의 논술법이 있기는 하였지만, 구체적인 삼분법과 용어 사용은 서구 학문의 서술법에 영향을 받았다고 하겠다. 박은식은 이순신을 모델로 삼아 전기로 만들면서 단순히 어떤 인물의 일대기를 서술하는 일반적인 전기 방식에서 벗어나 서술 내용을 논리적으로 풀이하고자 하는 의도에서 나왔다. 이러한 방식은 박은식이 저술한 『천개소문전(泉蓋蘇文傳)』에서도 보인다.

앞서 논했듯이 본론은 총 21장으로 구성되어 있고, 매 장마다 제목이 붙여져 있다. 이것은 꼭 서구적인 서술 방식에서 나왔다고 하기보다는 우리나라나 중국에서 유행했던 장회소설(章回小說)의 양식을 계승한 것으로 보인다. 장회소설은 매 회마다 그 내용의 요지를 잡아서 제목으로 달고 있다. 따라서 박은식은 『이순신전』에서 동양과 서양의 학문 서술 방식을 적절히 혼용했다고 하겠다.

본론 내용의 전개 방식은 이순신의 일대기를 시대 순서에 따라 서술해 놓았다. 이순신의 일대기는 크게 신묘년에 전라좌도수군절도사로 임명되어 전쟁 준비를 하는 시기를 분기점으로 삼아 전기와 후기 두 부분으로 나누었다. 또 후기는 정유년에 참언을 받아 입옥되었다가 다시 삼도수군통제사로 나서서 시작한 시기를 분기점으로 삼아 또 다시 전반부와 후반부 소부분으로 나누었다. 이 분기법으로 보면 제1장에서 제2장은 전기에 속하고, 제3장에서 제20장은 후기에 속한다. 그 중 제3장에서 제13장은 후기 전반부에 속하고, 제14장에서 제20장은 후기 후반부에 속한다. 전기에 속한 장절이 매우 적은 것은 이순신의 행적 중에 이 시기에 관한 사료가 적다는 실제 사항을 그대로 반영했기 때문이다. 반면에 후기에 속한 장절이 많은 것은 이순신이 임진왜란을 날짜별로 기술해놓은 『난중일기』를 비롯하여 관련 자료가 많이 존재하기 때문이다. 본문 끝 부분인 제21장은 부록이다. 부록에는 이순신의 문학 재능을 밝혀줄 시문 작품을 수록해 놓았다.

박은식의『이순신전』에 기술한 이순신의 전기(傳記) 내용을 보면, 이순신이 활약했던 실제 행적을 있는 그대로 수용했다는 특징을 가지고 있다. 이러한 현상은 비단 박은식의『이순신전』에만 보이는 것이 아니고, 당시에 나온 각종 이순신 전기류 문헌에도 모두 공통적으로 나타난다. 이 원인을 분석해 보면, 크게 두 가지로 나누어 생각할 수 있다.

하나는 이순신이 한마디로 진솔된 마음을 가진 인물이기 때문이다. 이순신은 자신의 입신출세나 부귀영화를 생각하지 않고 오로지 나라와 인민을 위해 자기 목숨을 바치고자 하는 자세와 신념으로 가득 차 있었다. 마치 이것을 증명이라도 하듯이 끝내 자신의 목숨을 나라에 바치고 민족을 구하는 대사로 마감했다. 이순신이 지나갔던 길이 바로 영웅의 길이요, 이순신이 살아갔던 삶이 바로 영웅의 삶이다. 이처럼 그 자신이 영웅이기 때문에 그 자체가 우리가 상상하고 있는 영웅적인 형상을 그대로 갖추고 있다. 따라서 우리는 이순신의 전기를 적기 위해서 일반적인 영웅 전기에서 보이는 초인간적인 능력을 가미시키는 가식적인 작업의 필요성에 대해 별로 느끼지 못한다.

다른 하나는 이순신이 활약한 행적이 역사적으로 너무나도 분명하게 드러났기 때문이다. 이순신 사후에 조선 조야에서는 그를 기리는 추모 행사가 끊임없이 이루어졌다. 조선 정조는 이순신의 업적과 문장이 인멸되는 것이 두려워 어명으로 문집을 편찬해 놓았고, 민간에서도 이순신과 관련된 유적지에 사당을 세우고 관련 기록을 정비해 놓았다.[20] 이순신이 살고 있는 시기로부터 박은식이 살고 있는 시기,

아니 우리가 살고 있는 이 시점까지도 상당한 세월이 지나갔지만, 이순신에 관한 자료가 여전히 잘 남아 있는 편이다.[21] 오늘날 아산 현충사에 『난중일기』를 비롯한 이순신의 친필본과 유물들을 친견할 수 있고, 또 전국 각지에 관련 문헌과 유적이 많이 남아 있다. 민간에서도 이순신과 관련된 설화가 도처에 많이 전해오고 있다. 그러므로 후세 문인들이 이순신 행적을 밝혀줄 관련 자료가 많이 남아 있는 관계로 이순신 일대기를 입전하기에는 다른 인물에 비해 매우 용이했을 것이고, 또한 이들의 입전 내용도 이순신의 행적을 역사적 사실 그대로 수용하는 특징을 남기고 있다.

그렇다고 박은식의 『이순신전』에 신비적인 서술 요소가 전혀 가미되지 않았던 것은 아니다. 박은식은 이순신 전기를 기술하면서 독자들에게 이순신의 위대함을 좀 더 흥미롭게 펼쳐나가기 위해 관련된 기담을 몇 군데 삽입시켜놓았다. 그러나 이와 같은 서술 방식을 즐겨 사용하지 않았다. 박은식의 『이순신전』에 이 방식으로 사용한 빈도수가 다른 이순신 전기류 문헌에 비해 적은 편이고, 또 서술 내용조차도 전인들이 기술해 놓은 내용이나 기담을 옮겨놓은 것에 불과하여 그 자신이 새로이 꾸며낸 것은 거의 없는 편이다.

---

20 박은식, 『이순신전』 제20장 「露梁大戰將星隕」에는 전국 각 지방에 세워진 이순신 사당이 열거되어 있다. 忠烈祠는 南海 露梁과 統制營 洗兵館 서쪽, 顯忠祠는 牙山郡 동쪽 2십 리에, 遺祠는 康津 古今島에, 遺祠는 巨濟에, 忠愍祠는 順天에, 忠武祠는 海南에, 月山祠는 咸平에, 遺愛祠는 井邑에, 忠孝堂은 溫陽에, 草廟는 巨濟의 鼇梁 固城에 각각 소재한다.

21 박은식과 동시대에 활약한 신채호도 『수군제일위인; 이순신전』을 편찬하면서 관련 자료가 많이 남아 있다고 했다. 제1장 「서론」에서 일본과 대적한 우리나라의 위인으로 上世에 廣開土王·太宗王이 있고, 近世에 金方慶·鄭地·이순신 등 5명을 들었다. 그는 이 중에 시대가 가장 가깝고 유적이 잘 정비되며 후인의 모범이 되기가 가장 좋은 인물은 바로 이순신이라고 했다.

『이순신전』제4장「이순신지어왜주략(李舜臣之禦倭籌略)」중 이순신이 전라좌도수군절도사로 부임하고자 할 때 이웃 사람이 꾼 꿈을 적은 대목이 있다. 이웃 사람의 꿈속에서 거대한 나무 위에 많은 사람이 올라와 있었는데, 나무가 갑자기 뽑혀지며 무리들이 떨어지려고 하자 한 장부가 나타나 나무를 다시 세웠다고 했다. 다음날 아침에 이웃 사람이 이순신을 보니 바로 꿈속에서 본 장부라고 했다. 이어서 박은식이 우리나라가 전복되고 우리 민족이 무너질 때에 상제(上帝)가 이순신을 보내어 이를 구하도록 했다고 부연 설명해 놓았다.

이것으로 본다면 이순신은 상제가 사는 신계(神界) 또는 이에 준하는 비인간계의 인물이라고 할 수 있다. 그러나 박은식의 비유 수준은 어디까지나 일반 문헌에서 전쟁 영웅의 위대함을 얘기할 적에 보편적으로 흔히 기술할 수 있는 낮은 단계에 머물고 있다. 게다가 이순신이 절체절명의 위기에 처해있는 국가를 구한 인물로서 전란 당시에 이미 많은 사람들로부터 이와 비슷한 고사가 전해지고 있었다. 이웃 사람의 꿈도 당시 민간에서 전해오는 기담 중의 하나이다.

이에 반해 신채호의『수군제일위인; 이순신전』에서는 고대의 영웅소설에서 나오는 천상의 적강 영웅처럼 이순신을 신인(神人)이라고 신비화시켰다. 신채호는 이순신의 탄생을 기술하면서 단군 신령이 우리나라에 사람이 없음을 비탄하여 대적을 대항할 수 있는 장군으로 이순신을 내려 보냈고, 또 모부인의 죽음을 논하는 부분에서 이순신이 하늘에서 내린 신인(神人)이라 생사도 도외시한다는 말을 남기고 있다.[22]

---

22 신채호, 『수군제일위인; 이순신전』제2장「李舜臣의 幼年과 及其少時」과 제13장「李舜臣의 入獄·出獄間에 國家의 悲運」참조.

　물론 박은식은 이보다 한 걸음 더 나아가 이순신의 초인간적인 현상을 가미시켜 놓은 대목도 있다. 『이순신전』 본문 제20장 「노량대전장성운(露梁大戰將星隕)」 중 이순신이 최후의 결전을 준비하고 떠나는 대목에서 자신의 죽음을 예측한 기이한 행적을 기술해 놓았다. 이경 때 큰 장군별이 바다로 떨어지자 군사들이 이를 괴이하게 여겼다. 삼경에 이순신이 손을 씻고 향을 사리며 선두에 서서 상제(上帝)에게 원수를 멸하면 죽어도 여한이 없다고 축원했다. 여기의 큰 장군별은 이순신을 상징한다. 이순신은 자기 죽음을 알아채고 상제에게 자기의 생명을 담보로 전쟁의 승리를 축원했다. 이러한 서술 내용은 흔히 영웅류 전기에서 주인공의 죽음을 예언할 때 자주 등장되는 기법으로 이순신이 거둔 최후의 전업을 더욱 신비로운 형상으로 몰고 가서 이순신을 자신의 죽음도 예견할 줄 하는 신인으로 만들었다. 그러나 이 고사는 박은식이 지어낸 내용이 아니고, 조선 홍양호(洪良浩)의 「이순신전(李舜臣傳)」에 기술한 내용을 옮겨놓으면서 부대 사항을 첨가했던 것에 불과하다.[23]

　다음으로 『이순신전』 본론에 보이는 박은식의 논평 부분을 살펴보자. 박은식은 이순신의 행적을 단순 나열하는 방식에서 벗어나 마치 논문이라도 기술하듯 본문 도처에 자기 생각을 첨부해 놓았다. 이러한 방식은 신채호의 『수군제일위인; 이순신전』에서도 채택하고 있다. 이들의 기본 논조는 모두 이순신의 위대함을 논하는 입장에서 서로 비슷한 점이 많다. 여기에서는 박은식이 언급한 특이 사안 몇 가지만을 추려 언급하겠다.

　박은식은 『이순신전』 본론 제12장 「이순신해전대첩지영향(李舜臣海

23　홍양호, 『海東名將傳』, 「李舜臣傳」: "是夕, 大星隕海中, 軍中怪之."

戰大捷之影響)」에서 독립된 한 장을 할애해가면서까지 임진(1592)·계사년(1593) 동안에 이순신이 해전에서 이끈 네 차례 대첩이 어떠한 영향을 끼쳤는지를 분석했다. 이순신은 남해 해상에서 막강한 왜 수군을 철저하게 봉쇄시킴으로써 남해를 평정했을 뿐만 아니라, 일본 수군이 서해안으로 침략하고 육군과 연합 전선을 펼치는 것을 저지하는 데에 결정적인 역할을 하였다. 비록 이순신이 수행한 전쟁 장소가 바다에 그치고 있었지만, 그가 이끌어낸 대첩의 영향은 바다에서 훨씬 벗어나 조선 전체 운명과 중국대륙의 안전 보장까지도 밀접한 관련이 있었다. 그 실례로 소서행장(小西行長)과 이여송(李如松)의 경우를 들었다.

소서행장은 일찍이 일본 장수들과 북진을 논하는 자리에서 육군이 파죽지세의 승리를 이끌어 내어 장차 중국대륙으로 나가 북경을 차지할 수 있다며, 앞으로 수군이 전라도를 평정하고 서해에서 만난 후에 수륙 양군이 진격하는 것이 만전의 책략이라고 말했다. 만약 당시에 일본 육군이 수군과 연합하여 중국대륙으로 진격했다면, 중국 요동과 갈지(碣地)의 안위도 보장되지 못했을 것이다. 그러나 소서행장의 희망은 이순신에 의해 철저하게 무산되었다. 또 조선을 원병해온 명 제독 이여송이 일본군과 대치할 수 있었던 것도 이순신이 남해에서 일본 수군을 막아냈기 때문이다. 만약에 일본 수군 10만이 바다를 통해 신속하게 북상해서 평양성에 집결했다면, 이여송 군대는 안팎으로 협공 당하여 필히 이기지 못했을 것이다.

앞서 논했듯이 박은식은 우리나라와 중국과는 순망치한 관계임을 강력하게 설명했다. 공자가 일찍이 관중(管仲)이 오랑캐를 물리친 공로로 중화 민족이 있었다는 말을 인용하면서 이순신이 바로 관중이라는 사실을 부각했다. 임진왜란 때 이순신이 해로를 차단하고 일본

수군을 섬멸한 관계로 일본 육군의 세력이 고립되어, 명 군사가 손쉽게 승리를 이끌어낼 수 있었다. 그 결과, 조선이 망하지 않았고 명나라의 안보도 보장받게 되었다. 박은식의 이 말은 이순신의 업적이 한국과 중국에 끼친 상관관계를 두고 한 말이지만, 당시 한국과 중국이 또 한 번 일본의 침략으로 인하여 고통 받고 있는 현실을 겨냥한 것이다. 앞으로 양국이 순망치한의 입장에서 서로 합심하여 나간다면 일본의 침략을 격파하고 다시 부활할 수 있을 것이라고 했다.

본론 제1장「이순신지유년수양(李舜臣之幼年修養)」중 이순신의 유년시절을 논하는 곳에서 이순신이 하늘에서 내려준 재주와 스스로의 학문 수양으로 인하여 평생 수립이 완전무결한 인물로 평하고 있다. 필자는 이 말이 결코 과장된 말은 아니라고 생각한다. 이순신의 일대기를 돌이켜보면 어려서부터 죽을 때까지 충정으로 초지일관하였고, 또한 이 세상에서 남들이 따라가기 매우 힘든 높은 단계의 충정을 발현했던 모습을 자주 접할 수 있다. 이것은 바로 천품과 수양이 결합해서 나온 것이라고 하겠다.

본론 제5장「이순신창조철갑귀선(李舜臣創造鐵甲龜船)」중 이순신이 거북선(귀선)을 창제한 곳에서 거북선의 우수함과 우리 민족의 독창적인 지능을 지적했다. 거북선은 고금의 학자들이 모두 인정하는 세계 최초의 철갑선이다. 당시 해상 전투에서 거북선의 활약은 매우 대단했다. 거북선은 막강한 왜선을 마치 궤짝을 부수듯 쉽게 격파할 수 있었다. 이순신의 연전연승이 실로 그의 지략과 용맹이 뛰어남에서 나왔지만, 거북선이라는 신무기를 도입하여 전투 수행에 많은 도움이 되었다. 물론 거북선이 박은식의 말처럼 이순신이 최초로 창제한 것은 아니지만, 당시 일본 수군이 거북선의 활약에 대해 아주 강한 인상을 받았다. 이러한 무기 개선이 그저 단순히 머리에서만 나오는 것이 아니고 학문적인 소양과 다년간의 경험이 결합되어야 나올 수가 있다.

이어서 박은식은 우리 민족이 독창적으로 발명했던 신식 무기류를 열거하면서 우리 민족이 우수한 지능을 가졌다는 사실을 밝혔다. 당시 이순신이 거북선을 창제한 것 외에 박진(朴晉)이 제조한 비격진천뢰(飛擊震天雷), 정평구(鄭平九)가 창제한 비행거(飛行車) 등에서 보듯이 우리 민족의 지능은 다른 민족의 경쟁에서 앞서 나갈 수 있는 재주와 지능을 갖추었다. 그러나 당시 조선 조야의 풍속이 무용한 헛된 문장만을 숭상하고 실용적인 물질기술을 천하게 여기는 바람에 이러한 이기(利器)와 재능이 한 순간에 물거품처럼 사라졌던 점을 아쉬워했다.

본론 제20장「노량대전장성운(露梁大戰將星隕)」중 이순신이 노량해전에서 최후를 맞이한 부분에서 이순신의 죽음을 정치적으로 논평했다. 이순신은 사실상 7년 전란이 끝나가는 마지막 대해전인 노량대전에서 수백 척의 일본선을 맞이하여 수적인 절대 열세에도 불구하고 큰 승리를 거두었으나, 불행하게도 그 자신은 적의 탄환에 맞아 운명을 다한다. 한마디로 자신의 목숨을 국가에 바치고 민족을 구해내는 대사를 마쳤다.

만약 이때 이순신이 죽지 않았다면 어떻게 되었을까? 물론 박은식은 논공행상에서 이순신이 이룩한 공적으로 보아 일등 공신에 책봉되어 제후의 반열에 올라갈 것으로 보이지만, 어느 정도 시간이 흘러가면 주위에서 이순신을 시기하는 무리가 필히 나타날 것이다. 이순신 생전에도 이일(李鎰)이나 원균(元均) 같은 무리들이 그의 공을 시기하여 참언을 꾸며서 목숨을 빼앗으려고 한 사건도 있었다. 박은식은 조선조의 전쟁 영웅인 남이(南怡)·김덕령(金德齡)·정문부(鄭文孚)·임

경업(林慶業)이 훗날 참언을 입어 형장에서 죽음을 당하는 화를 입었
다는 역사적인 사실에서 보듯이 이순신도 이와 같은 경로를 밟을 가
능성을 제시했다. 역설적으로 이순신이 마지막 전투에서 공을 세우
고 홀연히 하늘로 돌아갔기 때문에 모든 창궐 무리들이 얼음이 녹고
구름이 사라지듯이 조정에 의해 충신이 살해되는 불행이 없고, 또한
이순신의 자손들이 대대로 공훈을 누릴 수가 있었다고 여겼다.

5. 결론

우리나라의 고금 역사를 통틀어보면 무수히 많은 전란 영웅이 배
출되어 각자 혼신의 힘으로 전쟁을 수행하며 영토와 민족을 수호했
다. 만약 오늘날 우리들로 하여금 이들 중에서 가장 뛰어난 영웅이
누구냐고 손꼽으면 이순신이라는 대답이 가장 많이 나올 것이다. 또
한 이것을 대변이라도 하듯이 후대 사람들이 저술한 각종 전란 영웅
전 중에 가장 많이 등장하는 인물이 바로 이순신이다.

이순신은 임진왜란 때 절체절명의 위기 속에서 일본 수군의 막강
한 전력을 맞이하여 자기 목숨을 바치고 나라를 구한 민족의 영웅이
다. 이순신 사후부터 오늘날에 이르기까지 우리 민족들은 줄곧 이순
신을 숭앙하고 있었다. 특히 일제강점기는 일본에 대한 반감이 극도
로 치닫고 있는 시기라서 일본을 무찌른 이순신이라는 영웅에 대해
더욱더 호감을 가지고 있었다. 바로 이 시기에 박은식의 『이순신전』
이 출현하였다.

박은식은 1915년에 중국 상해 신강 객사에서 한문(漢文)으로 된
『이순신전』 초고본을 지었다. 이로부터 6년이 지난 1921년에 신문

『사민보』에 처음 연재했고, 또 다시 2년이 지난 1923년에 단독 책자로 출간되었다. 단독본의 발행자는 김승학이며, 인쇄지는 상해 삼일인서관(三一印書館)이다. 1941년~42년에 잡지 『광복』에 다시 연재되었다. 아쉽게도 『광복』가 발행 중단되는 바람에 끝까지 연재되지 못했다.

지금까지 국내학계에서는 『이순신전』을 연재한 신문 『사민보』나 잡지 『광복』을 통해 이 책자의 존재를 파악하고 있었으나, 아쉽게도 전문이 발견되지 않았던 관계인지 더 이상의 연구나 분석 작업이 이루어지지 않았다. 이번에 중국 절강성도서관에서 소장된 단독본 『이순신전』을 처음 찾아내어 제대로 된 분석 작업을 마칠 수가 있었다.

박은식의 『이순신전』은 별다른 가식 없이 이순신의 일대기를 있는 그대로 사실적으로 기술해 놓았다. 본문 곳곳에 이순신이라는 인물을 통해 민족혼을 살려 자주 독립의 길을 쟁취하고자 한 노력이 깃들어 있다. 이 책자는 이순신의 삶과 사상, 그리고 일제강점기에 해외에서 나온 이순신학을 밝히는데 좋은 자료로 꼽힌다.

이순신과 박은식이 처해 있는 시대 형세는 모두 민족 운명의 앞날을 장담하기 힘든 위기일발의 시기였다. 이순신은 무인으로, 박은식은 문인으로 각자의 길을 가면서 이것을 타개하려고 온갖 정신과 역량을 쏟아가며 일생을 바쳤다. 우리는 이들을 통해 앞으로 우리가 가야할 길이 어떤 것인지에 대해 배울 수 있고, 특히 우리나라가 오대양으로 뻗어 가는 이 시점에 일찍이 이순신이 해양에서 보여준 활약과 박은식이 해외에서 국난을 극복하고자 한 자세를 다시 한 번 되짚어 볼 필요가 있다.　　　　　　　　　　　　　　　　[泉村寄室]

중국 편찬 『조선민족영웅 이순신』의 출판 배경과 특징

1. 서론

역사를 돌이켜보면 난세에 구국의 영웅이 배출된다는 말이 있다. 이 말에 가장 적합한 인물 중의 한 사람이 이순신이다. 임진왜란 초기에 육지에서는 대규모 일본군의 거센 공세로 인하여 한양과 평양이 차례로 점거당하고 선조가 의주로 몽진하는 등 국가 운명이 마치 폭풍 앞의 등잔불 같은 위기에 처했다. 이때 한 줄기의 희망을 가져다 준 것이 바다에서 이순신이 이끄는 조선 수군의 활약이었다.

이순신은 바다에서 일본 수군과 맞이하여 연전연승을 거두며 수륙양면으로 조선을 침공하려는 일본 침략자의 야망을 여지없이 꺾어버렸다. 전쟁 도중에 모함을 받아 투옥을 당하고 극형에 처해질 뻔했으나, 그 후 백의종군으로 나와 수군 재건의 길에 나섰고, 또한 자신에게는 아직 12척의 전함이 남아있다며 불굴의 전투 의지를 보여주었다. 그리고 마지막 해상전투에서 수많은 일본 전선을 궤멸시키는 대첩을 거두며 자신은 운명하는 영웅적인 최후를 맞이했다. 이순신이 보여준 영웅적인 삶과 불굴의 정신은 당대 사람들뿐만 아니라 후세 사람들에게도 깊은 감동을 주었다.

명말 이래 중국에서는 조명 양국이 연합전선을 펼친 임진왜란에 관한 기록이 꽤 많이 보이지만, 정작 조명연합수군의 한 축을 맡아 바다에서 맹활약을 한 조선 이순신에 관한 기록은 매우 단편적으로만 남아 있다. 근자에 들어와서 이러한 사정을 조금이나마 덜어줄 책자, 즉 중국대륙판『조선민족영웅 이순신(朝鮮民族英雄李舜臣)』이 나왔다. 이 책자는 근자에 중국대륙에서 이순신을 어떻게 바라보고 있었는지를 알 수 있는 좋은 자료이다.

필자가 재직하고 있는 대학에 이순신연구소가 있다. 이순신연구소가 창립할 때 필자는 중국에서 출판된 조선 박은식(朴殷植)의『이순신전(李舜臣傳)』을 소개한 적이 있다.[1] 이번에 그 후속 조치로 중국대륙판『조선민족영웅 이순신』을 국내학계에 소개한다. 본 논문에서 다루고자 하는 논술 방향은 다음과 같다.『조선민족영웅 이순신』이 출간하게 된 배경은 무엇인지? 집필자가 어떠한 관점에서 편찬 작업에 임했는지? 이 책자에서 어떤 내용을 다루고 있는지? 이 책자가 가지고 있는 특징과 의의가 무엇인지?

2.『외국역사소총서』의 편찬 배경과 한국관련 문헌

『조선민족영웅 이순신』은『외국역사소총서(外國歷史小叢書)』의 일종으로 출판되었다.『외국역사소총서』라는 총서는 제목 그대로 중국을 제외한 전 세계 국가에서 일어났던 저명한 사건이나 역사 인물을 뽑아 기술한 총서이다. 1961년 여름에 중국 총리 주은래(周恩來)에 의

---

1   朴現圭,「朴殷植『李舜臣傳』의 全文 발굴과 분석」,『이순신연구』, 창간호, 순천향대학교 이순신연구소, 2003.2, 225~250쪽.

해 총서 편찬 사업이 처음 구상되었다. 주은래는 역사학자 吳晗에게 당과 정부의 올바른 정책 수립과 각 부처 간부들, 특히 외교부 직원들이 외국 역사에 대한 지식을 증진하기 위한 책자를 만들 것을 지시했다. 당시 오함은 1959년부터 중국 역사의 중대한 사건과 인물을 다룬『중국역사지식소총서(中國歷史知識小叢書)』를 편찬하는 작업을 맡고 있었다. 북경 중화서국(中華書局)에서 출판된『중국역사지식소총서』는 당시 중국 독자층으로부터 많은 호응을 얻고 있었다. 주은래의 지시를 받은 오함은 상무인서관(商務印書館) 총편집장 진한백(陳翰伯)과 상의한 끝에 본격적으로『외국역사소총서』편찬 작업에 나섰다. 1962년에 처음 발행된 이래 1965년까지 59종이 출판되었고, 문화대혁명이 끝난 후인 1979년에 다시 출판되어 1990년대 초에 절판되었다. 이때까지『외국역사소총서』이름으로 나온 책자는 모두 5백종에 가깝다.

인민일보 사장 겸 총편집장인 등척(鄧拓)은『외국역사소총서』가 단순히 제목을 붙인 것이 아니라 구체적인 사료를 통해 마르크스주의를 실현하는 것이라고 하였다. 주편 오함도 이러한 원칙에 따라『외국역사소총서』의 편찬 방침을 정하였다.『외국역사소총서』는 마르크스 정신에 부합되는 책자를 만들어야 한다. 이 총서는 이론서가 아니고 역사서이기 때문에 공허한 의론을 기술해서는 안 된다. 또 학위논문이 아니고 지식을 보급하는 책자이기 때문에 집필자가 저술하는데 있어 공인된 사료와 견해를 채택해야 하고, 비공인된 사료나 개인적 견해를 도입해서는 안 된다.[2] 따라서 이들이『외국역사소총서』를

---

2 丘權, 「『外國歷史小叢書』是"香花", 不是"毒草"; 兼懷歷史學家吳晗同志」, 『讀書』 1979年 3期, 43~47쪽.

편찬하고자 하는 궁극적인 목적은 겉으로 외국 역사 지식을 대중에게 보급하기 위한 것이라고 내세우고 있지만, 실제적으로 마르크스 사상을 확립하여 사회주의 체제를 공고하게 만드는데 있었다. 이에 따라 총서 편찬방침도 마르크스 사상에 입각하여 공인된 사료와 견해로 가지고 사실적으로 기술하는 것을 원칙으로 삼았다.

『외국역사소총서』의 편찬 사무실은 북경(北京) 왕부정대가(王府井大街) 36호(號) 상무인서관(商務印書館) 안에 두었다. 초대 주편은 오함이고, 편집위원은 제사화(齊思和), 주경영(朱慶永), 진한생(陳翰笙), 진한백(陳翰伯) 등이며, 보조편집은 북경교사진수학원(北京敎師進修學院)이다. 북경교사진수학원은 총서에 들어갈 책자를 선정하고 집필자를 간택하는 실무 작업을 맡았고, 책자의 집필자는 주로 북경과 주변 지역의 대학과 중고등학교에서 교편을 잡고 있는 젊은 학자들로 구성되었다. 책자의 편찬 과정을 보면 총서 편집위원회의 권한이 매우 강하다. 집필자가 제출한 원고를 그대로 수용하는 것이 아니고, 총서 편집위원회의 검토 작업을 거쳐야 한다. 여기에서 원고를 직접 고치거나 다시 집필자에게 수정 보완하라는 지시가 내려졌다. 모든 사항이 수정 보완되면 최종 출판 결정이 내려지고, 인쇄소에 넘겨 출판에 들어갔다.[3]

1966년에 대규모 사상 투쟁의 성격을 띤 권력 투쟁인 문화대혁명이 일어나자, 『외국역사소총서』는 반당 반사회주의의 대표적인 책자로 몰리게 되었다. 오함, 진한백, 등척 등 총서 편찬에 관련된 인사들은 반혁명분자로 낙인찍혀 혹독한 비난을 받으며 커다란 곤혹을 치렀다.[4] 등척은 원래 총서 편찬과 직접적인 관련이 없지만, 주편 오함

---

3 琪葵, 「"外國歷史小叢書"滄桑」, 『文匯報』, 2008년 3월 18일자.

과의 친분과 학문 관계로 반혁명의 주동분자로 몰려 해를 당했다.

　문화대혁명이 끝난 후인 1979년에 상무인서관은『외국역사소총서』
를 다시 출판했다. 이때 주편은 진한생이고, 부주편은 장지련(張芝聯),
정추원(程秋原)이며, 편집위원은 만봉(萬峰), 마극요(馬克堯), 계선림(季
羨林), 나영거(羅榮渠) 등이다. 주편 진한생은 역사학자이자 마르크스
사회학자이다. 문혁 이전에『외국역사소총서』의 편집위원으로 활동
했고, 직접 총서 중의『과학거인뉴우톤(科學巨人牛頓)』을 집필하기도
했다.

　『외국역사소총서』에 선정된 책자와 책자 내용을 보면 중국 출판계
의 출판 성향과 매우 밀접한 관련이 있다. 문화대혁명 이전의 중국
출판계는 마치 민중을 위해 불구덩이 속이라도 뛰어들 듯 투쟁성과
민중성을 강조하는 책자들이 많이 출판되었다. 문화대혁명 이후부터
1980년대까지 중국 사회가 개혁 개방이라는 국가 정책에 발맞추며
곳곳에서 새로운 변화의 움직임이 활발하게 진행되고 있었지만, 출
판계에는 아직까지 시류에 대해 반하는 보수적인 인사들로 포진되어
있어 여전히 민중의 입장을 대변하고 문장의 공용성을 강조하는 책
자를 출판했다. 1990년대 들어와서는 중국 출판계도 공용성보다 상
업성을 중요시하는 사회 분위기에 편성하여 출판물의 면모가 상업
일변도로 치우쳤다. 그러나 새로운 변화에 대해 보조를 맞추지 못한
『외국역사소총서』는 1990년대 중반 이후 더 이상 신규 서적을 내지
못하고 중단하게 되었다.

　『외국역사소총서』에는 한국 역사 사건이나 인물을 다룬 책자가 상
당수 들어가 있다. 이것을 출판 시기별로 나누어보면 다음과 같다.

4　「揭露"外國歷史小叢書"的反革命黑幕」,『光明日報』, 1966년 7월 20일자.

문혁 이전에 출판된 책자는 모두 2종이 있다. 1962년에 이경온(李景溫)의 『조선임진위국전쟁(朝鮮壬辰衛國戰爭)』, 왕입달(王立達)의 『조선삼일운동(朝鮮三一運動)』이 나왔다. 문혁 이후에 출판된 책자는 1983년에 양소전(楊昭全)의 『일제패점조선시마(日帝覇占朝鮮始末)』, 양소전·안청규(安淸奎)의 『조선애국지사 안중근(朝鮮愛國志士安重根)』, 1986년에 양소전의 『조선1884년적정변(朝鮮1884年的政變)』, 진현사(陳顯泗)·양소전의 『조선근대 농민혁명영수 전봉준(朝鮮近代農民革命領袖全奉準)』, 1987년에 엄성흠의 『조선민족영웅 이순신』 등이 있다.

상기 한국관련 책자들은 『외국역사소총서』의 편찬 방침에 따라 사회주의 문학관점에서 인민의 투쟁성과 민중성을 강조하는데 중점을 두었다. 이들 책자에서 다루었던 역사 사건이나 인물만 보더라도 책자 성격이 어떠한지를 감지할 수 있다. 임진왜란 책자는 조선과 명나라가 연합하여 일본군을 물리치는 전쟁을 다룬 것이고, 갑신정변, 의병투쟁, 삼일운동 책자는 조선 인민이 일본의 침략에 맞선 투쟁을 다룬 것이며, 이순신, 안중근 책자는 일본의 침략에 대해 무력으로 투쟁한 영웅들의 활약상을 다룬 것이며, 전봉준과 정약용 책자는 민중의 삶과 의식을 제고해준 인물들의 활약상을 다룬 것이다.

『외국역사소총서』 편집위원회는 1984년부터 독자들의 호응과 편의를 제공하기 위해 그동안 나왔던 단독 책자들을 내용별로 나누어 하나로 묶은 합본(합간본)을 내놓았다. 1992년에 한국 관련 책자들을 선별해서 『조선역사풍운록(朝鮮歷史風雲錄)』이라는 합본을 내놓았다. 출판사는 상무인서관(商務印書館)이고, 인쇄소는 하북삼화연문예인쇄창(河北三河縣文藝印刷廠)이며, 인쇄부수는 1,800부이다. 책임편집자는 위여명(魏黎明)이고, 표지 설계자는 강양(姜梁)이며, 판면 설계자는 모요천(毛堯泉)이다. 합본 『조선역사풍운록』에는 『조선민족영웅 이순신(朝鮮民族英雄李舜臣)』, 『조선근대 농민혁명영수 전봉준(朝鮮近代農民革命領袖全琫準)』, 『조선1884년적정변(朝鮮1884年的政變)』, 『조선애국지사 안중근(朝鮮愛國志士安重根)』, 『저명적조선학자 정다산(著名的朝鮮學者丁茶山)』, 『일제패점조선시말(日帝霸占朝鮮始末)[1876-1910]』, 『조선반일의병투쟁(朝鮮反日義兵斗爭)』, 『삼천리강산적노후(三千里江山的怒吼)』등 한국 인물의 전기나 역사 사건을 다룬 8종이 수록되어 있다. 1996년에 중국소년아동출판사(中國少年兒童出版社)와 중국청년출판사(中國靑年出版社)는 상무인서관본『조선역사풍운록』을 영인 출판했다.

3. 『조선민족영웅 이순신』의 서지 사항과 저자 소개

먼저 단독으로 출판본『조선민족영웅 이순신』의 서지사항부터 정리해본다. 이 책자는 1987년 10월에 북경 상무인서관(商務印書館)에서 『외국역사소총서(外國歷史小叢書)』의 일환으로 출판되었다. 초판 인쇄는 하북(河北) 향하(香河) 안평인쇄소(安平印刷所)에서 맡았고, 인쇄부수는 1,500책이다. 책자 크기는 12.8cm × 23.9cm이다. 본문 자수는 2.3만자이고, 쪽수는 45쪽이다. 정가는 0.25원(元)이다. 집필자는 엄성흠(嚴聖欽)이고, 책임 편집자는 임설방(任雪芳)이며, 표지 설계자는 범이광(范貽光)이다.

1992년 1월에『조선민족영웅 이순신』은 한국 관련 책자의 합본인 『조선역사풍운록』의 일종으로 다시 출판되었다. 『조선민족영웅 이순신』은『조선역사풍운록』중 첫 번째 책자, 즉 제1쪽부터 제37쪽까지이다. 단독본『조선민족영웅 이순신』과 합본『조선민족영웅 이순신』의 수록 내용을 비교해보면 아래와 같은 차이를 보이고 있다.

첫째, 표지 차이가 있다. 단독본『조선민족영웅 이순신』의 외표지는 책자의 주인공을 부각시키기 위해 군모를 쓴 이순신의 반신상을 그려놓은 반면에, 합본『조선민족영웅 이순신』의 내표지는 합본 전체의 내용을 반영시켜 고대 용사가 활을 당기고 그 주변에 각종 현대식 무기인 탱크, 총, 대포, 미사일, 레이더 등을 그려놓았다.

둘째, 삽화 차이가 있다. 단독본『조선민족영웅 이순신』중 본문 제35쪽에 수록된 「이순신장군지휘해전(李舜臣將軍指揮海戰)」 삽화가 그려져 있는데, 합본『조선민족영웅 이순신』에는 보이지 않는다. 또 단독본『조선민족영웅 이순신』중 본문 제4쪽에 수록된 「이순신장군(李舜臣將軍)」 그림은 정면으로 바라보고 있는데, 합본『조선민족영웅 이순신』에는 얼굴을 왼쪽으로 30도 정도 비틀고 바라보고 있다.

셋째, 글자 차이가 있다. 단독본『조선민족영웅 이순신』본문 제17쪽 중 '저양(這樣), (재옥포해상전투중(在玉浦海上戰鬪中)'이라는 구절이 있는데, 합본『조선민족영웅 이순신』에서는 '저양(這樣)'이라는 글자를 삭제했다. 또 단독본『조선민족영웅 이순신』본문 제20쪽 중 '6月 4日'이라고 적었는데, 합본『조선민족영웅 이순신』에서는 앞 단락에 동일 날짜가 보인다고 '취재저일천(就在這一天)'으로 수정했다. 또 본문 제22쪽, 제34쪽 등에서도 상기 경우처럼 시점 표기를 조금 달리하고 있다.

이상 종합하면 단독본『조선민족영웅 이순신』과 합본『조선민족영웅 이순신』사이에는 미세한 차이를 보이고 있지만, 전체 내용면에서 보면 동일한 책자라고 말해도 무방하다. 본 논문에서는 절강 서안시도서관(瑞安市圖書館)에 소장된 단독본『조선민족영웅 이순신』을 저본으로 삼았다.

『조선민족영웅 이순신』의 집필자 엄성흠은 조선족 학자이다. 1939

년 3월에 함경남도 함주군(咸州郡)에서
출생했다. 1958년 북경 중앙민족학원(中
央民族學院; 현 中央民族大學) 역사계(歷史
系)를 졸업했고, 동 대학 민족학계(民族學
系)에서 교편을 잡다가 근자에 정년을
맞이했다. 현재 민족대 숙소 단지인 해
정구(海淀區) 위공촌(魏公村)에 거주하고
있다. 주된 연구 분야는 발해, 한중 교
류관계, 조선족 역사와 사회 등이다.[5]
평소 조선 민족과 고구려, 발해에 대해
많은 관심을 쏟았고, 발해를 중국의 역

사 속으로 편입되어야 한다고 했다. 말

서안시도서관 소장『조선민족영웅 이순신』

년에 중국 경내의 조선족이 중국 혁명투쟁사에 있어 혁혁한 공로를
세우고, 사회 각 분야에 있어 뛰어난 업적과 성과를 거두었다며 조선
족의 활동 사항을 널리 알리는데 많은 노력을 기울였다.

  민족대 재직 당시에 북경대 박충록(朴忠祿)과 더불어 북경 지역에
조선족 학자들을 이끌어 중국 경내의 조선족 활동 연구에 앞장섰다.
1980년대『외국역사소총서』중 한국 관련 책자가 많이 나올 때 길림성
사회과학원 안청규(安淸奎) 등 조선족 학자, 북경대 양소전(楊昭全), 하

---

5 엄성흠의 논저서로「應該恢復渤海國在中國通史中的地位」(『中央民族學院 研究部』,
1981),「渤海國是我國少數民族建立的一個地方政權」(『社會科學輯刊』, 1981),「論渤海
國與唐朝的關係」(『黑龍江文物叢刊』, 1982),「蘇聯朝鮮人社會」(『民族譯叢』, 中國社會
科學出版社, 1983),『高句麗論文集』(上海辭書出版社, 1987),「高麗與蒙元的政治軍事
關係」(『韓國學論文集』 4집, 1995),「中國朝鮮族婦女地位的變化」(『黑龍江民族叢刊』,
1995),『各民族共創中華: 朝鮮族的貢獻』(甘肅文化出版社, 1999),「高麗和蒙元的文化
關係」(『韓國傳統文化·文化卷』, 學苑出版社, 2001) 등이 있다.

북대 왕옥림(王玉林) 등 한족 학자와 더불어 책자 편찬에 나섰다. 『조선민족영웅 이순신』은 바로 이러한 배경 속에서 탄생하게 되었다.

4. 『조선민족영웅 이순신』의 내용 분석과 서술 특징

『조선민족영웅 이순신』의 집필자 엄성흠은 머리말에서 이순신이 참전한 임진왜란을 '조선임진위국전쟁(朝鮮壬辰衛國戰爭)'이라고 불렀다. '조선임진위국전쟁'은 북한에서 사용하는 용어에다 중국식으로 약간 변형시킨 것이다. 북한에서는 임진년에 일어난 전쟁을 방어자의 입자에서 조국을 수호했다는 의미에서 '임진위국전쟁(壬辰衛國戰爭)'이라고 불렀다. 반면 한국에서는 임진년에 침략자가 일으킨 난리라는 의미에서 '임진왜란'이라고 불렀다.

중국대륙에 '임진위국전쟁'이라는 책자가 처음 등장한 시점은 20세기 중반이었다. 북한에서 한국동란과 임진왜란을 동일 선상에서 보고 이청원(李淸源)이 지은 『임진위국전쟁』를 오응호(吳應鎬)가 번역한 중국어본을 중국대륙에 소개했다.[6] 1962년에 이경온(李景溫)은 중국 독자들에게 임진왜란을 작성하면서 북한에서 사용하는 '임진조국전쟁'에다 사건의 당사국이 '조선'이라는 의미를 더하여 제목을 '조선임진위국전쟁(朝鮮壬辰衛國戰爭)'이라고 붙였다.[7] 이후 유영지(劉永智), 양소전(楊昭全), 황춘(黃椿), 고경수(高敬洙), 조건민(趙建民), 양통방(楊通方) 등이 '조선임진위국전쟁(朝鮮壬辰衛國戰爭)' 또는 줄여서 '임진위

---

6 李淸源, 『임진위국전쟁』, 국립출판사, 평양, 1955; (중역본)吳應鎬譯, 『壬辰衛國戰爭』, 新朝鮮社, 平壤, 1955.

7 李景溫 編寫, 『朝鮮壬辰衛國戰爭』, 商務印書館, 北京, 1962.

국전쟁(壬辰衛國戰爭)'이라는 용어를 사용했다.[8]

『조선민족영웅 이순신』의 목록은 총 6장으로 나누어져 있다. 이것들을 나열하면 다음과 같다.

1. 投筆從戎(붓을 던지고 종군하다)
2. 李舜臣將軍和他的龜船(이순신장군과 거북선)
3. 幾次水上大捷(몇 차례 해상 대첩)
4. 冤獄和朝鮮水軍的覆滅(억울한 옥살이와 조선 수군의 복멸)
5. 重振朝鮮水軍(조선 수군을 재건하다)
6. 爲國捐軀(나라를 위해 몸을 바치다)

이 책자의 제1장 앞에 서문에 해당하는 머리말이 덧붙여 있는데, 여기에 책자의 기본 내용과 목적, 집필자의 편찬 의도와 방향이 서술되어 있다. 그 내용을 요약해본다. 이순신은 1590년대 '조선임진위국전쟁(朝鮮壬辰衛國戰爭)'에서 출현한 조선 인민의 위대한 민족영웅이자 애국장군이다. 임진왜란 때 조선 수군을 이끌고 일본 침략군에 맞서 여러 차례 뛰어난 전과를 거두었다. 훗날 '조중(朝中)' 군사가 이끈 연합 작전은 조선 인민의 전폭적인 지지 아래 1598년 11월에 일본 침략자를 물리쳐 7년에 걸친 임진왜란을 위대한 승리로 끝냈다. 1950년 7월 13일에 조선최고인민회의 상임위원회에서 '이순신훈장(李舜臣勳

8 劉永智,「朝鮮壬辰衛國戰爭中義兵鬪爭」,『學術研究叢刊』, 1980年 4期.; 楊昭全,「朝鮮壬辰衛國戰爭」,『中學歷史敎學』, 1982年 1期.; _____,「朝鮮史學界對壬辰衛國戰爭明援軍評價的變化簡介」,『國外社會科學情報』, 1982.; 黃椿,「朝鮮壬辰衛國勇將"紅衣將軍"郭再祐」,『外國史社知識』, 1983.; 高敬洙,「論朝鮮壬辰衛國戰爭中義兵鬪爭」,『朝鮮學韓國學論叢』5輯, 1997.; 趙建民,「壬辰卩國戰爭的勝利與韓文化東漸」,『韓國傳統文化·歷史卷: 浙江大學韓國研究所會議論文集』, 1997.; 楊通方,「明朝與朝鮮的壬辰衛國戰爭」,『當代韓國』, 2001年 3期.

훈)'을 제정하여 조국해방전쟁(한국전쟁: 6.25전쟁을 지칭함) 중 해상 전투에서 적군과 만나 승리를 거둔 조선인민군 해군 군관에게 수여한다는 포고령을 반포했다.

여기에서 조선·명 연합군이 전쟁 수행과정에서 조선 인민으로부터 전폭적 지지를 받아 임진왜란을 승리로 이끌어냈다며 강조하고 있다. 집필자 엄성흠이 조선·명 연합군이 조선 인민의 전폭적 지지를 받았다는 사실을 강조하고 있는 저의는 어디에서 나왔을 것인가? 아마도 두 가지 점이 기인되었을 것으로 보인다. 하나는 집필자 자신이 재중 조선족이라 중국과 북한이 동맹관계에 있다는 현실을 감안했을 것이고, 다른 하나는 임진왜란과 한국전쟁을 동일 선상에 두고자 하는 집필자의 시각이 발로된 것이다.

임진왜란 때 명나라의 조선 원병에 대해 일부에서는 이들의 전공이 지나치게 포장되었다며 부정적으로 언급하고 있지만, 대다수는 이들의 역할이 많은 도움이 되었다고 긍정적으로 평가하고 있다. 우리가 객관적인 자세로 임진왜란의 전체 맥락에서 분석한다면 명나라의 조선 원병이 일본군을 물리치고 전쟁의 흐름을 바꾸는데 커다란 역할을 하였다는 사실은 어느 누구도 부인하기 힘들 것이다.

그런데 명나라 원병이 조선 군민으로부터 전폭적인 지지를 받았는지에 대해서는 학자들 사이에 논란이 많고, 특히 국가별로 바라보는 시각이 사뭇 다르다. 북한과 중국학자들은 명군의 활동이 조선 군민으로부터 전폭적인 지지를 받았다고 긍정적으로 평가하고 있다. 예를 들면 평양성 탈환 때 명나라 군사와 조선 군민들이 협력하여 승리를 거두었고, 조선 의병과 민간인도 명나라 군사 지원에 대해 호의적으로 표시하기도 했다.

이와 반대로 한국과 일본의 학자들은 명군이 일본군과 전쟁을 회

피하고 후방에서 조선 군민들을 괴롭힌 적이 많다는 견해를 피력하고 있다. 물론 이들 견해 가운데 명군의 역할과 공적을 저평가 또는 말살하고자 하는 숨은 의도가 들어가 있지만, 임진왜란 문헌에서 이들의 주장을 뒷받침할 구체적인 기록들이 매우 많아 조선 군민으로부터 전폭적인 환영을 받지 못한 것은 부인할 수 없다. 예를 들면 조선 조정은 명군의 폐해에 대해 자주 대책을 논의했고, 이순신도 명 제독 진린이 조선 수군의 작전 활동을 방해하고 민간인에게 커다란 피해를 끼쳤다고 언급한 바가 있다.

앞서 언급했듯이 『조선민족영웅 이순신』의 집필자 엄성흠은 한국전쟁을 임진왜란과 동일한 선상에 두고 있다. 책자의 머리말에서 한국전쟁과 관련된 내용, 즉 북한에서 제정한 이순신훈장 사례를 임진왜란에 활약한 이순신 전기 속으로 이끌어 들어갔다. 물론 북한의 이순신훈장 사례가 이순신의 공적을 드높이는데 좋은 소재물이기는 하지만, 『조선민족영웅 이순신』 출판 이전에 나온 각종 전기나 연설에서 이순신의 공적을 언급한 내용보다 비유 강도가 훨씬 약하다. 예를 들면 신채호의 『이순신전』, 박은식의 『이순신전』 등에서 이순신을 고금 수군의 제일 위인이며, Trafalgar 해전에서 프랑스와 스페인 연합함대를 맞이하여 대승을 거둔 영국 장군 Horatio Nelson보다 뛰어난 인물로 꼽았다.

북한에서는 한국전쟁을 외세침략전쟁으로 규정하고 있다. 한국전쟁이 발발하자 북한은 해군의 전투력을 강화하고 군관들의 사기를 드높이기 위해 임진왜란 때 숭고한 애국심과 용맹성을 발휘하여 일본 수군을 물리치는데 혁혁한 공로를 세운 이순신이라는 역사 인물을 끄집어내었다. 북한은 정권 초기부터 이순신을 외세침략전쟁으로부터 조국을 수호한 애국 인물로 꼽았고, 한국전쟁이 발발하자 곧바로 이순신훈장을 제정하였다.

1950년 7월 13일에 북한의 최고인민회의 상임위원회가 '리순신훈장'을 제정하였다. 조국의 통일, 자유 및 독립을 위한 전쟁에서 해상 작전을 계획 진행하여 승리를 쟁취한 해군 군관들에게 수여했다. 동월 16일에 평양 주재 신화사(新華社)가 북한에서 이순신훈장이 제정된 소식을 보도했다.[9]

북한의 이순신훈장은 제1급과 제2급 훈장이 있다. 제1급 훈장은 72㎜ 크기의 푸른 5각별로 되어있고, 중앙에 직경 32㎜, 넓이 4㎜의 금색 동그라미가 있다. 동그라미 안에 군립을 쓴 이순신의 반신 초상화가 있고, 그 테두리에 '리순신장군' 글자가 있다. 뒷면에 '리순신훈장 제一급'과 번호가 있다. 제2급 훈장은 전반적으로 제1급과 같으나 크기가 차이가 있다. 크기는 60㎜, 중앙 직경은 27㎜, 넓이는 3㎜이다. 뒷면에 '리순신훈장 제二급'과 번호가 있다.[10] Warren E. Sessler와 Paul D. McDaniel Jr.이 정리한 북한 훈장 화보집에 의하면, 제1급 훈장의 수상자는 알려지지 않고, 제2급 훈장은 22명에게 수여되었다고 했다.[11] 이밖에 북한에서는 이순신훈장을 도면으로 사용한 우표를 내놓았다. 우표에 적힌 정가는 6원인데, 판매가는 5원이다.[12]

---

9 抗美援朝研究: http://www.cass.net.cn/zhuanti/y_kmyc/review/1950/mouth7/19500716-05.htm.

10 김병팔, 『조선 민주주의 인민공화국 훈장 및 메달에 대한 해설』, 국립출판사, 평양, 32~37쪽.

11 Warren E. Sessler & Paul D. McDaniel Jr. 『Military and Civil Awards of the Democratic People's Republic of Korea』, Sessler Inc, 2009.12(「6.25참전 미국인 용사, 북 훈장 화보집 펴내」, 연합뉴스, 2009년 11월 19일자에서 인용)

12 장세영의 「우표와 취미」 카페 참조.

따라서 『조선민족영웅 이순신』의 집필자 엄성흠이 책자의 머리말에서 한국동란 때 북한 최고인민회가 제정한 이순신훈장을 부각시키는 데에는 그만한 숨은 의도가 있다고 보인다. 엄성흠의 마음속에는 북한과 중국의 입장에서 한국전쟁을 미국을 포함한 서방국가가 참여한 외세침략전쟁으로 규정하고, 임진왜란 때 일본 수군을 물리친 이순신의 경우처럼 외세침략전쟁에서 승리를 거두었다는 것을 말하고 싶었을 것이다. 엄성흠의 이러한 사고방식은 책자의 마지막 문단에서도 확인할 수 있다. 마지막 문단에서 이순신이 세상을 떠난 지 근 4백년이 되었지만, 그의 이름과 위대한 공적은 여전히 조선 인민들의 마음속에 살아있고, 또한 외세침략을 반대하는 투쟁에서 조선 인민들로 하여금 용감히 앞으로 나서도록 했다고 적었다.

『조선민족영웅 이순신』의 명칭 표기법을 보면 재미있는 현상이 보인다. 조선과 중국을 병기할 때 '조중(朝中)'이라고 조선을 중국 앞에 두었다. 중국에서 발행된 조중(朝中) 관계 책자에서는 절대 다수가 '중조(中朝)'라고 중국을 조선 앞에 두고 있다. 이것은 아마도 엄성흠이 전기를 작성할 때 조선 문헌의 명칭 표기법을 그대로 옮겨왔던 데에서 기인한 것으로 보이지만, 혹시 그의 마음속에서 모국 조선의 입장을 특별히 고려했을지도 모르겠다. 또 이 책자에서 조선을 지칭할 때 간혹 왕조 성씨를 붙여 '이씨조선(李氏朝鮮)' 또는 '이조(李朝)'라고 기술했다. 이것은 아마도 중국 독자를 위해 현재 북한(조선)과 구분하기 위한 것으로 보인다.

『조선민족영웅 이순신』의 서술 기법을 정리해보면 몇 가지 특징이 보인다. 첫째 사실성이고, 둘째 간결성이며, 셋째 통속성이며, 넷째 정확성이다. 이것들을 하나씩 분석해본다.

첫째, 사실성이다. 앞에서 언급했듯이 『외국역사소총서』의 편찬방침은 역사 기록을 사실적으로 기술하도록 했다.『조선민족영웅 이순신』은『외국역사소총서』의 편찬방침에 따라 역사 기록을 사실적으로 기술하는데 중점을 두었다. 이 책자에서는 이순신의 일대기를 역사 문헌에서 기술한 이순신 행적에 따라 담담하게 그려나갔다. 즉, 이순신의 출생부터 시작하여 가족 관계, 청년 시절과 무과 급제, 무관으로서의 관직 생활과 일화, 여진족과 전투에서 승리, 백의종군과 복직, 전라좌수사 부임과 거북선 제작, 수차례 일본 수군과 맞이한 해전, 간계와 모함으로 인한 감옥 투옥, 원균이 이끄는 조선 수군의 전멸, 수군 조직의 재정비, 일본 대규모 전함을 물리친 대첩, 진린이 이끄는 명나라 수군과의 연합, 마지막 노량해전에서 최후를 맞이하는 과정까지 일생 경력에 따라 있는 그대로 사실적으로 기술하였다. 독자 여러분도『조선민족영웅 이순신』을 읽으면 마치 한 편의 이순신 행장을 보는듯한 느낌을 받을 것이다.

그렇다고『조선민족영웅 이순신』에 집필자의 편찬 권리가 전혀 들어가지 않는 것은 아니다. 집필자 엄성흠은 전체 맥락이 손상이 가지 않는 범위에서 일부 내용을 약간 손질했다. 손질된 곳을 보면 첨가, 삭제, 수식 부분으로 나눌 수 있다. 예를 들면 임진왜란에 대한 전반적인 사항을 소개하고자 개요 부분을 대폭 증가시켰다. 책자 제2장 「이순신장군화타적귀선(李舜臣將軍和他的龜船)」의 앞부분에 무려 5쪽 분량을 할애해가며 임진왜란의 발발 원인과 조선 조정의 대책에 대해 자세히 나열해놓았다. 임진왜란의 개요 설명이 차지하고 있는 분량은 다소 많다는 느낌이 들지만, 어디까지나 중국 독자의 이해를 돕기 위한 설명 부분으로 전체 구조상 필요불가피한 측면이 있다.

또 집필자 엄성흠이 명 제독 진린의 부정적인 내용을 의도적으로 삭제시켰다. 조선 지원에 나선 명 제독 진린에 대해 조선 조정과 이순신은 커다란 고민에 빠졌다. 조선 조정은 명 군문에게 조선 수군의 피해를 줄이고자 진린의 보직을 육지로 돌리고자 한 시도가 있었다. 이순신은 진린의 군사가 민간인에게 많은 민폐를 주자 자신의 본영을 다른 곳으로 옮기려고 했고, 또 조정에 장계를 올려 군사 작전에 방해되고 조선 수군의 공로를 가로채었다고 했다.[13] 나중에 진린은 이순신과 뜻을 같이하며 일본군을 물리치는데 혁혁한 공을 세웠다. 엄성흠은 『조선민족영웅 이순신』에서 중국의 입장을 고려해서 진린의 긍정적인 내용만 수록하고, 부정적인 내용은 한마디도 언급하지 않았다.

또 집필자 엄성흠이 주인공과 비주인공의 이미지를 의도적으로 과장시켰다. 책자에서 주인공 이순신의 이미지를 돋보이게 하기 위해 완전무결한 인물로 영웅화시켰고, 비주인공 원균을 완전히 무능한 인물로 꾸며놓았다. 물론 이순신 자신도 원균의 무능함을 지적하기도 했지만, 원균이 전장에서 일부 공적을 세운 것을 부인할 수 없다. 통상 집필자가 위인전을 적을 때 해당 인물의 공적을 과대 포장하는 경우가 비일비재하다. 이와 같은 현상은 이 이전에 나온 이순신 전기물에도 그대로 나타난다. 신채호의 『이순신전』, 박은식의 『이순신전』, 이광수의 『이순신전』에서도 원균을 무능한 인물로 비하하고 이순신을 완전무결한 인물로 영웅화시켰다.

둘째, 간결성이다. 『외국역사소총서』는 '소총서'라는 총서 명칭에서 보듯이 전체 글자 수가 통상 2만자 정도로 소책자 형태로 만들어졌다. 『조선민족영웅 이순신』은 전체 글자 수가 2만 3천자로 소책자

---

13 『선조실록』, 31년 6월 27일(경진)조, 8월 13일(병인)조, 9월 8일(경인)조, 15일(정유)조 등; 『이충무공전서』 李芬 「(이순신)行錄」 1598년 7월 16일조 등 참조.

의 크기인 32절판으로 만들어졌다. 집필자 엄성흠은 이와 같이 제한
된 편폭 아래 모든 것을 간결하게 처리할 수밖에 없다. 따라서 책자
를 집필함에 있어 독자들에게 이순신의 일대기를 요점 정리된 사료
로 보여주면서도 최대한 명쾌한 필치로 쉽고 생생하게 전달하는데
중점을 두었다.

셋째, 통속성이다. 중국 독자들에게 외국 역사 지식을 보급하기 위
해 만들어진『외국역사소총서』는 문장 작성 시 일반 독자들이 교양
을 습득할 수 있도록 명확하게 기술하는 것을 원칙으로 삼았다. 『조
선민족영웅 이순신』은 총서의 편찬 방침에 따라 대중에게 보급하기
위해 통속성을 지향하였다. 본문 아래 부착된 주석만 보더라도 이러
한 사실을 감지할 수 있다. 이 책자 주석에서 조선 관직명과 공문 용
어를 설명하는 부분이 있다. 예를 들면 사또(使道) 주석에서 이조시기
지방에 파견된 문무 관원을 지칭하고, 부하 장졸이 주장에게 존대하
여 부르거나 백성, 하급관리가 군수에게 존대하여 부르는 말이라고
했다.[14] 한국 고유의 용어인 사또 용어는 한국 독자라면 널리 알고 있
는 명칭이지만, 이 용어를 잘 모르는 중국 독자들을 위해 주석을 달
아서 보충 설명해주었다.

넷째, 정확성이다. 『외국역사소총서』는 역사 전문가와 당 간부들
의 수준을 높이기 위해 기초를 튼튼히 하고 정확한 자료를 인용하도
록 했다. 『조선민족영웅 이순신』은 이러한 준칙에 따라 참고 자료의
출처를 정확하게 표기하였다. 주석에서 나열된 참고 자료를 보면 마
치 하나의 논문이라도 쓰는 것처럼 권수나 쪽수, 심지어 재인용의 사
실까지 자세하게 달려있다. 독자들은 이러한 주석의 나열 방식에서

---

14 『朝鮮民族英雄李舜臣』, 5쪽 주3번 참조.

독자들을 위해 편의성을 도모하고 있지만, 내용면에서 시중 통속 소설과 달리 역사 사실을 바탕으로 정확성을 기하였다는 사실을 감지할 수 있을 것이다.

그렇다면, 엄성흠이『조선민족영웅 이순신』을 집필하면서 참조했던 문헌은 어떤 것이 있는가? 엄성흠이 참고했던 문헌은 많이 있겠지만『조선민족영웅 이순신』의 주석에는 5종만 열거되어 있다. 한국(북한 포함) 문헌으로『선조수정실록(宣祖修正實錄)』,『이충무공전서(李忠武公全書)』,『임진위국전쟁시기 아국수군적전쟁(壬辰衛國戰爭時期我國水軍的鬪爭)』이 있고, 중국 문헌으로『명사기사본말(明史紀事本末)』,『명사(明史)』가 있다. 아래에서 이것들을 좀 더 자세히 알아본다.

『선조수정실록』은 선조 재위 기간의 역사를 기술한『선조실록(宣祖實錄)』을 새롭게 편찬한 수정실록이다. 인조반정으로 서인이 집권하자 광해군 시절에 북인의 입장에서 기술한『선조실록』을 개정하자는 의견에 따라 편찬되었다. 이 책자에는 조선 조정이 임진왜란을 겪으면서 기술한 기록들이 생생하게 적혀 있는데, 이 중에 이순신과 관련된 기록이 많이 수록되어 있다.『이충무공전서』는 1795년(정조 19)에 정조의 명에 의해 유득공(柳得恭) 등이 이순신의 시문, 일기, 추존 기록 등 제반 문건을 망라하여 편찬 간행된 이순신 전집이다.『임진위국전쟁시기 아국수군적전쟁(壬辰衛國戰爭時期我國水軍的鬪爭)』은 '아국(我國)'이라는 단어에서 보듯이 북한에서 나온 자료이다.[15]

『명사기사본말』은 1658년(순치 15) 경에 곡응태(谷應泰)가 명대 역사를 기사본말체로 편찬한 사찬 사서이다. 이 책자가 정사류『명사』가

---

15 「壬辰衛國戰爭時期我國水軍的鬪爭」의 서지 정보에 관해 중국 지역(대만 포함)에서 나온 한국학 목록 4종을 살펴보았으나 해당 논문을 찾지 못했다. 2010년 9월 18일에 필자가 집필자 엄성흠에게 국제 전화를 하여 관련 정보를 수집했음.

나오기 훨씬 이전에 편찬되어 당시 많은 사람들로부터 많이 읽혀졌다. 이 책자 권62「원조선(援朝鮮)」에는 임진왜란을 명나라의 시각에서 바라본 내용들이 기술되어 있다. 『명사』는 명대 역사를 기전체로 편찬한 관찬 정사이다. 청 순치 초기부터 건륭 연간까지 오랫동안 여러 차례 많은 학자들이 편찬 작업에 참여했고, 오늘날 학계에서는 정사류 가운데 사료가 풍부하고 체제가 엄정한 책자로 손꼽고 있다. 대만 고궁박물원 등지에『명사』편찬 과정에서 남긴 여러 판본이 소장되어 있는데, 일반적으로 1735년(옹정 13)에 완성하여 1739년(건륭 4)에 인출된 책자를 통행본으로 삼고 있다. 『명사』권194「조선전(朝鮮傳)」에는 조선 개국에서 인조 초까지 역사가 기술되어 있는데, 이 중 임진왜란 부분이 1/3 정도로 많이 차지하고 있다.

상기 문헌 가운데『이충무공전서』는 엄성흠이 타인 기록을 통해 간접 인용한 책자이다. 엄성흠은『조선민족영웅 이순신』에서『임진위국전쟁시기 아국수군적전쟁(壬辰衛國戰爭時期我國水軍的鬪爭)』을 통해『이충무공전서』에 부착된「(이순신)행록」과『난중일기』를 재인용한다고 밝히고 있다.[16]『이충무공전서』를 직접 인용하지 않는 것은 아마도 책자를 집필할 당시에 주변에서 원본을 구해볼 수 없었던 독서 환경에서 나왔던 것으로 보인다. 그렇지만 이순신의 일대기에 관해서는 다른 자료를 통해 많은 정보를 입수할 수 있는 관계로 책자를 집필하는데 별다른 지장을 받지 않았던 것으로 보인다.

「(이순신)행록」은 이순신의 조카 이분(李芬)이 편찬했다. 이 행록은 최유해(崔有海)의「(이순신)행장(行狀)」, 이식(李植)의「(이순신)시장(諡狀)」과 후대에 나온 각종 이순신 전기의 기초자료로 활용한 것이다. 엄성흠

---

16 『조선민족영웅 이순신』 33쪽 주1, 36쪽 주1 참조.

은「(이순신)행록」을 토대로 이순신 일대기를 파악했던 것으로 추정된
다. 예를 들면『조선민족영웅 이순신』에 명 제독 진린이 귀국 길에
신창현을 들렸다는 기록이 있는데, 이 기록은 이분의『(이순신)행록』에
만 나온다. 진린이 노량해전이 끝난 후 귀국 길에 오르면서 신창현을
지나갔다. 여기에서 사람을 보내어 이순신의 빈소에 나가 제사를 지내
려고 했지만, 갑작스럽게 군문 형개(邢玠)의 명이 내려와 아산에서 이
순신 아들 이회(李薈)만 잠시 만나 애도만 표하고 한양으로 떠났다.

『조선민족영웅 이순신』의 표지와 본문에는 삽화가 몇 장 들어가
있다. 표지 속의 이순신 삽화는 반신상으로 군립을 쓴 무관 모습을
하고 있다. 4쪽 삽화는 표지와 동일하다. 35쪽 삽화는 이순신 장군이
해전을 지휘하는 모습이 그려져 있다. 이들 삽화는 전반적인 화풍이
사실적으로 그리는 북한의 화풍과 비슷하다. 15쪽 삽화는 귀선(龜船;
거북선)의 도면인데, 이 도면은『이충무공전서』「도설(圖說)」에서 나
왔다.[17]

5. 결론

본 논문에서는 중국 대륙에서 출판된 이순신 전기 책자, 즉『조선
민족영웅 이순신』을 소개하는데 중점을 두었다.『조선민족영웅 이순
신』은 1987년에 상무인서관에서 출판된 단독본과 1992년, 1996년에
각각『조선역사풍운록』의 일환으로 편찬된 합본이 있다. 이 책자는
중국 정부가 당 부처 간부와 지식층으로 하여금 외국 역사에 대한 지

---

17 『이충무공전서』卷首「圖說」중「全羅左水營龜船」과「龜船」참조.

식을 증진시키기 위해 편찬한『외국역사소총서』의 일종으로 만들어
졌다. 서술 특징은 사실성, 간결성, 통속성과 정확성인데,『외국역사
소총서』의 편찬 방침과 밀접한 관련이 있다.

『조선민족영웅 이순신』의 집필자 엄성흠은 이순신 일대기를 전반
적으로 담담하게 적어나갔지만, 일부 내용에 있어 저자가 재중 조선
족 학자이고, 출판 지역이 중국 대륙이라는 지역 특수성이 고려된 흔
적이 보인다. 책자 첫머리에서 한국전쟁 때 북한이 제정한 이순신훈
장을 언급하며 한국전쟁의 성격을 임진왜란과 함께 외세침략전쟁이
라고 동일한 선상에서 논했다. 또 본문 곳곳에 조선·명 양국의 연합
관계와 조선 인민이 열렬한 지지를 했다는 점을 강조하고, 명나라 군
대의 패전, 조선 인민에 대한 민폐 등 부정적인 사항에 대해서는 언
급조차 하지 않았다. 그리고 중국 독자를 위해 임진왜란의 발발 배경
과 주변 사항을 부연 설명해놓았다.

중국 지역(대만, 홍콩 포함)에서 이순신에 대한 인지도는 우리가 생각
했던 것보다 매우 미약하다. 중국에서 나온 고문헌만 보더라도 이러
한 사실을 잘 엿볼 수 있다.『명사』,『만력삼대정고(萬曆三大征考)』를
비롯한 일부 책자에 이순신 행적이 보이기는 하지만 매우 단편적으
로 기술되어 있고,[18] 많은 고문헌에 이순신 이름조차도 찾아보기 힘
들다. 근자에 들어와 이러한 현상이 조금 나아지고 있지만, 전반적인
사정은 크게 바뀌지 않고 있다. 한국 드라마『불멸의 이순신』(중국명
『不滅的李舜臣』), 영화『명량』(중국명『鳴梁海戰』) 등이 중국 지역에 유포
되면서 일반인에게 이순신이라는 이름이 조금씩 알려지고 있지만,

---

18 『명사』권247,「陳璘傳」: "會平秀吉死, 賊將遁, 璘急遣子龍偕朝鮮將李舜臣邀之."
; 동서 권247「鄧子龍傳」: "舟中火, 賊乘之, 子龍戰死, 舜臣赴救, 亦死."
　『萬曆三大征考』,「倭下」: "副將鄧子龍·朝鮮統制使李舜臣衝鋒陣亡."

그 영향력은 그리 강하지 않다. 앞으로 빠른 시일 안에 이순신 인물과 이순신학을 중국, 아니 전 세계에 널리 알리기 위해 우리가 어떻게 하는 것이 효과적인 방법인지를 꼼꼼히 생각해 볼 필요가 있다.

[燁爀之樂室]

참고문헌

▎임진왜란 시기 명나라로 건너간 조선 유민 고찰

成均館大學校 大東文化硏究院編, 『燕行錄選集』, 成均館大學校 大東文化硏
　　究院, 서울, 1962.

林基中編, 『燕行錄全集』, 東國大學校出版部, 서울, 1991.

林基中・夫馬進編, 『燕行錄全集 日本所藏編』, 東國大學校韓國文學硏究所,
　　서울, 2001.

동아시아學術院 大東文化硏究院編, 『燕行錄選集補遺』, 동아시아學術院 大東
　　文化硏究院, 서울, 2008.

民族文化推進會編, 『韓國文集叢刊』, 民族文化推進會, 年度不等.

景仁文化社編, 『韓國歷代文集叢書』, 景仁文化社, 年度不等.

韓明基著, 『임진왜란과 한중관계』, 역사비평사, 서울, 1999.

熊廷弼撰, 李紅權點校, 『熊廷弼集』, 學苑出版社, 北京, 2011.

王在晉撰, 『越鐫』(『四庫禁燬書叢刊』, 集部冊104), 北京出版社, 北京, 2000.

▎임진왜란 시기 명군의 한국 문헌 수집과 편찬

申欽撰, 『(국역)象村集』, 民族文化推進會, 서울, 1994.

正祖命撰, 『(국역)國朝寶鑑』, 民族文化推進會, 서울, 1996.

愼懋賞撰, 趙琦美增補, 『四夷廣記』, 臺灣 國家圖書館藏本.

袾宏撰, 『皇明名僧輯略』(『禪宗全書』 책15), 文殊出版社, 臺北, 1987.

潘之恒撰, 『亘史』(『四庫全書存目叢書』 子部 冊193~4), 齊魯書社, 齊南, 1993.

朴現圭撰, 『중국 明末・淸初 朝鮮詩選集 연구』, 太學社, 서울, 1998.

吳明濟編, 祁慶富校註, 『朝鮮詩選校註』, 遼寧民族出版社, 沈陽, 1999.

李鍾默撰, 「버클리대학본 남방위의 『조선시선전집』에 대하여」, 『문헌과 해
　　석』, 2007년 여름호.

盧京姬撰, 「17세기 전반기 명문단의 조선시선집 간행과 조선한시에 대한 인

식」, 韓國漢文學會 2010年度 全國學術發表大會 발표문, 2010년 10월 22
일~23일.

▌명 형개『경략어왜주의』의 정유재란 사료 고찰

邢玠, 『經略御倭奏議』, 『壬辰之役史料匯輯』(『御倭史料匯編』V4-5), 全國圖
  書館文獻縮微複製中心, 2004.

吳豊培, 北京大學朝鮮文化研究所, 中國社會科學院中國邊疆史地研究中心主
  編, 『壬辰之役史料匯輯』, 全國圖書館文獻縮微複製中心, 北京, 1990.

久芳崇, 「明朝皇帝に獻納された降倭——『經略御倭奏議』を主要史料として」, 『山
  根幸夫教授追悼記念論叢』, 汲古書院, 東京, 2007.

吳如功, 「壬辰戰爭陳璘"擊殺石曼子"事迹及其傳播考辨」, 『陝西學前師範學院
  學報』, 32卷 12期, 陝西學前師範學院, 2016.

陳尙勝, 「論丁酉戰爭爆發後的明軍戰略與南原之城」, 『安徽史學』, 2017年 6
  期; 『정유재란 1597: 2017년 국립진주박물관 특별전 연계 국제학술심포
  지엄』, 國立晉州博物館, 2017.

朴現圭, 「『明實錄』중 노량해전 戰績 기록에 대한 분석」, 『이순신연구논총』,
  29집, 순천향대학교 李舜臣研究所, 2018.06.30, 9~38쪽.

▌임진왜란 명 장수 오유충의 한반도 소재 문물 고찰

申欽, 『象村先生文集』(『影印標點韓國文集叢刊』, 책72), 民族文化推進會, 서
  울, 1991.

成海應, 『研經齋全集』(『影印標點韓國文集叢刊』, 책273~9), 民族文化推進會,
  서울, 2001.

李時發, 『碧梧先生遺稿』(『退溪學資料叢書』, 책16), 法仁文化社, 서울, 1994.

鄭琢, 『龍灣聞見錄』(『韓國史料叢書』, 책36), 探求堂, 서울, 1975.

裵龍吉, 『琴易堂集』(『影印標點韓國文集叢刊』, 책62), 民族文化推進會, 서울,
  1991.

金大賢, 『悠然堂先生文集』(『退溪學資料叢書』, 책16), 法仁文化社, 서울, 1998.

韓章錫, 『眉山先生文集』(『影印標點韓國文集叢刊』, 책322), 民族文化推進會, 서울, 2004.

柳成龍, 『西厓先生集』(『影印標點韓國文集叢刊』, 册52), 民族文化推進會, 서울, 1988.

『唐將書帖·唐將詩畵帖』, 朝鮮史編修會, 京城, 昭和9年(1934).

『永嘉誌·宣城誌』, 安東文化院, 安東, 2001.

『安東府邑誌·禮安郡邑誌』, 安東文化院, 安東, 2012.

『商山誌』, 1929년新鉛活字本, 商山誌刊行所, 尙州.

『東萊府誌』, 東萊文化院, 釜山, 2000.

忠北大學校文化産業研究所, 『忠州의 地誌』, 忠州市·忠州大學校文化産業研究所, 忠州, 2009.

金鐸, 『한국의 關帝신앙』, 선학사, 서울, 2004.

楊海英, 『域外長城: 萬曆援朝抗倭義烏兵故實』, 上海人民出版社, 上海, 2014.

王賢根·吳潮海, 『千古長城義烏兵』, 人民出版社, 北京, 2014.

義烏叢書編纂委員會編, 『長城有約: 義烏與長城的歷史對話』, 上海人民出版社, 上海, 2013.

▎명 장수 오유충의 충주「오총병청숙비」고찰

申欽, 『象村先生文集』(『影印標點韓國文集叢刊』, 책72), 民族文化推進會, 서울, 1991.

成海應, 『研經齋全集』(『影印標點韓國文集叢刊』, 책273~9), 民族文化推進會, 서울, 2001.

李時發, 『碧梧先生遺稿』(『退溪學資料叢書』, 책16), 法仁文化社, 서울, 1994.

裵龍吉, 『琴易堂集』(『影印標點韓國文集叢刊』, 책62), 民族文化推進會, 서울, 1991.

忠北大學校文化産業研究所, 『忠州의 地誌』, 忠州市·忠州大學校文化産業研究所, 충주, 2009.

國史編纂委員會, 『일본소재 한국사 자료 조사보고Ⅲ』, 국사편찬위원회, 과천, 2007.

楊海英, 『域外長城: 萬曆援朝抗倭義烏兵故實』, 上海人民出版社, 上海, 2014.

朴現圭, 「임진왜란 명 장수 吳惟忠의 한반도 소재 문물 고찰」, 『石堂論叢』, 64집, 東亞大學校 石堂學術研究院, 2016.

▌임진왜란 명 의오군 출신 장해빈과 한국 절강장씨 고찰

浙江張氏大宗會著, 『(경자보)浙江張氏世譜』, 浙江張氏世譜所, 軍威, 1960.

_____, 『(신유본)浙江張氏世譜』, 浙江張氏世譜所, 軍威, 1981.

_____, 『(경인보)浙江張氏世譜』, 浙江張氏大宗會, 軍威, 2010.

南泰普著, 『赤羅誌』, 軍威文化院, 軍威, 1996.

李致均編輯, 金翼鉉檢閱, 『軍威邑誌』, 1936年刊本, 國立中央圖書館藏本.

王賢根·吳潮海共著, 『千古長城義烏兵』, 人民出版社, 北京, 2014.

義烏叢書編纂委員會編, 『長城有約: 義烏與長城的歷史對話』, 上海人民出版社, 上海, 2013.

楊海英著, 『域外長城: 萬曆援朝抗倭義烏兵故實』, 上海人民出版社, 上海, 2014.

陳杰著, 『義烏姓氏文化』, 上海人民出版社, 上海, 2015.

▌중국 간행 박은식 『이순신전』의 전문 발견과 분석

朴殷植, 『李舜臣傳』, 浙江省圖書館藏 1923年印本.

단국대 부설 동양학연구소, 『朴殷植全書』, 단국대 출판부, 서울, 1975.

백암 박은식선생 전집편찬위원회, 『白巖朴殷植全集』, 동방미디어, 서울, 2002.

▌중국 편찬 『조선민족영웅 이순신』의 출판 배경과 특징

嚴聖欽, 『朝鮮民族英雄李舜臣』, 商務印書館, 北京, 1987.

外國歷史小叢書編輯委員會, 『朝鮮歷史風雲錄』, 商務印書館, 北京, 1992.

李清源, 『壬辰祖國戰爭』, 國立出版社, 平壤, 1955.

❚박현규朴現圭

순천향대학교 중어중문학과 교수
천진외국어대학 객좌교수
전 한국중국문화학회 회장
저서, 역서 및 논문 286편

임진왜란 중국 사료 연구

2018년 12월 14일 초판 1쇄 펴냄

지은이 박현규
펴낸이 김흥국
펴낸곳 도서출판 보고사

책임편집 이경민
표지디자인 손정자

등록 1990년 12월 13일 제6-0429호
주소 경기도 파주시 회동길 337-15 보고사 2층
전화 031-955-9797(대표)
　　　 02-922-5120~1(편집), 02-922-2246(영업)
팩스 02-922-6990
메일 kanapub3@naver.com/bogosabooks@naver.com
http://www.bogosabooks.co.kr

ISBN 979-11-5516-853-0　94910
　　　 979-11-5516-755-7　94080(set)
ⓒ 박현규, 2018

정가 18,000원